국제무역론

권철우 · 이재민 · 황석준 · 황욱

박영사

들어가는 글

최근 코로나 19로 인한 세계화의 위축, 미·중 경제 갈등으로 대표되는 자국 우선주의의 흐름과 러시아에 의한 우크라이나 전쟁의 장기화 전망 등으로 글로벌 공급망이 불안정해지고 재편되는 등 급박하게 변화하는 세계 경제의 움직임을 뉴스나 미디어를 통해 자주 접하게 되었습니다. 이런 급박한 흐름 속에서 국제경제 문제에 대한 대중의 관심은 그 변화의 물결이 국내 경제 상황과 밀접하게 맞물려 있는 우리들의 상황 인식으로 그 어느 때보다도 높아지고 있습니다. 이러한 새로운 변화 속에서 국제경제학을 전공하고 같은 대학에서 국제경제학을 강의하고 있는 네 명의 연구자들이 국제무역론 교재를 집필하게 되었습니다.

수많은 경제학 교재가 있고, 훌륭한 국제경제학 교재도 시중에 나와 있는 현 시점에서 또 다른 국제경제학 교재를 세상에 내놓는다는 것이 걱정스럽기도 합니다. 하지만, 강의 현장에서 새로운 국제경제학의 흐름을 반영한 교재의 필요성을 절감하고 있었기에 조심스럽게 새로운 교재를 이렇게 내놓게 되었습니다.

코로나 팬데믹으로 인한 대학 교육의 혼란 속에서 어쩔 수 없이 온라인 강의를 준비하며, 새로운 국제경제학의 흐름을 조망할 수 있는 교재 준비에 집중할 수 있는 시간을 가질 수 있었던 것은 어쩌면 저희에게는 불행 중 다행이라고 할 수 있을 것 같습니다.

본 교재는 경북대학교에서 국제경제학을 강의하는 네 명의 교수가 자신들의 강의노트를 바탕으로 엮은 교재입니다. 본 교재는 강의에 활용하기 적합한 교재를 쓰기 위해 다양한 주제를 다루기보다는 국제무역론 강의에서 보편적으로 강의하는 주제 위주로 구성되어 있습니다. 특별히 본 교재는 1980년대 이후 국제무역론의 주류로 자리 잡았지만, 기존의 국제무역론 교재에서는 비중 있게 다루지 않았던 신 무역이론에 많은 비중을 두고 있어서 최근의 무역이론에 관심이 있는 학생과 강사들에게 작은 도움이 되었으면 합니다.

　　교재의 내용은 크게 네 부분으로 구성되어 있으며, 1학기 동안 강의할 수 있는 내용으로 이루어져 있습니다. 1장에서 4장까지는 전통적인 무역이론인 리카르도 모형, 특정요소 모형, 헥셔–오린 모형을 다루고 있으며, 5장과 6장은 규모의 경제와 신무역이론에 대한 내용을 담고 있습니다. 그리고 7장에서 9장은 국제무역 정책, 마지막인 10장은 최근 국제경제에서 그 중요성이 갈수록 커지고 있는 해외직접투자와 FDI를 다루고 있습니다. 보잘것없는 책이지만, 국제무역론에 관심을 가지고 있는 분들에게 도움이 되었으면 하는 바람입니다.

　　본 교재의 출판에 많은 도움을 주신 장규식 팀장님을 비롯한 ㈜박영사 관계자분들께 감사드립니다. 마지막으로 항상 힘이 되어주는 가족과 동료들에게 이 책을 바칩니다.

2023년 8월

권철우, 이재민, 황석준, 황욱

목차

서론

국제무역론(international trade)은 이론적 측면에서 주로 미시경제학적 분석 방법을 이용하여 국가간의 교역을 연구하는 경제학의 한 분야이다. 따라서 국제무역론은 미시경제학의 한 분야이지만, 국가간의 교역을 살펴본다는 면에서는 개별 경제주체의 의사결정에 관한 미시적인 수준으로부터 산업과 국가와 같은 거시적인 수준까지 다루는 경제학 분야라는 특징을 가진다. 또한 국제무역론은 문자 그대로 무역 - 즉, 수출과 수입 - 에 국한하는 분야가 아니라 국가간에 발생하는 모든 종류의 직간접적 교역(trade)를 다루는 학문이기도 하다. 따라서 어떤 면에서는 국제무역론이라는 우리말 용어보다는 국제교역론이 더 알맞은 표현일 수도 있을 것이다. 국제무역론에서 다루는 국가간의 교역은 범위가 매우 넓으며, 국가간의 상품과 서비스 교역, 중간재 교역과 같은 공급망, 그리고 국가간 이주와 생산자본의 이동과 같은 국가간 생산요소의 이동 등 국경을 넘어 발생하는 모든 교류가 국제무역론의 연구주제로 볼 수 있다. 또한 갈수록 국제적 중요성이 커지는, 국경을 초월하여 발생하는 기후변화 등 환경문제, 국가간의 무역 정책적 경쟁 또는 공조 등 실로 다양한 주제가 국제무역론의 연구대상이라고 볼 수 있다. 이처럼 국제무역론의 관심 영역은 여러 경제학 분야에 중첩되어 있으나, 본 교재에서는 전통적인 국제무역론의 핵심영역인 국가간 최종재와 중간재 교역, 자본과 노동의 국가간 이동, 그리고 국가간 무역정책으로 범위를 국한하여 살펴보도록 한다.

국제무역은 인류의 역사가 시작되면서부터 발생한 경제현상이다. 역사학자들에 따르면 국가가 발생하기 전부터 지역간 교역의 형태로 무역이 발생했다는 근거가 존재한다고 한다. 최근의 연구에 따르면 부족간 교역의 역사는 무려 15만 년 전까지 거슬러 올라간다고 하니, 국제무역은 역사시대 이전 선사시대부터 존재했다고 보는 것이 타당하다(Watson, 2005). 지금의 국가형태의 사회체계가 발생하기 이전이니 문자 그대로 '국제'무역이라고 하기는 어려울 수 있지만, 인류 초기의 부족이 도시국가로 이어졌다는 것을 고려한다면 이 역시 국제무역의 초기형태라고 볼 수 있을 것이다.

이에 본 장에서는 간단한 국제무역의 역사를 살펴보는 한편, 오늘날의 국제무역에서 나타나는 특징들을 살펴본다. 그리고, 앞으로 본 교재에서 다루게 될 국제무역에 관한 주요 용어에 대해서도 간략하게 논의해 보도록 한다.

가. 무역의 역사

인류 최초의 문명 가운데 하나로 평가되는 메소포타미아의 고대 도시들을 지도에서 살펴보자(그림 1). 역사에 이름을 남긴 우르, 키쉬, 우르크, 라가쉬 등 모두 잘 알려진 것처럼 유프라테스강과 티그리스강을 인접한 도시들이며, 이 두 강을 따라 고대의 무역로가 형성되어 있었다고 한다. 그리고 메소포타미아의 도시들은 페르시아만을 넘어 인더스 문명의 도시들인 모헨조다로나 하라파와 같은 도시들과 활발한 교역을 하였다는 증거도 존재한다고 한다.

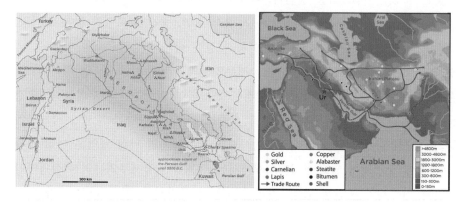

(a) 메소포타미아의 고대도시   (b) 메소포타미아의 교역

출처: 위키피디아, 메소포타미아

───

그림 1   역사 속에서의 국제무역: 메소포타미아

역사시대로 들어와서는 더 먼 국가간의 교역도 활발히 이루어졌는데, 대표적인 장거리 국제무역은 유럽과 아시아를 잇는 실크로드로 알려진 육상교역로와 해상교역로를 통하여 이루어졌다. 실크로드의 역사는 기원전 2세기로 거슬러 올라가는데, 이 교역로를 통해 상품의 교역은 물론 기술과 문화, 종교의 전파까지 이루어진 바 있다.

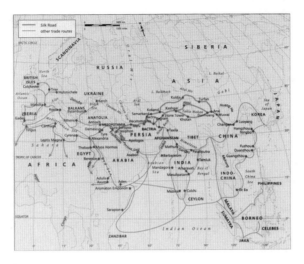

출처: 위키피디아, 실크로드

그림 2 유럽과 아시아의 교역로

　이처럼 국제무역의 역사는 인류의 역사와 함께 해왔지만, 초기에는 세계경제에서 차지하는 비중이 그다지 높지 않았다. 지금과 같은 세계적인 규모의 무역이 발생한 것은 비교적 최근의 현상이다. <그림 3>은 지난 5세기에 걸친 전세계의 무역개방도(trade openness)[1] 추이를 보여준다. <그림 3>에서 볼 수 있는 것처럼 1800년대 중반 이후 유럽과 미국 등 제국주의 국가들의 팽창과 함께 국제무역이 크게 증가하였는데, 이 기간을 1차 세계화라고 한다. 1차 세계화는 유럽, 북미, 일본을 중심으로 하는 무역의 시대였으나, 1914년 1차 세계대전을 기점으로 쇠퇴하기 시작하였으며, 1930년대 대공황에 접어들면서 종식되었다.

---

1 무역개방도는 GDP 대비 교역량(수출량+수입량)으로 정의되며, 무역규모의 척도로 널리 쓰이는 지표이다.

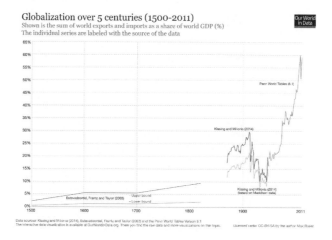

출처: Our World in Data

그림 3 지난 5세기간의 세계화 추이

그리고 1945년 제2차 세계대전의 종전과 함께 새로운 세계화의 물결이 나타났는데, 이를 2차 세계화라고 한다. 2차 세계대전 이후 진행된 2차 세계화는 약간의 부침을 겪었지만, 1차 세계화와 달리 전 세계 모든 국가에서 지속적으로 진행되어 왔다. 그 결과 전 세계 모든 국가에서 무역의 비중은 인류 역사상 전례가 없을 정도로 확대되었으며, 현재 우리나라를 비롯한 일부 국가의 무역 개방도는 GDP의 7~80%를 상회할 정도로 높은 수준에 이르고 있다(<그림 4>)[2].

---

2 세계화의 구분에 대해서는 다양한 견해가 존재한다. 뉴욕타임즈의 컬럼니스트 Thomas Friedman은 그의 저서 『세계는 평평하다(The World is Flat, 2005)』에서 세계화를 1.0(1491~1800년), 2.0(1800~2000년), 3.0(2001년 이후)으로 구분하기도 했으며, Richard Baldwin은 본 교재의 2차 세계화를 세분하여 세계화를 2.0(1945~구 소련 붕괴)과 3.0(구 소련 붕괴 이후)로 구분하기도 하였다(World Economic Forum, 2019).

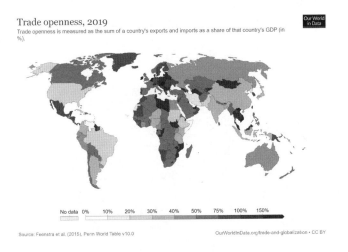

그림 4 2차 세계화와 각국의 무역개방도(2019년)

나. 오늘날 국제무역의 특징

오늘날 국제경제는 2차 세계화라는 용어가 보여주는 것처럼 국제무역 비중의 지속적인 확대와 무역 참가국의 확대라는 현상으로 요약될 수 있을 것이다. 그렇다면, 오늘날에 이르러 국제무역이 보이는 또 다른 특징은 무엇이 있을까? 적절한 국제무역이론은 현실의 국제무역 현상을 논리적으로 설명할 수 있어야 한다는 측면에서 국제무역에 대한 이론적 소개에 들어가기 전에 최근 국제무역의 현상적 특징을 우선 살펴볼 필요가 있다.

<그림 5>는 2016년 현재 지역간 교역 및 지역 내 교역의 대략적인 규모를 보여준다. 먼저 <그림 5>에서 확인할 수 있는 오늘날 국제무역의 가장 큰 특징 중 하나는 타 지역과의 교역에 비해 지역 내 무역이 크다는 점이다. 특히, 유럽 내 교역과 아시아 내 교역, 그리고 북미 내 교역의 규모가 매우 크다는 것을 그림에서 볼 수 있다. 이처럼 작금의 국제무역은 원거리 교역에 비해 근거리 교역이 더 활발하다는 특징을 가진다. 즉, 국제무역은 가까운 국가간에 더 활발히 이루어지는 특징이 있으며, 다음 <그림 6>은 이와 같은 특징을 보

다 명확히 보여준다. <그림 6>에서 살펴볼 수 있는 것처럼 교역상대국으로부터의 수입량은 물리적 거리에 명확히 반비례하는 특징을 보인다.

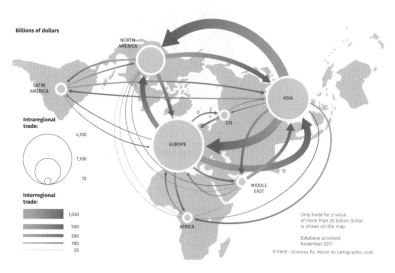

출처: World Atlas of Global Issues

그림 5 국제무역의 흐름(2016년)

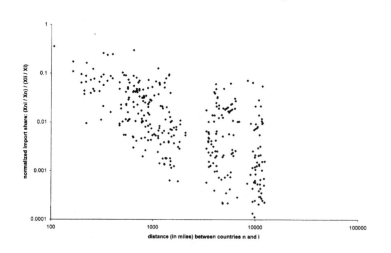

출처: Eaton and Kortum(2002)

그림 6 교역상대국으로부터의 수입량과 물리적 거리

<그림 5>가 보여주는 또 다른 특징은 지역간 교역에서 아시아를 중심으로 하는 무역의 규모가 크다는 것이다. 아시아를 중심으로 하는 지역간 무역이 활발한 가장 큰 요인은 세계에서 가장 큰 교역국인 중국의 존재 때문이며, 중국을 제외하고도 우리나라·일본·홍콩·싱가포르 등 아시아의 주요 교역국들의 무역량이 상당한 규모에 이르고 있다(<표 1>). 그리고 미국과 독일 등 주

표 1 상위 20위 교역국(2019년)

	수출액		수입액		무역총액(수출액+수입액)	
	국가	비중	국가	비중	국가	비중
1	China	13.68%	United States	13.94%	China	12.45%
2	United States	9.01%	China	11.23%	United States	11.48%
3	Germany	8.18%	Germany	6.73%	Germany	7.45%
4	Japan	3.86%	Japan	3.91%	Japan	3.89%
5	Netherlands	3.16%	UK	3.73%	France	3.25%
6	France	3.05%	France	3.46%	UK	3.15%
7	Korea, Rep.	2.97%	Hong Kong	3.14%	Hong Kong	3.04%
8	Italy	2.95%	Netherlands	2.79%	Netherlands	2.98%
9	Hong Kong	2.93%	Korea, Rep.	2.73%	Korea, Rep.	2.85%
10	UK	2.56%	India	2.60%	Italy	2.76%
11	Mexico	2.52%	Italy	2.58%	Mexico	2.50%
12	Canada	2.44%	Mexico	2.47%	Canada	2.45%
13	Belgium	2.44%	Canada	2.46%	Belgium	2.38%
14	Russian	2.34%	Belgium	2.31%	India	2.19%
15	Singapore	2.14%	Spain	2.04%	Singapore	2.04%
16	UAE	2.13%	Singapore	1.95%	Spain	1.94%
17	Spain	1.85%	UAE	1.57%	UAE	1.85%
18	Other Asia	1.80%	Other Asia	1.55%	Russian	1.84%
19	India	1.77%	Switzerland	1.50%	Other Asia	1.68%
20	Switzerland	1.72%	Vietnam	1.38%	Switzerland	1.61%

출처: WITS, World Bank(2019)

요 교역국들이 위치하고 있는 유럽과 북미간의 교역도 활발하다는 것을 알 수 있다.

그런데, 지역간 교역의 패턴에서 짚고 넘어갈 필요가 있는 사실은 대부분 개발도상국으로 구성된 남미와 아프리카 대륙에 위치하는 남반구 국가와 선진국들이 많이 포함된 북반구 국가간의 무역규모는 상대적으로 크지 않다는 점이다. 그리고 교역이 많은 북반구 국가의 대부분은 선진국 또는 선진국에 근접한 국가들이다. 즉, <그림 5>의 무역패턴은 국제무역에서 선진국간의 무역비중이 크고, 선진국과 개발도상국 또는 개발도상국간의 무역비중은 상대적으로 낮음을 암시한다. 이와 같이 선진국간의 무역 비중이 높은 현상은 1990년대 이후 강화되고 있는 비교적 최근의 현상이다. 다음 <그림 7>이 보여주는 것처럼 과거에는 선진국과 개발도상국 사이의 무역 비중이 비교적 높았으나, 1990년 중반 이후부터는 국제무역에서 선진국과 선진국간에 발생하는 교역의 비중이 점차 증가하여왔다. 그리고 최근에는 선진국간의 교역비중이 국제무역의 대부분을 차지하고 있다.

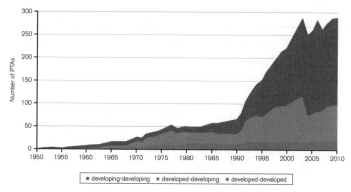

Source: WTO Secretariat.

출처: Our World in Data

그림 7 선진국과 개발도상국의 무역 구조

한편, 오늘날 국제무역의 또 다른 두드러진 특징 가운데 하나는 동일한 종류의 상품을 서로 교역하는 국가의 비중이 점점 늘고 있다는 것이다. 전통적인 무역에 대한 인식은 각 국가는 자국의 특산물 또는 주력 산업의 생산품을 다른 국가로 수출하고, 다른 국가에서 다른 상품을 수입하는 형태의 경제적 교환이다. 하지만, 오늘날 국제무역에서는 동일한 종류의 상품을 서로 주고받는 형태의 양방향 무역 비중이 높으며, 더 확대되는 추이를 보이고 있다(<그림 8>). 예를 들면, 우리나라에서 생산한 자동차를 유럽에 수출하는 동시에, 유럽에서 생산한 자동차를 수입하는 형태의 교역이 매우 높은 것이 오늘날 국제무역에서 나타나는 두드러진 현상이다.

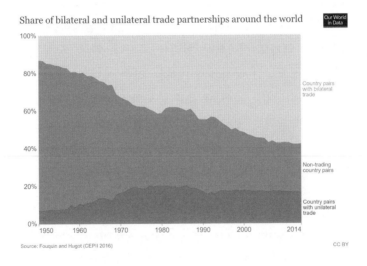

출처: Our World in Data

그림 8 한방향 무역과 양방향 무역의 비중

다. 국제무역의 주요 용어 및 개념

마지막으로 본 교재에서 다루게 될 내용의 토대가 될 기본적인 용어에 대해 논의하고 정의하여 보자. 이는 비록 여러분들이 이미 대부분 알고 있는 개념들이지만 앞으로의 논의를 위해서 정확한 의미를 정의할 필요가 있기 때문이다.

수출(export)은 한 국가에서 생산된 상품과 서비스가 다른 국가나 다른 국가의 거주민에게 공급되는 것을 의미한다. 반대로, 한 국가의 소비자가 다른 국가나 다른 국가의 거주민으로부터 상품과 서비스를 공급받는 것을 수입(import)라고 한다. 일반적으로 수출과 수입은 상품과 서비스가 국경을 넘어 이동하는 형태를 가지지만, 다양한 종류의 상품과 서비스의 출현으로 인해 반드시 그런 것은 아니다. 예를 들어 한 국가의 서버에서 제공되는 IT 제품이나 서비스를 이용하기 위해 다른 국가의 소비자가 온라인으로 접속하는 형태의 교역은 물리적인 형태의 상품이 국경을 넘지는 않지만, 서버에서 IT 제품이나 서비스를 제공하는 국가의 수출이자, 사용자가 거주하는 국가의 수입으로 간주된다. 또한 관광서비스의 수입은 상품의 구매자가 상품의 공급국으로 이동하여 서비스를 구매하는 형태이며, 서비스의 국가간 이동이 발생하는 대신 구매자가 서비스를 제공하는 국가로 이동하는 형태를 가진다. 한편, 국제무역에서 국가의 개념이 반드시 정치적인 국경을 의미하는 것은 아니며, 독자적인 경제권을 의미하는 경우도 있다. 예를 들어, 홍콩은 중국의 일부로 반환되었지만, 중국과의 교역과 홍콩과의 교역을 구분하는 것이 일반적이다.

- 수출(export): 한 국가에서 생산된 상품과 서비스가 다른 국가나 다른 국가의 거주민에게 공급되는 것
- 수입(import): 한 국가의 소비자가 다른 국가나 다른 국가의 거주민으로부터 상품과 서비스를 공급받는 것

상품(goods)은 생산자가 생산하는 과정을 거쳐 시장에서 거래되는 재화를 지칭하며, 일반적으로 유형의 재화를 의미한다. 따라서 상품의 교역은 일반적으로 국가간 상품이동이 발생하는 교역인 경우가 많다. 이에 반해 서비스는 생산과정을 거치지 않으며 제공되는 무형의 재화를 지칭하는데, 금융, 운송 및 보험 서비스, 전자상거래, 관광 등과 같은 무형의 재화가 서비스에 해당한다. 서비스는 무형의 재화이므로 국가간 교역이 반드시 국경을 이동하여 발생하지

는 않는데, 위에서 언급한 관광서비스가 대표적인 예이다. 그런데, 전통적인 개념의 상품과 서비스의 구분이 점차 희미해져가고 있어서, 명확하게 이들을 구분하기 어려운 경우도 점점 늘어나고 있다. 예를 들면, 온라인으로 제공되는 음원이나 영상과 같은 경우는 서비스 교역이지만, 동일한 음원이나 영상이 CD나 DVD에 저장되어 제공되면 상품 교역에 해당된다. 따라서 최근에는 상품과 서비스를 명확히 구분된 개념이 아니라 연속적인 개념으로 보기도 한다. 하지만 본 교재에서는 전통적인 개념을 차용하여 상품을 유형의 재화, 서비스를 무형의 재화로 각각 정의하도록 한다.

- 상품(goods): 시장에서 거래되는 유형의 재화
- 수입(serivces): 시장에서 거래되는 무형의 재화

국제경제학에서 흔히 접하게 되는 또 다른 용어로는 무역수지(trade balance)가 있다. 무역수지는 한 국가의 총수출액과 총수입액의 차이를 의미하며, 상품과 서비스교역을 모두 포함한다. 무역수지 흑자는 수입액보다 수출액이 많은 경우를 의미하며, 무역수지 적자는 반대로 수출액보다 수입액이 많은 경우를 의미한다. 무역수지와 유사한 개념으로는 경상수지(balance of current account)가 있는데, 경상수지는 무역수지에 포함되지 않는 무역외수지(소득수지, 경상이전수지 등)을 포함하는 더 넓은 개념이다. 본 교재에서는 무역수지에 대해서는 자세하게 언급하지 않게 될 것이다. 특히 특정 국가와의 관계에서 발생하는 무역수지에 대해 언론 등에서 관심을 가지는 경우가 있는데, 이 주제 또한 본 교재에서는 특별히 다루지 않을 것이다. 이는 점점 국가간 글로벌 공급망이 복잡하게 얽히면서 많은 경우에 있어서 특정 국가와의 무역수지 균형 또는 불균형이 '경제학'적으로는 큰 의미가 없기 때문이다.

- 무역수지(trade balace): 상품과 서비스교역을 모두 포함한 한 국가의 총수출액과 총수입액의 차이
- 무역수지 흑자(trade surplus): 수입액보다 수출액이 많은 경우
- 무역수지 적자(trade deficit): 수출액보다 수입액이 많은 경우

한편, 앞서 언급한 것처럼 국제경제학의 국가간 교역은 자본과 노동과 같은 생산요소의 국가간 이동을 포함하며, 본 교재에서는 이에 대한 자세한 논의를 소개한다. 국가간 노동의 이동은 이주 또는 이민(migration)으로 지칭하며, 생산요소로서의 노동이 한 국가에서 다른 국가로 이동하는 것을 의미한다. 여기서 이주 또는 이민은 모든 종류의 국가간 노동력 이동을 지칭하며, 특정 국가로의 영구이주와 단기이주를 모두 포함하는 개념이다. 하지만 이민을 장기이주에 가까운 노동력 이동으로 인식하는 경향이 있어서, 본 교재에서는 이민이라는 용어 대신 이주라는 용어를 사용하기로 한다. 또 다른 생산요소인 자본의 국가간 이동은 해외직접투자(foreign direct investment)라고 하는데, 한 국가에서 다른 국가로 생산자본이 이동하는 것을 의미한다. 여기서 자본은 생산에 직접 투입되는 생산자본이며, 주식시장이나 채권시장 등의 금융시장으로 흘러들어가는 자본은 포함하지 않는다. 따라서 직접 생산에 투입되는 생산자본의 이동을 해외직접투자라고 하는 반면, 다른 국가의 주식시장이나 채권시장 등에 대한 자본의 이동은 포트폴리오투자(portfolio investment) 또는 해외간접투자라고 하여 구분한다. 본 교재에서 주로 다루는 국가간 자본의 이동은 해외직접투자에 해당하며, 포트폴리오투자는 다루지 않는다.

- 이주(migration): 국가간 노동력의 이동
- 해외직접투자(foreign direct investment): 생산자본의 국가간 이동

PART

01

고전무역이론

INTERNATIONAL TRADE THEORY

01 | 고전무역이론 I: 리카르도의 비교우위론

    국가간 무역이 발생하는 이유는 과연 무엇일까? 경제학자들은 복잡다단한 국제무역의 다양한 모습에서 무역이 발생하는 원인을 찾고 있는데, 대표적인 몇 가지 요인들을 생각해보도록 하자. 먼저 국가간 생산기술의 차이로 인하여 무역이 발생할 수 있을 것이다. 즉, 상품의 생산과정에서 국가별로 서로 다른 생산성을 가진다면, 특정 상품에 더 높은 생산성을 가진 국가가 해당 상품을 생산하여 수출하게 되리라고 예상할 수 있다. 또한, 각 국가가 보유하고 있는 자원(이를 부존자원이라고 한다)이 서로 상이하다면 이러한 차이도 무역의 발생을 가져올 수 있을 것이다. 나아가 국가별 시장규모의 차이와 소비자들의 소비취향의 차이, 그리고 국가별로 서로 다른 부의 분배형태 등도 무역을 발생시키는 원인이 될 수 있을 것이다. 이처럼 부존자원의 차이에서 발생하는 공급 부분의 국가별 차이에서 무역이 발생할 수도 있으며, 시장규모나 소비자의 소비취향과 같은 수요 부분의 국가별 차이에서 무역이 발생할 수도 있다. 같은 맥락에서 국제무역이론은 크게 공급부문의 국가간 차이에서 무역의 발생요인을 찾는 무역이론과 공급부문과 수요부문을 결합하여 무역발생 요인을 찾는 무역이론으로 구분할 수 있다. 우리가 본 장에서 살펴보게 될 고전적 무역이론들이 전자에 해당하고, 이후에 살펴보게 될 신무역이론이라고 불리는 새로운 무역이론들은 후자에 해당한다.

    먼저 본 장에서는 공급부문 – 특히 국가간 생산기술의 차이에서 무역발생 요인을 찾는 리카르도의 고전적인 비교우위론을 살펴보도록 한다. 국가들은 각기 서로 다른 역사 문화적 배경 및 환경을 가지고 있으며, 이에 적합한 기술을 발전시키기 마련이다. 따라서 동일한 상품이라고 하더라도, 국가간 생산기술의 차이가 존재하게 된다. 리카르도는 이러한 점에 착안하여 국가간 기술 격차에 따라 국제무역이 성사될 수 있음을 설명하는 이론 체계를 발전시켰다. 즉, 리카르도의 이론은 국가마다 상이한 생산성(기술)의 차이가 국제무역을 발생시키는 원인이 되고 이에 따라 국가별 생산구조, 자원 배분, 소득분배의 변화를 초래하게 된다고 설명하고 있다. 한편 리카르도에 의해 제시된 비교우위의 개념은 이후 공급부문에서 국제무역을 설명하는 주요 수단으로 자리 잡았으며, 이후 나타난 고전적 무역이론들은 비교우위의 발생 요인을 여러 다양한 요인에서 찾고자 하는 노력의 결과라고 할 수 있을 것이다.

가. 절대우위와 비교우위

리카르도의 무역이론을 자세히 살펴보기에 앞서 리카르도 모형의 핵심이라고 할 수 있는 비교우위에 대해 살펴보기로 한다. 이를 위해 자국과 외국이라는 두 국가로 이루어져 있는 간단한 세계가 있다고 하자. 두 국가는 유일한 생산요소인 노동만을 이용하여 농산품과 공산품이라는 두 상품을 생산하고 있다. <표 1>은 두 국가가 농산품과 공산품 각각 1단위를 생산하기 위해 투입하는 노동투입량(시간)을 보여준다.

표 1 두 국가의 단위노동필요량

(단위: 시간)

	자국	외국
농산품	3	2
공산품	5	1

주어진 예에서 자국은 농산품 1단위를 생산하는데 3시간의 노동이 필요하고, 공산품 1단위를 생산하는데 5시간의 노동력이 필요하다. 반면 외국은 농산품과 공산품 1단위를 생산하는데 각각 2시간과 1시간이 필요하다. 이처럼 상품 1단위를 생산하기 위해 투입되는 생산요소의 양을 (단위) 요소필요량(unit input requirement)이라고 한다. 요소필요량의 역수는 1단위(시간) 노동으로 생산할 수

있는 각 상품의 수량이자 노동의 한계생산이며, 해당 상품 생산에서의 (노동) 생산성을 의미한다. 아래의 <표 2>는 두 국가의 생산성을 보여준다.

표 2 두 국가의 노동 1단위당 상품 생산량

	자국	외국
농산품	1/3	1/2
공산품	1/5	1

주어진 예에서 자국은 노동 1단위로 농산품 1/3 단위를 생산할 수 있지만, 외국은 1/2 단위를 생산할 수 있으므로 외국의 생산성이 자국보다 높음을 알 수 있다. 이때 외국은 자국보다 농산품 생산에 있어서 절대우위를 가진다고 한다. 유사하게 노동 1단위로 생산할 수 있는 공산품의 수량은 자국과 외국에서 각각 1/5 단위와 1단위이므로 공산품 생산에서도 외국은 자국보다 생산성이 높고 절대우위를 가진다.

- 절대우위: 특정 상품을 생산하면서 한 국가가 다른 국가보다 더 높은 생산성을 가진 경우 해당 국가가 절대우위를 가진다고 한다.

즉, 외국은 자국보다 농산품과 공산품 모두 적은 노동 투입으로 생산할 수 있으므로 두 상품 모두에 절대우위를 가진다. 그렇다면 두 국가가 교역한다면 어떤 일이 발생할까? 절대우위의 관점에서 보면 외국이 자국보다 더 높은 생산성을 가지고 있으므로 두 상품 모두 외국이 생산하는 것이 효율적이다. 그렇다면 두 상품 모두에서 절대우위를 가진 외국은 자국과 교역을 할 의사가 있을까? 그러나 현실 세계에서는 생산성의 차이가 명확한 국가간에도 무역은 발생한다.

이처럼 모순적으로 보이는 현실은 생산성에 상대성을 도입함으로써 설명할 수 있는데, 이것이 바로 리카르도가 도입한 비교우위의 개념이다.

- 비교우위: 다른 상품과 비교할 때 특정 상품의 상대적 생산성이 더 높다면 해당 상품에 대해 비교우위를 가진다고 한다.

주어진 예를 이용하여 비교우위를 살펴보도록 하자. 자국의 경우 농산품 1단위를 생산하기 위해 3시간의 노동이 필요하다. 그리고 자국이 농산품 1단위를 생산하기 위한 시간(즉, 3시간)을 공산품 생산에 투입한다면 3/5 단위의 공산품을 생산할 수 있다. 그런데 유한한 투입요소인 노동은 농산품 또는 공산품 생산 중 하나에만 투입될 수 있음에 유의하자. 따라서 3단위의 노동으로 1단위 농산품을 생산한다면 동일 노동으로 생산할 수 있는 3/5 단위의 공산품 생산을 포기함을 의미한다. 이는 우리가 이미 알고 있는 기회비용의 개념이며, 자국에서 농산품 1단위 생산의 기회비용이 3/5단위 공산품임을 알 수 있다. 유사하게 외국의 경우 농산품 1단위 생산에 2시간의 노동력이 필요하며, 동일한 2시간의 노동력으로 2단위의 공산품을 생산할 수 있다. 따라서 외국에서는 농산품 1단위의 기회비용은 공산품 2단위에 해당한다. 이제 자국과 외국이 농산품 1단위를 생산하기 위한 기회비용을 비교하여 보자. 자국은 외국보다 농산품 1단위 생산을 위해 더 적은 공산품만을 포기하면 되므로, 외국과 비교할 때 자국은 농산품에 비교우위를 가진다. 동일한 논리를 공산품의 생산에 적용해보면, 자국은 1단위 공산품을 생산하기 위해서 5/3 단위의 농산품을 포기하는 기회비용이, 외국은 1/2단위 농산품을 포기하는 기회비용이 발생한다. 따라서 외국은 자국보다 더 적은 농산품을 포기하고도 공산품을 생산할 수 있으므로 자국과 비교할 때 외국은 공산품에 대해 비교우위를 가진다.

표 3 상품 생산에 있어서 두 국가의 기회비용

	자국	외국
농산품 1단위	3/5 단위 공산품	2단위 공산품
공산품 1단위	5/3 단위 농산품	1/2 단위 농산품

이제 자국과 외국이 교역하는 상황을 고려해 보자. 자국 내에서는 비교우위

상품인 농산품 1단위를 3/5단위 공산품과 교환할 수 있지만, 외국으로 농산품을 수출한다면 1단위 농산품을 2단위 공산품과 교환할 수 있다. 따라서 자국은 비교우위 상품인 농산품의 수출을 통해 이익을 얻을 수 있다. 유사하게 외국도 자신의 비교우위 상품인 공산품을 국내에서 1/2단위 농산품과 교환하는 것보다 자국으로 수출하여 5/3단위 농산품과 교환하는 것이 더 이익이다. 이처럼 각국은 비교우위를 가지는 상품을 수출하여 교역의 이익을 얻을 수 있으므로 국제무역이 발생한다.

나. 리카르도 모형을 이해하기 위한 가정과 개념

1) 리카르도 모형의 기본 가정

교역국간의 생산성 차이에 따른 국제무역을 설명하는 리카르도의 이론을 간단한 경제모형을 통하여 이해하기 위하여 다음과 같은 가정들을 고려해 보자.

먼저 이 세상에는 두 국가만 존재한다고 가정하자. 한 국가는 자국(home country)이며 나머지 다른 국가는 외국(foreign country)이라고 부르도록 하자. 그리고 이 세상에는 X재와 Y재라고 하는 두 상품만 존재한다고 생각하자. 이 두 상품은 모두 최종재인 소비재이다. 또한, 두 상품을 생산하는데 투입되는 생산요소는 노동이며, 다른 생산요소는 고려하지 않도록 한다. 2 국가, 2 상품, 단일 생산요소를 가정하기 때문에 이와 같은 모형을 2x2x1 모형이라고 부르기도 한다. 유일한 생산요소인 노동의 부존량은 국가별로 상이하며, 각국의 노동부존량은 불변이라고 생각하자. 이때 자국과 외국의 노동부존량을 각각 L_H와 L_F로 표기한다. 한편, 각국의 노동력은 다른 국가로 이동하지는 못하지만, 각 국가 내에서는 부문간에 자유로운 이동이 가능하다고 하자. 즉, 노동의 국내 부문간 이동은 가능하지만, 국가간 이동은 불가능하다. 그리고 각국에서 각 상품을 1단위 생산하는데 투입되는 노동량, 즉, 단위노동필요량은 서로 상이하며 <표 4>와 같다고 하자. 또한, 각국의 단위노동필요량은 일정한 값을 가지는 불변 단위노동필요량이라고 하자.

표 4 두 국가의 단위노동필요량

(단위: 시간)

	자국	외국
X 재	a_{LX}	a_{LX}^*
Y 재	a_{LY}	a_{LY}^*

여기서 <표 4>에 주어진 단위노동필요량의 아래 첨자 L은 노동을 의미하며, X와 Y는 상품을 의미한다. 그리고 위첨자 *는 외국을 의미한다. <표 4>는 우리가 비교우위에 대한 설명에서 살펴보았던 <표 1>을 일반화시킨 것이다.

앞 절에서 설명한 것처럼 자국 내 X재의 노동필요량 a_{LX}는 자국에서 X재를 한 단위 생산하는데 필요한 단위노동투입량(시간)을 의미하며, 그 역수는 단위노동량(시간) 투입에 따른 X재의 생산량인 노동의 한계생산이자 X재를 생산할 때의 생산성이다. 그리고 편의상 $a_{LX}/a_{LY} < a_{LX}^*/a_{LY}^*$라고 가정하자. 즉, 자국 내에서 X재 생산의 상대 노동투입량(a_{LX}/a_{LY})은 외국 내에서 X재 생산의 상대 노동투입량(a_{LX}^*/a_{LY}^*)보다 적다. 이는 외국에 비해 자국이 Y재 생산과 비교하여 상대적으로 적은 노동 투입만으로 X재를 생산할 수 있음을 의미하며, 자국이 X재에 비교우위를 가지고 있음을 의미한다. <표 1>의 예를 이용해서 주어진 가정의 의미를 살펴보도록 하자. X재가 농산품이고 Y재가 공산품이라고 한다면, 자국에서 X재 생산의 상대 노동투입량은 $a_{LX}/a_{LY} = 3/5$이며 외국에서는 $a_{LX}^*/a_{LY}^* = 2$이다. 따라서 $a_{LX}/a_{LY} < a_{LX}^*/a_{LY}^*$에 해당하므로, 자국은 X재인

리카르도 모형을 위한 기본 가정

① 세계는 자국(H)과 외국(F)이라는 두 나라만 존재한다.

② 각국은 X재와 Y재라는 두 상품만 생산한다.

③ 노동(L)만이 유일한 생산요소이며, 국가마다 노동부존량은 상이하다.

④ 두 상품의 생산에 있어서 각국은 생산성의 차이를 가지며, $a_{LX}/a_{LY} < a_{LX}^*/a_{LY}^*$이다.

농산품에 비교우위를 가지고 외국은 Y재인 공산품에 비교우위를 가진다.

2) 생산가능곡선과 임금

●생산가능곡선

주어진 가정으로부터 우리는 자국과 외국이 X재와 Y재를 얼마나 생산할 수 있는지를 알 수 있다. 이를 살펴보기 위해 각국이 완전고용상태[1]라는 기술적인 가정을 추가하도록 하자. 즉, 각국에서 모든 생산요소-여기서는 노동-는 반드시 X재 또는 Y재 산업 중 한 부분에 투입되고 있어야 한다고 하자. 그리고 미시경제학에서 배운바 있는 생산가능곡선(production possibility curve)[2]의 개념을 적용해 보자. 주어진 가정에서 자국과 외국의 부존 노동량이 L_H와 L_F로 주어져 있으므로, (노동력이 완전고용상태라는 가정하에) 각국의 최대 생산량과 생산가능곡선을 도출할 수 있다.

이제 생산가능곡선의 도출 과정을 자세히 살펴보도록 하자. 1단위 X재를 생산하기 위한 노동필요량이 a_{LX}이므로 X재를 X단위 생산하는 데 필요한 총노동투입량은 $a_{LX}X$ 단위이다. 마찬가지로 Y재 Y단위 생산에 필요한 총노동투입량은 $a_{LY}Y$ 단위가 된다. 그런데 완전고용이라는 가정 아래에서 각국에서 두 상품에 투입된 총노동투입량의 합은 해당 국가가 가지고 있는 총노동부존량과 같아야 한다. 이러한 조건을 요소시장 청산조건(factor market clearing condition)이라고 하는데, 이 조건은 자국과 외국 모두에서 성립해야 한다. 따라서 두 국가의 요소시장 청산조건은 아래와 같다.

자국의 요소시장 청산조건 & 생산가능곡선: $a_{LX}X + a_{LY}Y = L_H$ ········· (1)

외국의 요소시장 청산조건 & 생산가능곡선: $a_{LX}^* X^* + a_{LY}^* Y^* = L_F$ ······· (2)

---

1 고전적인 국제경제학의 특징 중의 두 가지는 실업이 존재하지 않는다고 가정하는 완전고용 가정과 상품시장이 완전경쟁시장이라는 가정이다.
2 생산가능곡선이란 한 나라의 주어진 자원과 생산기술을 가장 효율적으로 사용하여 생산할 수 있는 상품 조합 궤적들의 집합을 의미한다.

그리고 위의 요소시장 청산조건은 각국의 부존 노동으로 생산 가능한 X재와 Y재의 생산량 조합으로 나타남에 유의하자. 따라서 위의 요소시장 청산조건이 바로 두 국가의 생산가능곡선에 해당한다.

한편, 생산가능곡선 (1)과 (2)는 상품 공간(또는 평면)에서 직선의 방정식으로 나타낼 수 있다. 이를 살펴보기 위해 (1)과 (2)를 다음과 같이 바꾸어 나타내 보자.

$$Y = - \frac{a_{LX}}{a_{LY}} X + \frac{L_H}{a_{LY}} \quad \cdots\cdots\cdots\cdots\cdots\cdots\cdots\cdots\cdots\cdots\cdots\cdots\cdots\cdots\cdots\cdots\cdots \quad (3)$$

$$Y^* = - \frac{a_{LX}^*}{a_{LY}^*} X^* + \frac{L_F}{a_{LY}^*} \quad \cdots\cdots\cdots\cdots\cdots\cdots\cdots\cdots\cdots\cdots\cdots\cdots\cdots\cdots\cdots\cdots \quad (4)$$

여기서 자국과 외국의 생산가능곡선의 기울기의 절댓값은 각각 a_{LX}/a_{LY}과 a_{LX}^*/a_{LY}^*이다. 그리고 우리는 $a_{LX}/a_{LY} < a_{LX}^*/a_{LY}^*$을 가정하고 있으므로 자국의 생산가능곡선의 기울기의 절댓값이 외국보다 작으며, 자국의 생산가능곡선이 외국보다 더 평평한 형태를 가짐을 알 수 있다. 아래 <그림 1>은 두 국가의 생산가능곡선의 전형적인 형태를 보여준다.

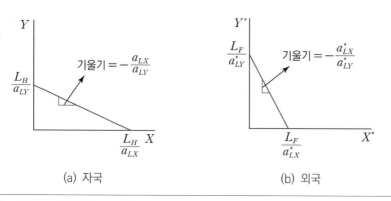

(a) 자국   (b) 외국

그림 1 리카르도 모형에서 생산가능곡선

그런데 일반적으로 미시경제학에서 소개하는 생산가능곡선은 원점에 대해 오목(또는 원점에서 바깥으로 볼록)한 형태임에 반해, 우리가 도출한 생산가능곡선은 직선의 형태이다. 이는 노동이라는 단일 생산요소를 가정하고 있으며, 노동의 한계생산이 불변이라는 리카르도 모형의 특징에 기인한다. 그리고 직선의 생산가능곡선은 타 무역모형과 다른 리카르도 모형만의 특징이기도 하다.

이제 생산가능곡선의 기울기에 대해 살펴보기로 하자. 생산가능곡선의 기울기는 한계전환율(marginal rate of transformation, MRT)이라고 불리며, Y재를 X재로 전환하려는 경우 감소하는 Y재의 수량을 의미한다. 즉, X재 1단위를 추가로 생산하기 위하여 포기되는 Y재의 수량이다. 자국의 경우를 생각해보면, 자국 생산가능곡선의 기울기 a_{LX}/a_{LY}는 X재를 1단위 더 생산하기 위해 포기해야 하는 Y재의 개수이므로 자국에서 X재 생산의 기회비용이다. 그런데 생산가능곡선의 기울기 a_{LX}/a_{LY}를 조금 다른 방식으로 생각해 보자. a_{LX}는 정의대로 X 상품 한 단위를 생산하기 위해 투입되는 노동시간이다. 나아가 우리가 살펴본 것처럼 Y재 생산에서 1단위 노동이 감소한다면, $1/a_{LY}$ 단위의 Y재 생산이 감소한다. 따라서 생산가능곡선의 기울기-즉, a_{LX}/a_{LY}는 X재 1단위 생산에 필요한 노동을 Y재 생산에서 가져올 때 감소하는 Y재의 생산량 감소이며, X 상품 생산의 기회비용이자 사회적 한계비용을 의미한다.

리카르도 모형의 가정에서 단위노동투입량이 생산량의 크기에 무관하게 항상 일정한 값을 가진다고 하였으므로, 리카르도 모형에서는 상품 생산의 사회적 한계비용은 생산량에 무관하게 항상 일정한 불변의 값을 가진다. 그러나 자국과 외국은 서로 다른 생산가능곡선의 기울기를 가지므로 서로 다른 국가들은 동일한 상품 생산의 사회적 한계비용이 상이하다. 그리고 이러한 사회적 한계비용의 차이가 앞 절에서 살펴본 각국의 비교우위로 나타난다.

● 산업별 임금

단위노동필요량을 안다면, 각 상품생산에 투입되는 노동에 대한 임금도 알 수 있다. 이를 살펴보기 위해 자국에서 X재와 Y재의 가격을 각각 p_X와 p_Y로 정의하고 단위 시간당 노동시장에서 지급하는 임금을 w라고 하자. 임금은 단위 시간당 노동 투입에 대한 대가이므로 이윤을 극대화하는 기업은 노동 투입이 창출하는 생산량의 (화폐) 가치와 동일한 금액을 임금으로 지급할 것이다. 즉, 기업이 지급하는 임금은 화폐가치로 평가한 노동의 한계생산과 같다. 예를 들어 <표 4>에서 주어진 노동필요량의 역수는 노동 1단위 투입에 의한 생산량—즉, 한계생산이며, 한계생산에 해당 제품의 가격을 곱하면 화폐가치로 평가한 생산성—즉, 시간당 임금을 얻을 수 있다. 따라서 자국의 경우 X재와 Y재 생산에 참여하는 노동자의 시간당 임금은 다음과 같다.

$$w_X = p_X MPL_X = p_X\left(\frac{1}{a_{LX}}\right) \ \& \ \ w_Y = p_Y MPL_Y = p_Y\left(\frac{1}{a_{LY}}\right) \cdots\cdots\cdots\cdots (5)$$

여기서 유의할 점은 단위노동필요량이 변하지 않고 일정하게 주어진 값이라는 점이다. 따라서 어떤 산업에서 임금변화가 발생한다면, 이는 해당 산업에서 생산한 상품의 가격이 변했기 때문이다.

임금이 중요한 이유는 임금—또는 임금을 결정하는 상품의 가격—이 X재 산업과 Y재 산업간의 노동 분배와 생산량을 결정하기 때문이다. 이를 이해하기 위해 두 산업의 임금이 서로 상이한 경우를 생각해 보자. 예를 들어 w_X가 w_Y보다 크다면 모든 노동자는 임금이 높은 X재 생산에 종사하려고 할 것이다. 이처럼 $w_X > w_Y$라면, 모든 사람이 자신의 노동을 X재 생산에 투입하니 Y재는 생산되지 않는다. 반대로 $w_X < w_Y$라면, 모든 노동자가 Y재만 생산하려고 하고 X재는 생산하지 않을 것이다. 따라서 자국이 두 상품을 모두 생산하기 위해서는 두 산업에서 임금이 같아야 한다($w_X = w_Y = w$). 그리고 (5)의 임금 방정식을 이용하면, 임금과 생산과의 관계는 다음과 같이 정리할 수 있다.

$$w_X > w_Y \Leftrightarrow \frac{p_X}{p_Y} > \frac{a_{LX}}{a_{LY}} \text{이면, X재만 생산} \cdots\cdots\cdots\cdots\cdots\cdots (6-1)$$

$$w_X < w_Y \Leftrightarrow \frac{p_X}{p_Y} < \frac{a_{LX}}{a_{LY}} \text{이면, Y재만 생산} \cdots\cdots\cdots\cdots\cdots\cdots (6-2)$$

$$w_X = w_Y \Leftrightarrow \frac{p_X}{p_Y} = \frac{a_{LX}}{a_{LY}} \text{이면, X재와 Y재 모두 생산} \cdots\cdots\cdots\cdots\cdots\cdots (6-3)$$

p_X / p_Y가 X재의 상대가격이며 a_{LX}/a_{LY}는 X재 생산의 기회비용임을 상기하자. 위의 관계는 한 국가에서 한 상품의 상대가격이 그 상품을 생산하기 위한 생산의 기회비용보다 높다면, 해당 상품만 생산하게 됨을 보여준다. 그리고 상품의 상대가격이 생산의 기회비용과 동일한 경우에만 두 상품 모두를 생산하게 된다.

한편 외국도 자국과 동일한 논리도 임금과 생산과의 관계를 도출할 수 있으며, 여기에서는 중복을 피하고자 생략하도록 한다.

3) 사회 무차별곡선과 상대가격

생산가능곡선을 통해 살펴보았던 상품의 상대가격은 생산 과정에서의 기회비용을 반영한 생산 측면의 상대가격임을 알고 있다. 달리 말하자면, 앞에서 살펴본 상대가격은 생산자의 상대가격이다. 그런데 상품시장의 균형은 소비와 공급에서 결정된다는 기본적인 시장의 원리를 생각해보면, 한 국가 내에서 상품의 균형과 생산요소의 배분을 알기 위해서는 소비자가 평가하는 상대가격도 알아야 한다.

소비 측면에서의 상대가격을 살펴보기 위해 한 국가의 모든 소비자의 평균적인 행태를 해당 국가 전체를 대표하는 가상적인 소비자 한 사람의 행태로 전환하여 생각하면 편리하다. 예를 들어 우리나라의 개별 소비자 5,000만 명을 일일이 고려하는 대신, 5,000만 대한민국 소비자 전체를 '대한민국'이라는 한 명의 소비자로 생각해 볼 수 있다. 이처럼 한 국가 또는 집단을 대표하는 한 명의 소비자를 가정하는 것을 대표 소비자 가정이라고 한다. 대표 소비자는 개별 소비자와 유사하게 효용함수 및 무차별곡선을 가지는 가상적인 소비자이며, 대표 소비자의 무차별곡선은 사회 전체의 소비자 선호 및 후생을 대표하여 나타낸다는 의미에서 사회 무차별곡선이라고 부른다. 그리고 대표 소비자는 <그림 2>와 같이 개별 소비자의 효용 극대화와 마찬가지로 대표 소비자의 사회 무차별곡선과 대표 소비자의 예산식이 접하는 상품묶음을 선택함으로써 효용을 극대화한다. 즉, 대표 소비자의 효용은 사회 무차별곡선의 한계대체율 (marginal rate of substitution, MRS)과 상품의 상대가격(p_X/p_Y)이 같은 상품묶음 에서 극대화된다.

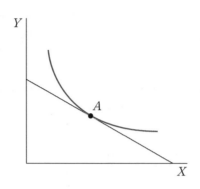

그림 2 대표 소비자의 효용 극대화 선택

그런데, 대표 소비자의 예산식은 무엇일까? 일반적인 개별 소비자라면 주어 진 소득으로 소비 가능한 X재와 Y재의 조합이 예산식이다. 그러나 한 국가를 대표하는 소비자의 예산식은 해당 국가가 자급자족 경제인지 개방 경제인지에 따라 다른 형태를 가진다. 이에 대한 자세한 논의는 다음 절에서 하도록 하자.

다. 자급자족 균형

이제 지금까지 살펴본 가정과 분석도구를 이용하여 자국과 외국이 교역하 고 있지 않은 자급자족 상태(또는 폐쇄 경제)에서의 균형인 자급자족 균형 (autarky equilibrium)을 살펴보도록 하자.

<그림 2>가 보여주는 것처럼 대표 소비자의 후생은 예산식과 사회 무차 별곡선이 접하는 상품묶음에서 극대화된다. 그런데 폐쇄 경제인 자급자족 상태 의 국가에서는 자신이 생산한 상품만을 소비할 수 있다. 즉, 자급자족 국가는 보유한 부존노동력으로 생산 가능한 상품의 조합 내에서 소비할 수 있으며, 이

는 해당 국가의 생산가능곡선이 바로 대표 소비자의 예산식과 같음을 의미한다. 따라서 자국과 외국의 자급자족 균형은 <그림 3>의 점 A와 점 A*이며, 양국은 해당 균형에서 생산 가능한 다양한 상품 조합을 소비하여 도달할 수 있는 최대의 후생수준을 누릴 수 있다.

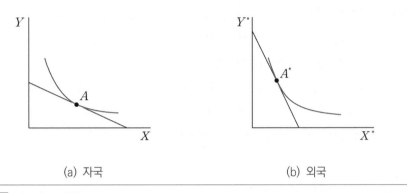

(a) 자국   (b) 외국

그림 3 자급자족 균형

이제 자국의 자급자족 균형점 A를 자세히 살펴보도록 하자. 자국의 자급자족 균형에서 효용을 극대화하는 대표 소비자는 사회 무차별곡선의 기울기인 MRS와 예산식의 기울기인 p_X/p_Y가 동일한 소비 묶음을 선택한다. 그런데 점 A의 상품묶음은 자국의 생산가능곡선 위에서 두 상품을 모두 생산하고 있는 생산점이므로 (6-3)의 조건도 만족해야 한다. 따라서 점 A에서 상대가격 p_X/p_Y는 아래의 (7)과 같이 대표 소비자의 MRS와 같음과 동시에 생산가능곡선의 한계전환율 MRT와 같다. 이러한 상대가격은 자급자족 하에서 자국의 균형 상대가격이므로 $\left(p_X/p_Y\right)^H_{Autarky}$로 나타내도록 하자.

$$MRS_{XY} = \frac{a_{LX}}{a_{LY}} = \left(\frac{p_X}{p_Y}\right)^H_{Autarky} = MRT_{XY} \cdots\cdots (7)$$

(7)의 자급자족 균형조건을 다르게 해석해 보자. 자급자족 경제에서 한 국

가 내의 자급자족 상대가격 p_X/p_Y은 소비자의 교환가격인 MRS와 같으며, 동시에 생산자의 교환가격인 MRT와 같다. 따라서 (7)의 균형조건은 시장가격 p_X/p_Y에서 소비자의 수요와 공급자의 공급이 같아진다는 시장 법칙을 나타내고 있다. 이는 생산과 소비에 관한 간단한 일반균형적 설명이다.

그리고 위에서 언급한 바와 같이 점 A에서는 자국의 소비점과 생산점이 같음에 유의하자. 이는 자급자족 균형에선 스스로 생산 가능한 범위 내에서 소비해야 하며, 나아가 두 상품에 대한 시장공급과 수요가 일치되어 두 상품시장이 동시에 재고가 없이 청산되어야 하기 때문이다.

한편 외국도 같은 논리를 통해 자급자족 균형점 A^*를 찾을 수 있고 자급자족 상대가격은 자국의 경우에서 살펴본 것처럼 생산가능곡선의 기울기인 MRT와 같은 동시에 사회 무차별곡선의 MRS와 같음을 확인할 수 있다.

$$MRS^*_{XY} = \frac{a^*_{LX}}{a^*_{LY}} = \left(\frac{p_X}{p_Y}\right)^F_{Autarky} = MRT^*_{XY} \quad\text{...............................} (8)$$

이제 자국과 외국의 자급자족 가격을 비교하여 보자. 우리가 살펴본 것처럼 리카르도 모형에서 각 국가의 자급자족 가격은 생산가능곡선의 기울기이다. 그런데, 우리는 $a_{LX}/a_{LY} < a^*_{LX}/a^*_{LY}$을 가정하고 있으므로 자국과 외국의 자급자족 가격은 다음과 같은 크기 관계로 나타낼 수 있다.

$$\frac{a_{LX}}{a_{LY}} = \left(\frac{p_X}{p_Y}\right)^H_{Autarky} < \left(\frac{p_X}{p_Y}\right)^F_{Autarky} = \frac{a^*_{LX}}{a^*_{LY}} \quad\text{...............................} (9)$$

(9)가 보여주는 것처럼 X재에 비교우위를 가지는 자국은 X재의 자급자족 상대가격이 외국보다 저렴하며, Y국에 비교우위를 가지는 외국은 Y재의 자급자족 상대가격이 자국보다 저렴하다. 즉, 자급자족 상태에서 각 국가는 자신이 비교우위를 가지는 상품의 상대 가치가 더 낮은 데, 이는 비교우위를 가지는 상품 생산의 상대적 비용—즉, 기회비용이 더 저렴하기 때문이다.

라. 무역균형: 완전특화와 무역이익

앞 절에서는 리카르도 이론을 전개하기 위해 자급자족 경제 상황에서의 자국 및 외국의 자원 배분에 대해 알아보았다. 자급자족 상황에서는 소비점과 생산점을 동일하게 만드는 자급자족 가격이 있는데 이러한 자급자족 가격은 각국가의 생산가능곡선의 기울기와 동일함을 살펴보았다. 이제 본 절에서는 간단한 리카르도 모형에서 국제무역이 개시되는 경우 무역의 패턴과 무역을 통해 얻을 수 있는 이익을 살펴보기로 하자. 국제무역은 두 국가에 의한 상품공급과 양국 소비자들의 상품 수요가 존재하는 상품시장에서 이루어지는 상품의 교역이다. 따라서 수요−공급의 법칙에 따라 국제상품가격이 결정되는 과정을 살펴볼 필요가 있다. 그러나 일단 본 절에서는 수요−공급에 따라 결정된 두 상품의 국제상대가격을 주어진 것으로 간주하고 양국간 무역의 패턴과 그로 인한 이익을 먼저 살펴보기로 한다. 그런 후 교역시장에서 국제상품(상대)가격이 결정되는 과정은 다음 절에서 살펴볼 것이다.

1) 비교우위와 완전특화

우리는 이미 자급자족 하에서 자국과 외국의 국내가격−즉, 각국의 자급자족 가격이 (9)와 같은 크기 관계를 가짐을 살펴보았다. 우리가 살펴본 바와 같이 자국은 X재에 비교우위를 가지고 외국은 Y재에 비교우위를 가지므로 X재의 자급자족 상대가격 p_X/p_Y는 자국에서 가장 저렴하고 외국에서 가장 비싸다. 따라서 양국이 두 상품의 교역을 시작한다면, X재의 국제상대가격 p_X^W/p_Y^W는 양국의 자급자족 상대가격 사이의 어느 수준에서 결정될 것이다.

$$\left(\frac{p_X}{p_Y}\right)^H_{Autarky} \leq \left(\frac{p_X^W}{p_Y^W}\right)_{Trade} \leq \left(\frac{p_X}{p_Y}\right)^F_{Autarky} \quad \cdots\cdots\cdots (10)$$

이제 국제무역 하에서 국제상대가격 p_X^W와 p_Y^W이 (10)을 만족하면서 자국과 외국의 자급자족 상대가격은 아닌 어떤 가격이라고 생각하자. 그런데 국제무역 하에서 자국의 자급자족 생산점 A는 더 이상 최적의 생산점이 아니다. 이를 이해하기 위해 자급자족 생산점 A를 (X_A, Y_A)라고 하자. 국제무역 하에서 자국은 생산량 (X_A, Y_A)를 스스로 소비하는 대신 국제가격 p_X^W와 p_Y^W로 외국과 교역할 수 있다. 따라서 이제 자급자족 생산량 X_A와 Y_A의 가치는 국제가격 기준으로 평가될 것이고 따라서 국제가격 하에서의 자국의 소득—즉, GDP는 $p_X^W X_A + p_Y^W Y_A = G_A$와 같이 나타난다. 아래 <그림 4−a>에서 자급자족 균형점 A를 지나고 기울기가 국제상대가격 p_X^W/p_Y^W인 직선이 이에 해당하는 자국의 소득선이다. 그런데 만일 자국이 생산점을 점 A에서 점 P로 바꾼다면, 자국의 소득선은 점 P를 지나는 점선에 해당하는 직선이 되며 생산점의 변경으로 인하여 더 높은 소득 G_A를 올릴 수 있다. 즉, 국제무역 하에서 자국은 비교열위재인 Y재를 생산하는 대신 비교우위재 X재만 생산하는 경우 더 높은 소득을 얻을 수 있는데, 이처럼 다른 상품을 생산하지 않고 한 상품만 생산하는 형태를 완전특화라고 한다.

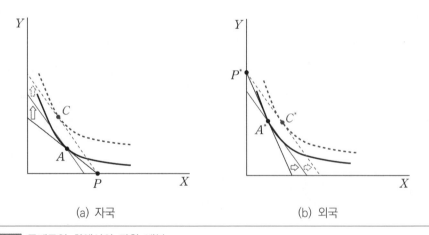

(a) 자국　　　　　　　　　　　　　　(b) 외국

그림 4 국제무역 하에서의 자원 배분

한편, 국제무역 하에서 자국이 X재에 완전특화하는 과정은 앞에서 살펴본 바 있는 두 산업의 임금을 통해서도 살펴볼 수 있다. 국제무역 하에서 X재와 Y재의 가격은 각각 p_X^W와 p_Y^W이므로 X재와 Y재 산업의 임금은 각각 $w_X^W = p_X^W/a_{LX}$와 $w_Y^W = p_Y^W/a_{LY}$이다. 두 산업의 임금 차이를 살펴보기 위해 X재 생산의 상대임금 w_X^W/w_Y^W를 살펴보자. 우리가 (7)에서 살펴본 것처럼 자국의 생산가능곡선의 기울기 a_{LX}/a_{LY}는 자국의 자급자족 가격 $(p_X/p_Y)^H$과 같다. 또한 (10)에서 논의한 것처럼 국제무역 하에서 X재의 국제상대가격은 자국의 자급자족 상대가격보다 높은 수준일 것이다. 즉, $(p_X/p_Y)^H < p_X^W/p_Y^W$이다. 따라서 국제무역 하에서 w_X^W/w_Y^W는 다음과 같이 나타낼 수 있다.

$$\frac{w_X^W}{w_Y^W} = \frac{p_X^W}{p_Y^W}\frac{a_{LY}}{a_{LX}} > \left(\frac{p_X}{p_Y}\right)^H \frac{a_{LY}}{a_{LX}} = 1$$

즉, $w_X^W > w_Y^W$이므로, 자국의 비교우위 상품인 X재 산업의 임금이 Y재 산업의 임금보다 높다. 따라서 높은 임금을 추구하는 모든 노동자가 X재 산업으로 이동하며 자국은 비교우위재인 X재에 완전특화함을 알 수 있다.

앞에서 가정한 것처럼 자국의 부존노동력이 L_H임을 상기하자. 완전특화 생산점 P에서 자국의 모든 노동력은 X재 생산에 투입되며 X재의 단위노동필요량이 a_{LX}이므로 국제무역 하에서 자국의 X재 생산량은 $X_P = L_H/a_{LX}$이다. 그리고 당연히 국제무역 하에서 Y재 생산은 0이다.

같은 논리를 외국에도 적용할 수 있다. 일물일가의 원칙이 적용되어 국제무역 하에서 X재와 Y재의 국제가격은 자국과 외국에서 같다고 하자. 그런데 외국은 Y재에 비교우위를 가지므로 $a_{LX}^*/a_{LY}^* = (p_X/p_Y)^F > p_X^W/p_Y^W$이며 외국의 생산가능곡선의 기울기는 국제상대가격보다 더 크다. 따라서 <그림 4-b>와 같이 외국의 최적 자급자족 생산점은 A^*이지만, 국제무역 하에서는 비교우위재인 Y재에 완전특화한 생산점 P^*를 선택함으로써 더 높은 소득 G_A^*를 얻을 수 있다. 그리고 완전특화 생산점에서 외국의 X재와 Y재 생산량은 각각 0과

$Y_{P^*}^* = L_F/a_{LY}^*$이다.

2) 소비와 양국의 무역이익

이제 국제무역 하에서의 자국 대표 소비자의 최적 소비를 생각해 보자. 앞에서 살펴본 것처럼 국제무역 하에서 자국은 더 이상 스스로 생산한 상품묶음을 소비할 필요가 없다. 나아가 이제 자국은 국제가격 아래에서 극대화된 소득 G_A를 화폐소득으로 사용할 수 있으며, 국내 생산기술의 제약에서 벗어나 국제가격으로 소비할 수 있다. 즉, 국제무역 하에서 자국의 새로운 예산식은 다음과 같다.

$$p_X^W X + p_Y^W Y = G_A\left(= p_X^W X_P\right) \dots\dots\dots\dots\dots\dots\dots\dots\dots\dots\dots\dots\dots\dots (11)$$

예산식 (11)의 괄호 안은 완전특화 X재 생산량 X_P로 얻을 수 있는 자국의 화폐소득이 G_A임을 보여준다. <그림 4-a>에서 완전특화 생산점 P를 지나는 점선이 바로 (11)의 자국의 새로운 예산식이다.

<그림 4>에서 볼 수 있는 것처럼 이제 자국은 자신의 생산가능곡선을 벗어난 소비 가능 집합을 가지며, 새로운 예산식은 최적 소비점 C에서 사회 무차별곡선과 접한다. 그런데 새로운 예산선과 접하는 사회 무차별곡선은 자급자족 경제에서의 사회 무차별곡선보다 우상향에 위치하므로 우리는 무역으로 인하여 대표 소비자의 효용이 증가함을 알 수 있다. 나아가 자국의 사회후생을 소비자 후생과 생산자 후생의 합으로 생각해 보자. 만일 고전적인 무역이론이 가정하는 것처럼 생산자들이 완전경쟁시장에 속해있다고 가정한다면, 생산자 후생-즉, 이윤은 0이다. 따라서 국제무역으로 인한 자국 소비자 후생의 개선은 자국 사회후생의 개선이자 자국이 획득한 무역의 이익이다.

마찬가지 방법으로 <그림 4-b>가 보여주는 국제무역 하에서 외국의 최적 소비도 생각해 보자. 외국은 Y재에 완전특화한 생산점 P*를 생산함으로써 최대의 화폐소득 G_A^*를 얻을 수 있으며, 이 소득을 가지고 국제가격으로 교역

함으로써 생산점 P*를 지나는 새로운 점선의 예산식 위에서 소비할 수 있다. 따라서 국제무역을 통하여 외국도 자급자족 상태보다 더 높은 소비자 후생 및 사회후생을 얻을 수 있음을 알 수 있다.

이제 그래프가 아닌 간단한 수식을 통해 무역으로 인한 이익을 보다 구체적으로 확인해 보자. 이를 위해 실질임금이라는 개념을 이용할 것이다. 우리가 앞에서 살펴본 X재와 Y재 산업에서의 임금 w_X와 w_Y는 화폐가치로 평가한 노동생산성이며, 이와 같은 임금을 명목임금이라고 한다. 명목임금은 우리가 현실경제에서 받는 임금이며 화폐단위로 평가되어 임금수준을 편리하게 비교할 수 있는 장점이 있지만, 화폐가치가 변하게 되면 임금이 변하게 된다는 단점도 존재한다. <표 2>의 예를 생각해 보자. 1단위의 노동으로 농산품 1/3단위를 생산하는 자국의 노동자들이 있고 농산품 1단위의 가격이 3,000원이라고 한다면, 농산품을 생산하는 자국 노동자들의 명목임금은 시간당 3,000×(1/3)＝1,000원이다. 그러나 이 명목임금은 농산품의 가격이 변화하면 달라진다. 예컨대 농산품의 가격이 6,000원으로 인상된다면, 농산품을 생산하는 자국 노동자들의 명목임금은 2,000원이 된다. 하지만, 농산품 가격이 다름에도 불구하고 자국 농산품 생산 노동자들이 1단위당 1/3단위 농산품을 생산한다는 사실은 변함이 없다. 달리 말하자면, 스스로 농사를 지어 농산품을 소비하는 자국의 농부들은 항상 노동 1단위 투입으로 1/3단위 농산물을 생산하여 소비할 수 있다는 사실은 변화가 없으며 농산품의 가격 변화와는 무관하다. 따라서 많은 경우에 있어서 노동자들의 임금은 (유동적인) 화폐가치가 아닌 물리적인 실물가치로 평가할 때 정확하게 파악할 수 있는 데, 이를 실질임금이라고 한다. 노동자가 생산하는 생산품의 가격을 p라고 하면 실질임금은 명목임금을 생산품의 가격으로 나눈 w/p이며, 명목임금이 $w = p \cdot MPL$이므로 실질임금은 노동자들의 한계생산을 의미한다. 위의 예에서 자국 농산품 생산 노동자들의 실질임금은 농산품의 가격과 무관하게 항상 자국 내 농산품의 한계생산인 1/3단위 농산품이다. 국제무역의 분석에서는 실질임금이 특히 더 유용한데, 이는 국가간 무역이 발생하면 상품의 가격이 자급자족 가격에서 국제가격으로 변하기 때문에 명목임금만으로는 정확한 노동자들의 보수를 평가할 수 없기 때문이다.

이제 원래의 논의로 돌아가서 실질임금의 개념을 이용하여 무역의 이익을 평가해 보자. 자급자족 상태에서 자국 내 노동자들은 1단위 노동으로 $1/a_{LX}$ 단위의 X재를 생산하거나 $1/a_{LY}$ 단위의 Y재를 생산할 수 있다. 즉, 노동자들의 실질임금은 노동 1단위당 $1/a_{LX}$단위 X재인 동시에 $1/a_{LY}$단위 Y재인 셈이다. 그렇다면 국제무역 하에서 자국 노동자들의 실질임금은 어떻게 될까? 국제무역 하에서 자국은 X재에 완전특화하므로 X재 생산에 투입된 모든 노동자는 노동 1단위당 $1/a_{LX}$단위 X재의 실질임금을 얻는다. 이는 자국 노동자들이 자신이 생산한 X재를 그대로 자신들이 가져간다고 생각하면 쉽게 이해할 수 있다. 자국 노동자들의 X재 생산성은 무역 전후로 변하지 않으므로 당연히 노동 1단위의 X재 생산량—즉, X재로 평가한 노동 1단위의 실질임금은 변하지 않는다. 그런데 국제무역 하에서 실질임금을 X재가 아닌 Y재로 평가하면 어떻게 될까? 국제무역 하에서 자국의 노동자들은 Y재를 전혀 생산하지 않기 때문에 자국 노동자들의 Y재 생산성은 실질임금을 반영하지 못한다. 대신 자국의 노동자들은 자신이 생산한 X재를 국제무역을 통해 Y재로 교환하여 Y재를 소비한다. 즉, 국제무역 하에서 자국은 노동 1단위로 $1/a_{LX}$ 단위의 X재를 생산하여, 이를 국제가격 p_X^W로 판매한 소득을 이용하여 Y재를 p_Y^W의 가격으로 외국에서 구매한다. 따라서 자국은 국제무역 하에서 노동 1단위로 $(p_X^W/p_Y^W)(1/a_{LX})$ 단위의 Y재를 구매할 수 있는 셈이며, Y재로 평가한 노동 1단위의 실질임금은 $(p_X^W/p_Y^W)(1/a_{LX})$이다.

다음으로 국제무역을 통한 자국의 실질임금 변화를 비교해 보자. X재로 평가한 실질임금은 위에서 언급한 바와 같이 무역 여부에 따라 변하지 않는다. 그러나 Y재로 평가한 실질임금은 자급자족 상태에서 직접 생산할 때의 실질임금 $1/a_{LY}$에서 국제무역 하의 실질임금 $(p_Y^W/p_X^W)(1/a_{LX})$로 달라진다. 따라서 Y재로 평가한 자국의 실질임금 변화 $\triangle w_Y^R$는 다음과 같다.

$$\triangle w_Y^R = \left(\frac{p_X^W}{p_Y^W}\right)\left(\frac{1}{a_{LX}}\right) - \frac{1}{a_{LY}} = \left(\frac{1}{a_{LX}}\right)\left(\frac{p_X^W}{p_Y^W} - \frac{a_{LX}}{a_{LY}}\right) \quad\text{.................................} (12)$$

우리는 이미 $a_{LX}/a_{LY} = (p_X/p_Y)^H$이며, 자국이 가진 X재에서의 비교우위로 인하여 $(p_X/p_Y)^H < p_X^W/p_Y^W$임을 알고 있으므로 $\triangle w_Y^R > 0$임을 확인할 수 있다. 정리하자면, 국제무역으로 인하여 자국의 노동자들은 자급자족과 동일한 수량의 X재와 더 많은 수량의 Y재를 소비할 수 있으므로 후생이 증가한다.

자국과 동일한 방법으로 외국도 국제무역 하에서 Y재에 완전특화하여 더 높은 X재 기준 실질임금을 얻을 수 있음을 확인할 수 있다. X재로 평가한 외국의 실질임금의 변화 $\triangle\left(w_X^R\right)^*$는 다음과 같으며, 중복을 피하기 위해 도출과정은 생략하도록 한다.

$$\triangle\left(w_X^R\right)^* = \left(\frac{p_Y^W}{p_X^W}\right)\left(\frac{1}{a_{LY}^*}\right) - \frac{1}{a_{LX}^*} = \left(\frac{p_Y^W}{p_X^W}\right)\left(\frac{1}{a_{LX}^*}\right)\left(\frac{a_{LX}^*}{a_{LY}^*} - \frac{p_X^W}{p_Y^W}\right) \cdots\cdots\cdots\cdots (13)$$

자국과 동일한 논리로 $a_{LX}^*/a_{LY}^* = (p_X/p_Y)^F$이며, 외국이 가진 Y재에서의 비교우위로 인하여 $(p_X/p_Y)^F > p_X^W/p_Y^W$이므로 $\triangle\left(w_Y^R\right) > 0$이다. 즉, 국제무역으로 인하여 X재로 평가한 외국의 실질임금이 증가하므로 외국의 후생은 증가한다.

3) 무역패턴과 무역규모

국제무역 하에서 생산점과 소비점이 가지는 특징 중 하나는 자급자족 상태에서의 자원배분과는 달리 두 점이 서로 일치하지 않다는 것이다. 이는 양국의 소비자들이 더 이상 생산한 범위 내에서 소비하는 것이 아니라 교역가능한 범위 내에서 소비하기 때문이다. 그리고 양국의 생산량과 소비량의 차이로부터 국제무역의 패턴과 규모를 도출할 수 있다.

먼저 아래의 <그림 5>에서 자국의 경우를 살펴보자. 자국은 비교우위재인 X재만 특화하여 생산하고 Y재를 전혀 생산하지 않기 때문에 생산점 P는 $(X_P, 0)$이다. 그리고 자국은 생산한 Y재를 교역하여 (X_C, Y_C)를 소비하려고 한다. 즉, 자국은 자국이 생산한 잉여 X재를 Y재와 교역하여 소비한다. 따라서 자국의 X재 수출량은 $EX = X_P - X_C$이고, Y재의 수입량은 $IM = Y_C$이다. 이제 <그림 5>에서 자국의 소비점과 생산점을 포함하는 삼각형 CDP를 찾아보자. 삼각형 CDP는 높이가 자국의 수입량이며, 밑변이 자국의 수출량인 삼각형이다. 이와 같이 한 나라의 교역량을 반영하는 삼각형을 무역삼각형[3]이라고 한다. 또한 무역삼각형의 빗변의 기울기는 국제상대가격을 반영한다. 이를 살펴보기 위해 자국이 수출대금을 전액 Y재 수입대금에 지출하는 무역수지 균형을 생각해 보자. 무역수지 균형을 정리하면, 다음과 같이 삼각형 빗변의 기울기가 국제상대가격과 같음을 확인할 수 있다.

$$P_X^W(X_P - X_C) = P_Y^W Y_C \Rightarrow \frac{Y_C}{X_P - X_C} = \frac{P_X^W}{P_X^W}$$

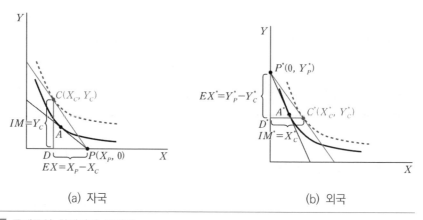

(a) 자국　　　　　　　　　　(b) 외국

그림 5 국제무역 하에서의 무역량

동일하게 외국의 수출량과 수입량도 도출할 수 있으며, 외국은 비교우위재인 Y재를 $EX^* = Y_P^* - Y_C^*$만큼 수출하며, 비교열위재인 X재를 $IM^* = X_C^*$만큼 수입한다. <그림 5>의 외국의 예에서 볼 수 있는 것처럼 외국의 무역삼각형 $P^* D^* C^*$는 자국과 달리 높이가 수출량이고 밑변이 수입량이며, 기울기는 국

---

3 밑변과 높이가 한 국가의 교역량을 나타내며, 기울기가 국제상대가격과 동일한 삼각형을 의미한다.

제상대가격인 삼각형이다.

다음으로 국제무역 하에서 X재는 자국에서만 생산하며, Y재는 외국에서만 생산함을 다시 상기해 보자. 따라서 국제상품시장 균형에서 자국 X재 수출량과 외국의 X재 수입량은 동일해야 하며, 이러한 교역시장의 청산은 Y재의 교역에서도 이루어져야 한다. 이처럼 국제상품시장에서 수요와 공급간의 균형에 이루도록 하는 것이 국제상대가격이다. 다시 말하자면, 국제상대가격은 국제상품시장의 수요와 공급간의 균형에서 도출되는데, 이에 관해서는 나중에 다시 살펴보도록 하자.

리카르도 모형에서의 무역패턴

국제무역 하에서 각국은 자신들이 비교우위를 가지는 상품에 완전특화하여 수출하고, 비교열위 상품을 수입한다.

4) 교역조건과 무역이익의 배분

앞에서 우리는 국제무역으로 인하여 자국과 외국의 후생이 증가함을 살펴보았다. 그리고 국제무역의 이익은 어느 한 국가에서만 발생하는 것이 아니라 자국과 외국 모두에서 발생함도 확인한 바 있다. 하지만 국제무역을 통해 양국 모두 이익을 얻기는 하지만 각국이 얻는 무역이익의 크기는 동일하지 않으며, 국제상대가격에 따라 달라진다. 이를 살펴보기 위해 다음의 두 국제상대가격을 생각해 보자.

$$\left(\frac{p_X}{p_Y}\right)^H_{Autarky} \leq \left(\frac{p_X^W}{p_Y^W}\right)_1 < \left(\frac{p_X^W}{p_Y^W}\right)_2 \leq \left(\frac{p_X}{p_Y}\right)^F_{Autarky}$$

그리고 아래의 <그림 6>의 회색과 파란색의 두 예산선은 $\left(p_X^W/p_Y^W\right)_1$와 $\left(p_X^W/p_Y^W\right)_2$인 경우를 보여준다. 양국에서 국제무역 하의 예산선은 국제상대가격이 $\left(p_X^W/p_Y^W\right)_1$일 때 더 평평한 기울기를 가지고, $\left(p_X^W/p_Y^W\right)_2$일 때 더 가파른 기울기를 가진다.

<그림 6>이 보여주는 것처럼 $\left(p_X^W/p_Y^W\right)_1$에서 $\left(p_X^W/p_Y^W\right)_2$로 국제상대가격이 높아질수록 국제무역으로 인한 자국의 후생 증가폭이 커진다. 이에 반해 $\left(p_X^W/p_Y^W\right)_1$에서 $\left(p_X^W/p_Y^W\right)_2$로 국제상대가격이 높아질수록, 국제무역으로 인한 외국의 후생 증가폭은 감소한다. 이처럼 국제상대가격이 달라지면, 양국 무역이익의 크기도 변한다.

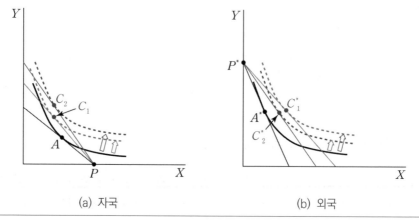

(a) 자국   (b) 외국

그림 6 국제상대가격과 무역이익의 관계

국제상대가격과 두 국가의 무역이익 사이의 관계를 명확히 이해하기 위해 우리가 살펴보고 있는 국제상대가격 p_X^W/p_Y^W은 X재의 상대가격임을 상기하자. 그리고 X재는 자국의 비교우위 상품이자 수출재이다. 따라서 p_X^W/p_Y^W이 낮아진다는 의미는 자국의 수출재 상대가격이 하락하며 수입재 상대가격이 상승한다는 의미이기도 하다. 즉, p_X^W/p_Y^W이 낮아지면 자국은 상대적으로 저렴하게 수출하고 상대적으로 비싼 가격에 수입하게 되므로 무역이익이 감소하게 된다. 반대로 p_X^W/p_Y^W이 상승하면, 자국은 수출재를 상대적으로 비싸게 수출하여 수입재를 저렴하게 구매하는 셈이므로 무역이익이 증가하게 된다.

외국의 경우는 자국과 반대로 해석할 수 있다. 외국의 수출재는 Y재이며 수입재는 X재이므로 p_X^W/p_Y^W가 낮아진다는 의미는 수출재의 상대가격이 오르고 수입재의 상대가격이 떨어진다는 의미이다. 따라서 이와 같은 국제상대가격의 변화는 외국에게 유리한 변화이다. 반면, p_X^W/p_Y^W가 상승하게 되면 외국은 저렴하게 수출하고 비싸게 수입해야 하므로 무역의 이익이 감소하게 된다.

국제상대가격에 따른 양국간 무역이익의 배분은 실질임금을 통해 무역이익을 살펴보았던 (12)와 (13)을 통해서도 살펴볼 수 있다. 먼저 $a_{LX}/a_{LY} = (p_X/p_Y)^H$와 $a_{LX}^*/a_{LY}^* = (p_X/p_Y)^F$를 이용하여 무역을 통한 자국과 외국의 실질임금 변화 (12)와 (13)을 다음과 같이 나타내자.

$$\triangle w_Y^R = \left(\frac{1}{a_{LX}}\right)\left(\frac{p_X^W}{p_Y^W} - \left(\frac{p_X}{p_Y}\right)^H\right) \quad\text{.........................} \quad (14)$$

$$\triangle\left(w_Y^R\right)^* = \left(\frac{p_Y^W}{p_X^W}\right)\left(\frac{1}{a_{LX}^*}\right)\left(\left(\frac{p_X}{p_Y}\right)^F - \frac{p_X^W}{p_Y^W}\right) \quad\text{.....................} \quad (15)$$

(14)과 (15)에서 알 수 있는 것처럼 p_X^W/p_Y^W이 상승하는 경우 Y재로 평가한 자국의 실질임금의 증가폭은 커지는 반면, X재로 평가한 외국의 실질임금 증가폭은 감소한다. 즉, 자국의 무역이익은 증가하지만. 외국의 무역이익은 감소한다. 이에 반해 p_X^W/p_Y^W이 하락하는 경우, 자국의 실질임금 증가폭은 감소하며 외국의 실질임금 증가폭은 하락한다. 따라서 자국의 무역이익은 감소하지만 외국의 무역이익은 증가한다.

이처럼 국제상대가격은 국가간 무역이익 배분에 영향을 미친다. 이런 국제상대가격의 특징을 강조하여 국제상대가격을 교역조건(term of trade, TOT)라고 부르기도 한다. 그런데 국제상대가격은 p_X/p_Y가 될 수도 있지만, p_Y/p_X가 될 수도 있다. 그래서 교역조건은 국제상대가격 중에서도 수출품의 가격을 수입품의 가격으로 나눈 상대가격으로 정의한다. 위의 예에서 자국의 수출품은 X재이므로 자국의 교역조건은 p_X/p_Y이며, 외국의 교역조건은 p_Y/p_X이다. 그리고 한 국가의 교역조건이 상승하는 것은 해당 국가에 유리한 국제상대가격이 형성됨을 의미하므로 교역조건의 개선이라고 부르며, TOT의 하락은 교역조건의 악화라고 부른다.

• 교역조건: 한 국가의 수출재 가격을 수입재 가격으로 나눈 상대가격

마. 국제상대가격의 결정

지금까지 우리는 국가간 국제무역 하에서의 무역균형을 살펴보는 한편, 국제무역으로 인해 양국이 무역이익을 얻을 수 있음을 살펴보았다. 그런데, 지금까지의 모든 논의에서 국제교역시장의 상대가격 p_X^W/p_Y^W를 임의로 주어진 것으로 가정하고 있었다. 하지만 다른 모든 가격과 마찬가지로 국제교역시장의 상대가격 또한 국제교역시장에서의 상품에 대한 수요와 공급에서 결정되는 가격이다. 본 절에서는 균형 국제상대가격이 결정되는 원리에 대해 살펴보기로 하자.

1) 세계 상대공급곡선

먼저 국제교역시장에서의 X재의 상대공급함수(relative supply, RS)를 생각하여 보자. X재의 상대공급함수는 국제상대가격 p_X^W/p_Y^W에 대응하는 국제상대생산량 X^W/Y^W의 관계를 나타내는 함수이다. 따라서 상대가격의 변화에 대응하는 상품의 생산량을 살펴볼 필요가 있는데, 이를 위해 세계 생산가능곡선을 이용하도록 한다.

세계 생산가능곡선은 자국과 외국의 생산가능곡선을 결합한 생산가능곡선을 지칭하며, 두 국가의 생산가능곡선을 수평적 또는 수직적으로 결합하여 도출한다. 세계 생산가능곡선을 도출하기 위해 먼저 모든 국가가 X재만 생산하는 경우를 생각해 보자. <그림 1>에서 이미 살펴본 바와 같이 자국과 외국이 X재만 생산한다면 각국의 X재 생산량은 각각 L_H/a_{LX}와 L_F/a_{LX}^*이다. 따라서

X재의 세계 총생산량은 $L_H/a_{LX} + L_F/a_{LX}^*$이며, 세계 생산가능곡선의 X절편이 될 것이다. 마찬가지로 세계 생산가능곡선의 Y절편은 $L_H/a_{LY} + L_F/a_{LY}^*$이 된다. 다음으로 자국이 비교우위재인 X재만 생산하고 외국이 비교우위재인 Y재만 생산하는 경우를 생각하면 세계 생산량은 $\left(L_H/a_{LX},\ L_F/a_{LY}^*\right)$이다. 그리고 X절편, Y절편, 완전특화 생산점을 연결하면 <그림 7>의 세계 생산가능곡선을 얻을 수 있다.

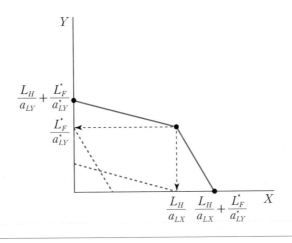

그림 7 세계생산가능곡선의 도출

<그림 7>의 세계 생산가능곡선은 몇 가지 특징을 가진다. 첫째, Y절편과 각 국가의 완전특화 생산점을 연결한 기울기는 자국 생산가능곡선의 기울기이다. 둘째, X절편과 각 국가의 완전특화 생산점을 연결한 기울기는 외국 생산가능곡선의 기울기이다. 마지막으로 세계 생산가능곡선은 완전특화 생산점을 기준으로 꺾이며, 완전특화 생산점은 꺾인 첨점에 위치하고 있다. 이는 세계 생산가능곡선이 양국의 생산가능곡선을 더한 것이기 때문인데, 이해를 돕기 위해 <그림 7>에 자국과 외국의 생산가능곡선을 점선으로 표기하였다.

이제 세계 상대공급곡선을 도출하여 보자. 먼저 자국과 외국의 생산가능곡선의 기울기는 각각 자신들의 자급자족 상대가격과 같음을 기억하자. 그리고

국제 상대가격 p_X^W/p_Y^W의 범위를 다섯 경우로 구분하여 살펴보도록 하자:

(i) $p_X^W/p_Y^W < (p_X/p_Y)^H$

(ii) $p_X^W/p_Y^W = (p_X/p_Y)^H$

(iii) $(p_X/p_Y)^H < p_X^W/p_Y^W < (p_X/p_Y)^F$

(iv) $p_X^W/p_Y^W = (p_X/p_Y)^F$

(v) $p_X^W/p_Y^W > (p_X/p_Y)^F$

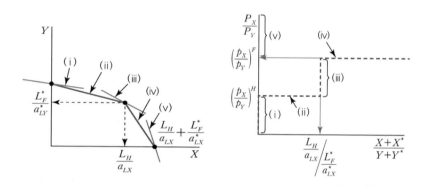

그림 8-a 세계 생산가능곡선   **그림 8-b** X재의 세계 상대공급곡선

먼저 무역이 개시되어 국제가격이 (i)과 같이 형성되었다고 가정해 보자. 자국의 생산자들은 무역 이전의 자급자족 상대가격―즉, 자국의 X재 생산 기회비용보다 X재의 상대가격이 더 낮아지므로 더 이상 X재를 생산하지 않을 것이다. 자국보다 X재 생산의 기회비용이 높은 외국도 이 가격에서는 당연히 X재를 생산하지 않는다. 따라서 <그림 8>의 좌측 그림에서 볼 수 있는 것처럼 이 가격대에서는 어느 국가도 X재를 생산하지 않고, 가격이 상대적으로 높은 Y재만 생산한다.

다음으로 X재 국제상대가격이 자국의 자급자족 상대가격과 동일한 (ii)의 경우를 생각해 보자. 이 경우는 국제상대가격이 자국의 X재 생산의 기회비용과 같은 셈이므로 X재와 Y재 중 아무 상품이나 생산해도 무방하다. 따라서 자국은 X재를 하나도 생산하지 않고 Y재만 생산할 수도 있고, 모든 노동을 X재 생산에 투입하여 L_H/a_{LX}의 X재를 생산할 수도 있으며, 0과 L_H/a_{LX} 사이의 적당한 수량의 X재를 생산할 수도 있다. 하지만, 외국의 입장에서 이 가격이 자신의 자급자족 X재 상대가격보다 여전히 낮기 때문에 X재가 아닌 Y재만 생산한다. 따라서 X재의 세계 총생산량은 자국이 선택한 X재 생산량이며, Y재는 외국의 완전특화생산량과 자국의 Y재 생산량과의 합이다.

이제 X재 국제상대가격이 자국의 자급자족 상대가격보다는 높지만 외국의 자급자족 상대가격보다는 낮은 (iii)의 경우를 생각해 보자. 자국의 생산자들은 이 국제상대가격이 자국에서 X재를 생산하는 기회비용인 자급자족 상대가격보다 높으므로 Y재 생산을 포기하고 X재만 생산하려 한다. 반대로 외국은 자신들의 X재 생산의 기회비용보다 국제상대가격이 낮으므로 X재를 생산할 유인이 없다. 따라서 외국은 Y재에 완전특화하여 생산할 것이다.

X재 국제상대가격이 외국의 자급자족 상대가격과 동일한 (iv)는 (ii)와 유사하다. 자국의 입장에서는 X재 국제상대가격이 높은 수준이기 때문에 X재에 완전특화하지만, 외국은 국제상대가격과 자급자족 상대가격이 동일하기 때문에 자신들이 생산할 수 있는 X재의 범위 내에서 어떠한 생산량을 생산하던지 무관하다. 따라서 X재의 총생산량은 자국의 총생산량과 외국이 선택한 X재 생산량의 합이다. 마지막으로 외국의 자급자족 가격보다 높은 (v)의 경우에는 모든 국가가 X재만을 생산하려고 하며, Y재는 생산하지 않을 것이다.

이와 같은 국제상대가격 p_X^W/p_Y^W의 크기에 따른 X재의 상대생산량이 바로 국제상대공급함수이며, <그림 8-b>는 이를 국제상대가격 p_X^W/p_Y^W와 X재 세계 상대총공급량 $(X+X^*)/(Y+Y^*)$으로 이루어진 공간에 국제상대공급곡선을 그린 것이다. 그리고 <그림 8>에서 볼 수 있는 것처럼 국제공급곡선은 계단 형태로 나타난다. 그런데 여기서 유의할 것은 (iv)와 (v)의 경우에 있어서 X재의 세계상대공급량이 무한대(∞)로 수렴한다는 점이다. 이는 두 국가 모두 Y재를 생산하지 않을 때 X재 세계상대공급량의 분모가 0이 되기 때문이다.

2) 세계 상대수요곡선

다음으로 X재의 세계 상대수요곡선(Relative demand, RD)을 도출해 보자. 분석의 편의를 위해 자국과 외국의 대표 소비자는 동일한 사회후생함수를 가지며, 사회후생함수는 동조함수(homothetic function)라고 가정하자[4]. 본 장의 부록에서 설명하고 있는 것처럼 동조함수의 무차별곡선의 한계대체율은 상품의 상대소비량과 1대 1 관계를 가지며 상품의 절대적 소비량과는 무관하다. 즉, 동조함수의 사회후생함수 또는 효용함수를 가지는 경우에는 상품공간 내 어느 무차별곡선이던지 동일한 한계대체율을 가지는 소비점(소비묶음)들은 동일한 상품의 상대소비량을 가진다. 아래의 <그림 9>는 동조함수의 특징을 보여주고 있다. 예를 들어 (i)에 속한 세 개의 소비점은 서로 다른 무차별곡선에 속해 있지만 동일한 MRS를 가지는 소비점이다. 그러나, 이들 세 개의 소비점에서 상품의 상대소비량(Y/X)은 언제나 동일하다. 그리고 동조함수의 동일한 성질을 (ii)와 (iii)에서도 확인할 수 있다. 이와 같은 가정을 도입하는 이유는 양국의 대표 소비자가 동일한 동조함수인 사회후생함수를 가지고 있으므로 두 국가의 대표 소비자들로 구성된 세계 대표 소비자도 동일한 사회후생함수를 가진다고 생각할 수 있기 때문이다.

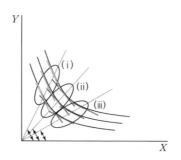

그림 9 동조함수

---

4 국제무역이론에서 동조함수와 동차함수는 매우 중요한 역할을 한다. 두 개념에 대한 자세한 내용은 본 장의 부록을 참고하라.

이제 두 대표 소비자들로 이루어진 세계 대표 소비자를 고려해 보자. 세계 대표 소비자의 사회후생함수가 동조함수이므로 <그림 9>와 같이 각각의 MRS는 그에 대응하는 하나의 상대소비량(Y/X)을 가짐을 알자. 그리고 효용극대화가 이루어지는 최적선택에서 MRS는 상품의 상대가격과 동일함도 미시경제학을 통해 배운 바 있다. 예를 들어 <그림 9>의 (i)을 상품상대가격 $(p_X/p_Y)_1$에 대응하는 MRS이며, (i)의 상대소비량－즉, 소비점과 원점을 연결한 직선의 기울기－을 $(Y/X)_1$이라고 생각하자. 그리고 (ii)에 대응하는 상품상대가격과 상대소비량을 각각 $(p_X/p_Y)_2$와 $(Y/X)_2$, (iii)에 대응하는 상품상대가격과 상대소비량은 각각 $(p_X/p_Y)_3$과 $(Y/X)_3$이라고 하자. <그림 9>에서 볼 수 있는 것처럼 각 상대가격과 상대소비량의 크기는 다음과 같이 배열할 수 있다.

$$\left(\frac{p_X}{p_Y}\right)_1 > \left(\frac{p_X}{p_Y}\right)_2 > \left(\frac{p_X}{p_Y}\right)_3$$

$$\left(\frac{Y}{X}\right)_1 > \left(\frac{Y}{X}\right)_2 > \left(\frac{Y}{X}\right)_3 \Leftrightarrow \left(\frac{X}{Y}\right)_3 > \left(\frac{X}{Y}\right)_2 > \left(\frac{X}{Y}\right)_1$$

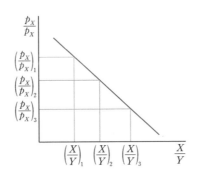

그림 10 세계 상대수요곡선

그리고 각 상대가격과 X재의 상대소비량을 연결하여 보면, <그림 10>과
같은 우하향하는 X재의 세계 상대수요곡선을 도출할 수 있다. 그림의 세계 상
대수요곡선은 편의상 직선의 형태로 나타냈으나, 일반적으로는 우하향하는 곡
선이다.

3) 국제상대가격의 결정

지금까지 우리는 세계 상대공급곡선과 세계 상대수요곡선을 도출하여 보았
다. 당연히 국제상대가격은 세계 상대공급곡선과 세계 상대수요곡선이 만나는
균형점에서 결정이 될 것이다. 이를 살펴보기 위해 <그림 11>과 같이 상대가
격＝상대수급량 공간에 세계 상대공급곡선과 세계 상대수요곡선을 표현해 보
자. 자국과 외국의 생산가능곡선으로부터 명확히 결정되는 세계 상대공급곡선
과 달리 세계 상대수요곡선은 두 국가의 소비자들이 어떤 사회후생함수를 가
지느냐에 따라서 다른 형태를 가진다. <그림 11>은 세계 상대수요곡선을 대
표할 수 있는 세 가지 형태의 세계 상대수요곡선 RD_1, RD_2, RD_3를 보여준다.

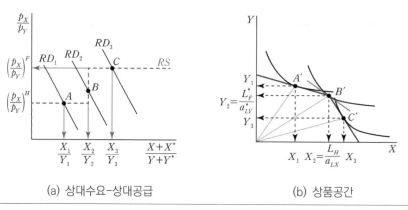

(a) 상대수요-상대공급　　　　　　(b) 상품공간

그림 11 국제상대가격의 결정

만일 상대수요곡선의 위치가 $RD = RD_1$이라면, 균형점은 <그림 11-a>의 점 A이며, 상대가격은 자국의 자급자족 균형가격이다($p_X^W/p_Y^W = (p_X/p_Y)^H$). 그리고 <그림 11-b>의 점 A'는 그에 대응하는 균형점을 X재와 Y재의 상품공간에 나타낸 것이다. 균형점 A'에서 Y재의 세계 균형소비량은 외국의 완전특화 생산량보다 많으므로 자국과 외국 모두 Y재를 생산한다. 반면 X재는 자국만 생산하여 공급한다. 이와 같은 균형이 발생하는 경우는 세계 소비자들의 Y재 선호가 X재에 비해 크게 높아서 <그림 11-b>와 같이 세계 무차별곡선이 Y재에 크게 치우쳐 있거나, 자국의 규모가 매우 커서 X재의 세계 수요를 충족하고도 남을 정도의 X재 생산능력을 가지고 있는 경우이다. 후자는 <그림 11-a>에서 점 A를 포함한 수평선이 아주 긴 형태의 RD곡선과 <그림 11-b>에서 점 A'을 포함한 빗변이 아주 긴 형태의 세계 생산가능곡선이 존재하는 경우를 생각하면 된다.

만일 상대수요곡선의 위치가 $RD = RD_2$라면, 균형점은 <그림 11-a>의 점 B이며, 국제상대가격은 자국과 외국의 자급자족 균형가격 사이의 어느 값이든지 가능하다. 그리고 <그림 11-b>에서 볼 수 있는 것처럼 이 균형은 세계 생산가능곡선의 첨점과 세계 대표소비자의 무차별곡선과 만나는 점 B'에 해당한다. 이때 국제상대가격은 $(p_X/p_Y)^H \leq p_X^W/p_Y^W \leq (p_X/p_Y)^F$ 사이에서 특정지을 수 없으나, X재와 Y재의 균형소비량(생산량)은 각각 자국과 외국의 완전특화생산량임에 유의하자. 대부분의 경우가 이에 해당하며, 교역국들은 자신들의 비교우위재에 완전특화한다.

마지막으로 상대수요곡선의 위치가 $RD = RD_3$인 경우를 살펴보자. 이에 해당하는 균형점은 <그림 11>의 점 C와 C'이다. 이 경우, 국제상대가격은 외국의 자급자족 상대가격이며($p_X^W/p_Y^W = (p_X/p_Y)^F$), 자국은 X재에 완전특화하지만, 외국은 X재와 Y재를 모두 생산한다.

바. 경제성장과 세계 무역: 밀의 역설

지금까지 우리는 리카르도 모형을 통해 두 국가간의 무역패턴과 무역이익, 그리고 교역조건이 결정되는 과정을 살펴보았다. 그런데 지금까지의 논의는 모두 양 국가의 경제규모—즉, 생산가능곡선—이 일정한 정태적인 상황을 가정하고 있었음을 알자. 현실 경제에서 국가들은 장기간에 걸쳐 성장하기 때문에 경제규모도 변하게 마련이다. 만일 경제성장을 통해 경제규모가 커지게 되면, 무역패턴와 무역이익에는 어떤 변화가 생길 수 있을까? 이러한 질문은 궁극적으로 한 국가의 경제는 시간에 따라 변하기 때문에 만약 시간에 따라 성장하는 경제라면 지속적으로 국제교역을 하는 것이 그 국가에 항상 유리하게 작용할 것인가에 대한 질문이기도 하다.

한 국가의 경제성장의 영향을 살펴보기 위해, 외국의 경제규모는 변하지 않는데 자국의 경제규모가 확장되는 경우를 고려해 보자. 이에 앞서 한 국가의 경제성장이 우리가 살펴보았던 리카르도 모형에서 어떻게 표현될 수 있을지를 생각해 보자. 먼저 생산성이 확대되어 경제성장이 이루어지는 경우가 있을 수 있을 것이다. 이는 동일한 생산요소 부존량하에서 기술이 발전되어 기존의 생산량보다 생산량이 증가하는 성장이며, 이런 경우를 기술진보라고 부르기도 한다. 또 다른 형태의 경제성장은 한 국가의 생산요소 부존량 자체가 증가하여 발생하는 경제성장이다. 그런데, 경제성장의 원인이 기술진보든 생산요소의 증가든 결국 경제성장은 한 국가의 생산능력을 증대시키기 때문에 리카르도 모형에서는 동일하게 생산가능곡선의 확대로 표현된다.

여기서는 이해하기 쉽게 자국의 경제가 성장한다는 것이 자국의 노동부존량이 증가하는 경우로 간주하자. 그리고 <그림 7>의 세계 생산가능곡선을 다시 떠올려 보자. 그리고 외국의 노동부존량 L_F는 변화가 없고—즉, 외국은 성장하지 않고, 자국의 노동부존량이 L_H에서 $L_H{}'$으로 증가했다고 생각하자. <그림 12>에서 볼 수 있는 것처럼 자국의 경제성장은 세계 생산가능곡선을 확장시킨다.

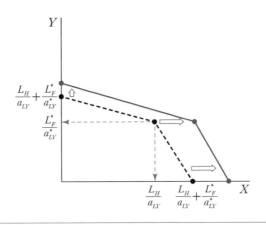

그림 12 자국의 성장과 세계 생산가능곡선의 확장

여기서 눈여겨 볼 것은 세계 생산가능곡선이 X재 방향으로 확장된다는 점이다. 이는 완전특화점이 우측으로 평행이동한 형태에서 확인할 수 있다. 완전특화점에서 Y재에 특화하는 외국의 경제규모는 변하지 않지만 X재에 완전특화하는 자국의 경제규모만 확대되기 때문에 완전특화점은 우측으로 평행이동한다. 한편, 자국의 경제규모 확대는 X재와 Y재 최대생산량—즉, X절편과 Y절편을 증가시켜서 생산가능곡선은 두 상품 모두에 대해 확장된다. 물론 자국의 X재 상대생산성이 외국보다 높기 때문에 X절편의 이동폭이 Y절편의 이동폭보다 크다.

이제 자국의 성장이 무역패턴에 미치는 영향을 살펴보기 위해 세계 생산가능곡선과 동일한 생산공간에 세계 후생무차별곡선을 도입해 보자. <그림 11>에서 살펴본 것처럼 세계 생산가능곡선과 무차별곡선이 만나는 경우는 여러 형태가 있을 수 있지만, 여기에서는 경제성장이 발생하기 전에 세계 생산가능곡선의 첨점에서 세계 후생무차별곡선을 만나고 있었던 경우를 생각해 보자. <그림 12>에서 본 것처럼 자국의 경제성장은 세계 생산가능곡선을 오른쪽으로 평행이동시키며, 이제 세계 후생무차별곡선은 새로운 균형점에서 생산가능곡선과 맞닿게 된다. 아래의 <그림 13>은 자국의 경제성장으로 인하여 발생할 수 있는 가능한 균형의 변화 중 하나를 보여주고 있다.

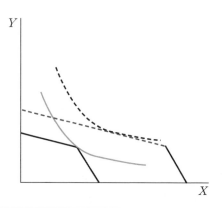

그림 13 자국의 경제성장으로 인한 균형의 변화

만일 <그림 13>과 같은 경우가 발생한다면, 자국의 성장으로 인하여 균형 국제상대가격이 자국의 자급자족 상대가격과 같아지게 된다. 앞에서 국제상대 가격이 한 국가의 자급자족 상대가격에 가까우면 무역이익이 감소한다는 사실을 본 바가 있음을 떠올려 보자. 즉, 자국의 경제성장이 <그림 13>과 같은 변화를 가져온다면, 자국의 무역이익은 소멸하기 때문에 자국은 무역에 참여할 동기가 사라지게 된다. 이와 같은 경제성장의 영향을 '밀(Mill)의 역설'이라고 부른다.

'밀의 역설'이 존재하면, 무역의 필요성이 줄어드는 것일까? 먼저 '밀의 역설'을 보여주는 <그림 13>과 같은 변화는 자국의 경제규모가 충분히 커서 경제성장 후 균형점이 완전특화점을 벗어나는 경우에만 해당한다. 만일 자국의 경제규모가 충분히 크지 않다면 경제성장 이후에도 여전히 완전특화점에서 균형이 형성되며, '밀의 역설'은 발생하지 않는다. 따라서 매우 큰 국가가 아닌 이상 대부분의 국가에서는 경제성장에도 불구하고 여전히 무역이익이 존재한다.

사. 요약 및 결론

본 장에서는 간단한 리카르도 모형을 이용하여 두 국가간의 무역패턴과 교역이익을 살펴보았다. 리카르도 모형을 통해 확인한 것처럼 두 국가의 절대 생산성이 아닌 상대적 생산성을 고려할 때, 각 국가는 자신들이 비교우위를 가지는 상품이 존재한다. 그리고 무역균형에서 두 국가는 비교우위재의 생산에 완전특화하여 생산하여 수출하고, 비교열위재를 전량 수입함을 살펴볼 수 있었다. 나아가 두 국가간의 교역은 양국 모두에게 무역이익을 안겨줄 수 있음도 확인할 수 있었다.

그러나 리카르도 모형은 현실 경제에서의 무역을 설명하는 데에는 큰 한계를 가진다. 특히 리카르도 모형은 각국들이 비교우위를 가지는 한 상품에 완전특화할 것을 말하고 있는데, 세상 어느 국가에서도 이와 같이 완전특화하는 경우는 발견할 수 없다. 그리고 생산량과 무관하게 일정한 (노동)생산성을 가정하고 있지만, 현실에서는 생산량의 변화에 따라 생산량도 변한다. 또한 유일한 생산요소로 노동만을 고려하고 있는데, 이 또한 현실의 생산활동과 거리가 있으며, 다양한 생산요소간의 분배문제도 설명하지 못하는 한계가 있다.

이러한 여러 한계에도 불구하고 리카르도 모형은 무역이론에서 가장 중요한 개념 중 하나인 비교우위를 도입하여 무역의 패턴을 이해하고 무역이 상호이익이 되는 경제적 행위임을 증명하는 데 기여하였다.

01 다음의 표는 A국과 B국에서 제품 1단위를 생산하기 위한 노동력의 수 (단위노동필요량)를 보여주고 있다.

	A국	B국
의류	1명	2명
곡물	6명	3명

(1) A국과 B국은 각각 어느 상품에 대해 비교우위를 가지고 있는가?

(2) A국의 노동생산성이 크게 악화되어서 의류와 곡류 생산의 단위노동 필요량이 두 배 증가하였다. A국과 B국의 비교우위 상품은 각각 무 엇인가?

02 A국과 B국 두 국가만 존재하는 세계를 생각해 보자. 두 국가는 쌀(R)과
    신발(S)의 두 상품을 생산하고 있다고 하자. 그리고 두 상품은 노동만을
    투입하여 생산되며, 각 국가는 서로 다른 생산기술을 보유하고 있다고
    하자. 구체적으로 A국은 4단위의 노동력을 이용하여 1단위의 쌀을 생산
    하며 1단위의 노동력을 이용하여 1단위의 신발을 생산하는 반면, B국은
    1단위의 노동력을 이용하여 1단위의 쌀을 생산하며 4단위의 노동력을
    이용하여 1단위의 신발을 생산한다고 하자. 한편 각 국가는 동일하게
    100단위의 노동력을 보유하고 있다고 하자.

    (1) A국이 쌀을 R단위 생산하기 위해 필요한 노동수요는 얼마이며, 신
        발을 S단위 생산하기 위해 필요한 노동수요는 얼마인가?

    (2) B국이 쌀을 R단위 생산하기 위해 필요한 노동수요는 얼마이며, 신
        발을 S단위 생산하기 위해 필요한 노동수요는 얼마인가?

    (3) A국과 B국이 자신이 보유한 부존노동을 모두 투입하여 쌀과 신발
        을 동시에 생산한다고 하자. 이때 각국의 노동시장 균형조건을 이
        용하여 개별 국가의 생산가능곡선을 구하라.

03 문제 2에서 살펴본 두 국가를 계속 생각해 보자. 그리고 두 국가의 소비자 선호를 고려하자. 두 국가의 대표 소비자는 동일한 소비자 선호를 가지며, 쌀과 신발을 모두 동일한 수량 소비할 때 그 소비량만큼의 효용을 가진다고 하자. 즉, 다음과 같은 효용함수를 가진다.

$$U(R, S) = \min(R, S)$$

(1) 두 국가가 서로 자유무역을 한다고 하자. 두 국가간에 형성되는 국제상대가격(p_R/p_S)의 범위를 구하라.

(2) 자유무역하에서 국제상대가격이 $p_R/p_S = 1$이라고 하자. 두 국가의 수출재 및 수입재를 명기하고 수출량과 수입량을 구하라.

04 밀의 역설에 따르면 대규모 국가는 교역의 실질적인 이익이 없는데 왜 현실에서는 대규모 국가도 교역에 참여하고 있는가? 설명하시오.

APPENDIX | 동차함수와 동조함수

국제무역이론에서 동차함수와 동조함수의 개념은 매우 중요한 역할을 한다. 여기에서 그 두 개념을 수학적 증명 없이 간단히 정리하도록 한다.

가. 동차함수

k차 동차함수(homogeneous function with degree k)란 함수의 모든 변수를 α배 했을 때, 함숫값이 α^k배 증가하는 성질을 가지는 함수를 의미한다. 이해를 쉽게 하기 위해 2변수 함수만 고려한다면, k차 동차함수는 다음과 같은 함수이다.

$$f(\alpha x_1, \ \alpha x_2) = \alpha^k f(x_1, \ x_2)$$

여기서 α는 0이 아닌 실수이다. 한편, 0차 동차함수도 존재하며, 0차 동차함수는 모든 변수를 α배 해도 원래의 함수값을 유지하는 함수이다. 동차함수를 확인하는 법은 매우 간단하며, 모든 변수를 적당한 상수배 — 예를 들어, 2배 — 했을 때, 그로 인한 함수값의 변화를 확인하면 된다.

동차함수의 주요 수학적 경제학적 성질은 다음과 같다.

(1) 오일러의 동차함수 정리: 연속적이고 미분가능한 k차 동차함수는 다음과 같은 성질을 가지는 함수이다.

$$kf(x_1, \ x_2) = x_1 \frac{\partial f(x_1, \ x_2)}{\partial x_1} + x_2 \frac{\partial f(x_1, \ x_2)}{\partial x_2}$$

(2) k차 동차함수의 편미분은 $k - 1$차 동차함수이다.

위의 두 성질은 동차함수의 수학적인 성질이며, 오일러의 동차함수 정리는 동차함수의 여러 성질을 유도하는데 활용된다. 두 번째 성질은 경제학 분석에서 많이 활용되는 성질이다. 이들 성질에 대한 수학적 증명은 다양한 교재에서 설명하고 있으므로 여기에서는 생략하도록 한다.

(3) 생산함수가 동차함수라면, 차수에 따라 규모수익을 반영할 수 있다.

$k < 1$: 규모수익 체감

$k = 1$: 규모수익 불변

$k > 1$: 규모수익 체증

고전적인 국제무역모형들은 모두 완전경쟁시장을 가정하고 있으며, 완전경쟁시장 내 기업들은 규모수익 불변의 생산함수를 가지는 기업들이다. 따라서 우리도 앞으로 1차 동차함수인 생산함수를 고려하게 될 것이다. 생산함수가 1차 동차함수라면, 성질 (2)에 따라 각 생산요소의 한계생산은 0차 동차함수이다. 즉, 동일비율로 생산요소가 증가해도 한계생산은 변하지 않는데, 우리는 이 성질을 나중에 유용하게 활용할 것이다.

(4) 효용함수나 생산함수가 동차함수라면, 그에 대응하는 무차별곡선이나 등량곡선의 기울기는 원점에서 방사선 상의 직선 위에서 동일한 값을 가진다.

이는 앞의 (2)에서 유도되는 성질이며, 분석을 매우 단순하게 해주기 때문에 생산자이론과 소비자이론에서 많이 이용하는 성질이다. 예를 들어 (x_1, x_2)의 상품묶음을 소비하는 소비자의 효용함수가 동차함수라면, 해당 소비자의 무차별곡선의 기울기인 MRS는 원점에서 이은 직선 위에서는 항상 동일하다. 즉, <그림 14>의 (i)의 직선 위에서 무차별곡선의 MRS는 모두 동일하다. 마찬가지로 (ii)와 (iii)에서도 동일 직선 위의 MRS는 동일한 값을 가진다. 만일 <그림 14>가 (x_1, x_2)의 생산요소를 가진 생산함수의 등량곡선이라면, MRS가 아닌 MRTS가 동일한 성질을 가진다.

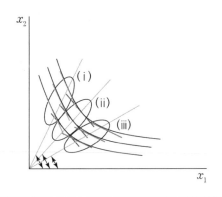

그림 14 동차함수의 성질 (4)

앞에서 설명한 동차함수의 성질 중 (1)~(3)의 성질은 함수값의 크기에 관계된 성질이므로 기수적인(cardinal) 성질에 해당한다. 생산자이론의 생산함수와 같은 경우는 생산요소로 생산하는 수량을 나타내기 때문에 이와 같은 기수적인 성질이 중요하다. 그러나 소비자이론의 효용함수는 서수적인(ordinal) 성질을 가지기 때문에 (1)~(3)의 성질이 별다른 의미가 없다. 따라서 동차성이 없더라도 (4)의 성질만 가지는 함수라면 유용하게 활용할 수 있는데, 이런 성질을 가지는 함수가 바로 동조함수이다.

나. 동조함수(homothetic function)

동조함수의 정확한 정의는 동차함수를 단조변환(monotonic transform)한 함수를 의미한다.

$f(x_1,\ x_2)$가 동차함수이며 $g(z)$가 단조변환 함수라면, $g(f(x_1,\ x_2))$는 동조함수이다.

예를 들어서, $f(x_1,\ x_2)= x_1 x_2$이고 $g(z)= z+1$인 경우를 생각해 보자. $f(x_1,\ x_2)$는 2차 동차함수이고 $g(z)$는 단조변환 함수이므로 복합함수 $g(f(x_1,\ x_2))= x_1 x_2 + 1$은 동조함수이다.

한편, 동조함수가 동차함수에서 파생된 함수이기는 하지만, 동조함수가 반드시 동차함수일 필요는 없다. 주어진 예에서 복합함수 $g(f(x_1,\ x_2))= x_1 x_2 + 1$는 동차함수가 아니다. 동조함수는 동차함수를 단조변환하는 과정에서 동차함수의 기수적인 성질은 사라지게 된다. 따라서 동차함수의 기수적 성질인 (1)~(3)은 성립하지 않는다. 하지만 동조함수는 동차함수의 서수적인 성질 (4)는 여전히 만족한다.

소비자이론에서 효용함수는 효용값은 별다른 의미를 가지지 않기 때문에 반드시 동차함수를 효용함수로 이용할 필요가 없다. 따라서 분석에 있어서 유용한 동차함수의 성질 (4)를 만족하는 동조함수를 더 많이 활용한다. 본 교재에서도 여러 모형에서 소비자의 효용함수는 동조함수로 가정할 것이다.

02 | 고전무역이론 II: 특정요소 모형

앞 장에서 살펴본 리카르도 모형은 생산성의 차이가 교역을 발생시킨다는 것을 몇 가지 가정 하에서 살펴볼 수 있는 이론이었다. 그러나 앞 장의 말미에도 언급한 것처럼 리카르도 모형은 지나친 단순화로 인하여 현실 무역을 설명하기에는 부족함이 있다. 특히 리카르도 모형은 현실 경제에서 매우 중요한 이슈 중 하나인 무역이익의 분배에 관한 설명이 결여되어 있는데, 이는 리카르도 모형이 동질적인 단일생산요소인 노동만을 고려하고 있기 때문이다. 즉, 무역이익은 생산요소의 지대(rent)를 통해 생산요소의 소유주이자 소비자에게로 배분되는데, 리카르도 모형에서는 노동만이 유일한 생산요소이다. 또한 노동은 단일 생산요소일 뿐만 아니라 모든 산업에 자유로이 사용될 수 있는 생산요소이기도 하다. 따라서 노동자들의 임금은 산업에 무관하게 동일하며, 무역이익도 모든 노동자들에게 균등하게 배분된다. 따라서 리카르도 모형보다 현실적인 모형에서는 복수의 생산요소를 고려할 필요가 있으며, 산업간 자유로운 이동에 제한이 있는 생산요소도 고려할 필요가 있다.

이에 본 장에서는 복수의 생산요소가 존재하고, 생산요소의 산업간 이동성에도 제약이 있는 무역모형을 살펴보도록 한다. 어느 한 생산요소가 산업간 이동에 제약이 있다는 말은 해당 요소가 특정한 산업에만 쓰이는 요소라는 의미이기도 하다. 따라서 본 장의 무역모형을 특정요소 모형 또는 특수요소 모형(specific factor model)이라고 부른다. 그리고 특정요소 모형을 이용하여 무역이 서로 다른 생산요소의 소유주의 소득에 미치는 영향을 살펴볼 것이다. 그런 후 본 장의 후반부에서는 특정요소 모형 하에서 무역의 패턴도 살펴본다.

가. 생산요소의 특정성과 소득 분배

본격적으로 특정요소 모형에 들어가기 앞서 먼저 생산요소의 특정성이 소득에 미치는 영향을 간략히 살펴보자. X재와 Y재의 두 재화를 생산하는 자국이라는 한 국가를 생각해 보자. 리카르도 모형과 유사하게 두 재화는 노동만을 이용하여 생산되지만, 노동은 특정성을 가지고 있어서 각 재화의 생산에 특화되어 있다. 구체적으로 자국은 X재 생산에 특화된 노동 L_X와 Y재 생산에 특화된 노동 L_Y를 가지고 있다고 하자. 이처럼 특정 산업에만 사용되며 다른 산업에서는 사용할 수 없는, 그래서 산업간 대체 사용이 불가능한 생산요소를 특정생산요소 또는 특수생산요소(specific factor)라고 한다. 그리고 자국의 X재와 Y재 생산함수는 $Q_X = f(L_X)$와 $Q_Y = g(L_Y)$로 나타내자. 여기서 재화별 투입노동은 당연히 해당 재화에 특화된 특정생산요소이다. 그리고 자국 내 모든 시장은 완전경쟁시장이며, 노동은 완전고용 상태에 있다고 가정하자. 마지막으로 각국의 소비자들은 노동을 1단위 보유하고 있으며, 자신의 노동이 특화된 특정 재화의 생산에서 얻는 임금소득으로 소비한다고 하자.

노동이 특정 재화에 특화되어 있고, 완전고용 상태에 있으므로, 자국에서 X재와 Y재 생산량은 항상 일정함에 유의하자. 다시 말해서, 자국이 보유한 X재 노동 L_X와 Y재 노동 L_Y는 일정하며 각각 X재와 Y재에 모두 투입되기 때문에 자국의 두 재화 생산량은 언제나 일정하다. 이제 이 모형을 이용하여 재화의 가격 변화가 특정생산요소 소유자의 소득에 어떤 영향을 미치는지를 살펴보자.

이 모형은 무역을 분석하기 위한 모형이 아니라, 생산요소의 특정성이 존재할 때 재화가격 변화로 인한 소득의 변화를 살펴보기 위한 매우 간단한 모형이지만, 국제무역의 영향을 이해하는데 이용될 수 있다. 예를 들어, 자국이 X재를 수출한다고 생각해 보자. 리카르도 모형을 통해 알게 된 것처럼 X재 수출국은 무역으로 인하여 자국 내 X재 (상대)가격이 인상된다. 우리가 고려하는 간단한 모형은 이와 같은 재화가격의 변화로 인한 소득변화를 간단히 이해하는데 활용할 수 있는 모형이다.

1) 무역과 소득불평등

먼저 주어진 모형에서 노동자들의 소득이 어떻게 각 산업들의 생산과 연관되는지 살펴보자. 리카르도 모형에서 논의한 것처럼 완전경쟁시장에서 기업은 생산요소 1단위 투입으로 발생하는 한계생산의 화폐가치만큼 임금으로 지불한다. 따라서 단위임금은 노동의 한계생산의 화폐가치이므로 X재와 Y재 생산에서의 자국의 임금은 다음과 같다.

$$X재 \ 산업: \ w_X = p_X MPL_X = p_X \frac{\partial f}{\partial L_X} \quad \cdots\cdots\cdots\cdots\cdots\cdots\cdots\cdots \ (1)$$

$$Y재 \ 산업: \ w_Y = p_Y MPL_Y = p_Y \frac{\partial g}{\partial L_Y} \quad \cdots\cdots\cdots\cdots\cdots\cdots\cdots\cdots \ (2)$$

여기서 MPL은 노동의 한계생산이며, 아래 첨자는 각 재화를 의미한다. 그리고 위의 관계식은 기업의 이윤극대화 조건에서도 도출할 수 있다. 각 재화별로 특정 노동을 이용하여 생산하므로, 산업별로 임금이 서로 다름에 유의하자. 즉, 만일 노동이 특정생산요소가 아니라면 산업간 노동의 이동을 통해 양 산업의 임금이 같아지겠지만, 여기에서는 산업간 노동이동이 불가능하므로 산업별로 임금이 다르다.

앞에서 가정한 것처럼 각 소비자는 1단위 노동을 보유하고 있으며, 자신의 노동을 공급한 산업에서 받는 임금을 소득으로 하여 X재와 Y재를 소비한다. 산업 i에 노동을 제공하는 노동자들은 w_i의 임금으로 재화를 구매하므로 이들의 예산식은 다음과 같다.

$$w_i = p_i MPL_i = p_X X + p_Y Y \quad \cdots\cdots\cdots\cdots\cdots\cdots\cdots\cdots\cdots\cdots \ (3)$$

여기서 아래 첨자 i는 자신이 노동을 공급하는 산업 i를 의미한다. 이 식에서 주목할 점은 임금이 한계생산과 자신의 노동으로 생산한 재화의 가격으로 표기된다는 점이다. 따라서 재화의 가격 변화로 인한 구매력의 변화를 살펴볼 수 있다. 아래의 <그림 1>은 노동자의 예산식을 보여준다.

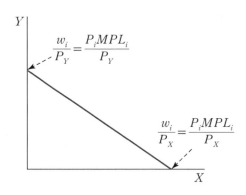

$$\frac{w_i}{P_Y} = \frac{P_i MPL_i}{P_Y}$$

$$\frac{w_i}{P_X} = \frac{P_i MPL_i}{P_X}$$

그림 1 노동자의 예산식

우리가 이미 알고 있는 것처럼 예산식의 정확한 형태는 기울기, 절편의 값에 의해 결정되며, 그리고 예산식의 기울기는 상대가격인 p_X/p_Y이며, X절편과 Y절편은 각각 w_i/p_X와 w_i/p_Y이다. 즉, X절편은 임금소득으로 모두 X재화를 구매할 시 몇 개의 X재를 구매할 수 있는지를 보여주며, X재를 기준으로 평가한 실질소득이다. 유사하게 Y절편은 Y재를 기준으로 평가한 실질소득에 해당한다. 그런데 임금소득은 노동자가 자신의 노동을 공급한 산업에서 획득하는 것이므로 p_i로 평가된 노동의 한계생산이다. 따라서 산업별로 재화의 가격과 한계생산이 다르므로 종사하는 산업에 따라 노동자의 (명목)임금소득은 다르다.

이제 무역이 발생하여, 자국의 X재 상대가격이 인상되는 경우를 고려해 보자. 앞에서 언급한 것처럼 이런 경우는 자국이 X재를 수출하는 경우에 해당한다. 분석의 편의상 무역으로 인하여 Y재 가격은 변하지 않고, X재의 가격만 인상되는 X재 상대가격 인상을 고려해 보자[5]. 그리고 이로 인하여 특화된 노동자들의 소득이 어떻게 변하는지 살펴보자.

---

5 상대가격을 분석할 때, 분석의 편의를 위해 한 재화의 가격을 고정하거나 1로 두는 경우가 있다. 이 해당 재화의 가격을 정규화(normalization)한다고 한다.

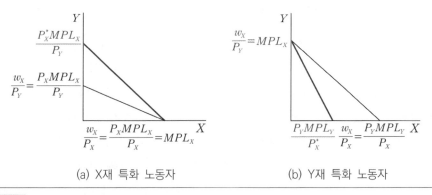

(a) X재 특화 노동자   (b) Y재 특화 노동자

그림 2 X재 가격 상승으로 인한 노동자의 예산식 변화

<그림 2-a>는 무역으로 인해 X재 가격이 p_X에서 p_X^*로 상승할 때 X재에 특화된 노동을 보유한 노동자의 예산식 변화를 보여준다. 검정색 예산선은 무역 이전 X재 가격인 p_X에서의 예산식이며, 파란색 예산선은 무역 이후 X재 가격인 p_X^*에서의 예산식이다. 먼저 X재 특화 노동자의 명목소득이 X재 가격 인상으로 인하여 증가함을 알자. 그런데 X재의 국내 소비가격이 인상하기 때문에 해당 소비자가 X재를 구매할 때의 실질소득(X절편)은 명목소득의 증가를 상쇄한다. 하지만 X재 특화 노동자의 명목소득이 증가할 때 Y재의 가격은 변화가 없으므로 Y재로 평가한 실질소득(Y절편)은 증가한다. 나아가 이러한 변화로 인하여 <그림 2-a>가 보여주는 것처럼 X재 특화 노동자들의 소비가능집합도 증가하게 된다. 이에 반해, Y재의 가격은 변하지 않기 때문에 Y재 특화 노동자의 명목소득은 변하지 않는다. 그리고 Y재 기준 실질소득도 달라지지 않는다. 그러나 X재 가격이 상승하기 때문에 X재 기준 실질소득은 감소하고, 해당 소비자의 소비가능집합도 축소된다(<그림 2-b>).

이처럼 생산요소의 특정성을 도입한 간단한 모형을 통해 우리는 재화 가격의 변화가 상이한 생산요소 소유자의 소득에 상이한 영향을 미칠 수 있음을 알 수 있다, 즉, 무역으로 인하여 수출재 가격이 상승한다면, 수출재 산업에 종사하는 사람들의 실질소득은 증가하지만 수입재 산업이나 내수산업에 종사하는 사람들의 실질소득은 감소할 수 있다.

2) 현실 경제에의 응용[6]

지금까지 우리가 살펴본 내용을 현실의 사례 중 하나에 적용하여 보자. 잘 알려진 것처럼 미국 남북전쟁의 원인 중 하나는 노예제를 둘러싸고 표출된 북부의 면직물 생산업자들과 남부의 면화 농장주들간의 갈등이다. 그러나 북부와 남부간의 무역정책을 둘러싼 갈등도 원인 중 하나로 평가되고 있다. 당시 미국의 면직물 생산업자들은 국제시장에서 경쟁력을 갖추지 못했기 때문에 교역으로부터 자신들을 보호해야 하는 처지였지만, 남부의 면화 농장주들은 미국 남부의 비옥하고 넓은 토양에서 품질 좋은 면화가 생산되기 때문에 국제시장에서 경쟁력이 높아 자유무역을 주장하고 있었다. 그러니 당시 미국의 정치권에서는 보호무역주의와 자유무역주의간의 논쟁이 많았고, 특히 북부 면직물 생산업자들이 자신들의 국내시장을 보호하기 위한 수입관세의 도입을 주장하고 있었다. 그러나 남부 면화 농장주들은 오히려 자신들이 수출한 제품이 영국 면직물 생산업체의 원료가 되니 외국시장에서 영국제품의 수요가 많아야 자신들의 수익이 올라가므로 미국 면직물 생산업체들이 수입관세를 매기는 것에 대해 탐탁지 않게 생각하고 있었다. 그들은 면직물 생산업체들을 도와주기 위한 수입관세의 부과는 거꾸로 자신들의 소득을 줄일거라는 생각을 가지고 있었던 것이다. 그래서 사사건건 북부 의원들과 남부 의원들간에는 갈등과 충돌이 고조되고 있었다. 그렇다면 전쟁 말고 이러한 문제를 해결할 다른 방법은 없었을까? 앞에서 우리가 살펴본 간단한 모형을 이용하여 살펴보도록 하자.

미국 정부가 면직물 생산업을 보호하기 위해 수입 면직물에 대해 수입관세 (t_{IM})를 부과하는 상황을 생각해 보자. 수입관세로 인하여 미국 내 면직물의 가격이 상승하여 면직물 생산업자들의 명목소득이 증가할 것이다. 이는 앞에서 보았던 수출로 인하여 X재 산업 종사자들의 명목소득이 증가한 것과 같은 원리이다. X재 산업 종사자의 경우와 마찬가지로 수입관세 하에서 미국 내 면직물의 미국 내 소비자 가격이 상승하므로 면직물 생산업자들의 면직물 기준 실질소득은 변화가 없지만, 다른 재화 기준 실질소득은 증가한다. 따라서 수입관세는 면

---

6 McLaren (2012) "Why did the north want a tariff, and why did the south call it on abomination? (Chapter 5, p.64)"을 참조하였다.

직물 생산업자의 실질소득을 증가시키게 될 것이다. 이에 반해 Y재 산업 종사자의 경우와 마찬가지로 남부의 면화 농장주의 실질소득은 면직물에 대한 수입관세로 인하여 감소할 것이다. 이것이 바로 남부 면화 농장주들의 시각이다.

이제 미국이 면직물 수입에서 얻은 관세수입을 남부의 면화 농장주들에게 수출보조금(t_{EX})의 형태로 지급하는 경우를 생각해 보자[7]. 나중에 무역정책에서 자세히 다루게 되겠지만, 수출보조금은 해당 재화의 국내가격을 끌어올리는 효과가 있다[8]. 따라서 수출보조금을 통해 Y재에 해당하는 면화의 가격이 면제품 수입관세의 효과를 상쇄하도록 상승한다면, 북부의 면직물 생산업자가 누리는 수입관세의 이익이 상쇄될 것이다(<그림 3>). 동일한 논리로 수출보조금은 수입관세로 인한 남부의 면화 농장주의 실질소득 감소도 상쇄시킬 수 있다.

이처럼 19세기 남부 미국을 대표하는 의원들이 좀 더 현명했더라면 북부 의원들이 수입관세를 주장할 때 수출보조금을 주장함으로써 남부 면화 농장주들의 소득을 상대적으로 보전할 수 있지 않았을까? 이처럼 우리는 아주 단순한

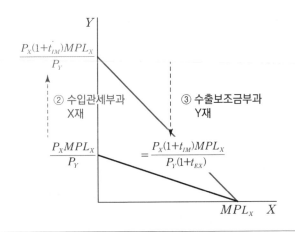

그림 3 수출보조금을 통한 수입관세 효과의 상쇄

---

7 이러한 수출보조금의 존재는 러너 대칭 정리(Lerner symmetry theorem)로 알려져 있다. 러너 대칭 정리는 서로 동일한 규모의 수입관세와 수출보조금이 존재한다는 정리이다.
8 수출보조금 하에서는 기업은 수출을 하면 보조금을 받지만, 국내에 공급하면 보조금을 받지 못한다. 따라서 기업은 수출을 선호하며, 국내 소비자는 수출 보조금에 해당하는 정도의 가격을 더 지불해야 상품을 구매할 수 있다.

이론들을 가지고도 현실 경제에 대한 흥미로운 결과를 얻을 수 있다.

나. 특정요소 모형과 소득 배분

지금까지 우리는 생산요소의 특정성을 도입함으로써 각 소비자들이 어떠한 생산요소를 보유하느냐에 따라 무역의 손익이 달라질 수 있음을 간략히 살펴보았다. 하지만 앞에서 살펴본 모형은 생산요소 특정성의 영향을 간략히 살펴보기 위한 모형이었으며, 국제무역 모형은 아니었다. 이제 생산요소의 특정성을 고려한 본격적인 국제무역 모형인 특정요소 모형을 살펴보도록 하자. 이 모형은 바이너가 리카르도의 비교우위 모형을 복수의 생산요소와 특정성을 포함시켜 확장한 모형이므로 리카르도－바이너(Ricardo－Viner) 모형이라고 하기도 한다.

1) 기본 가정과 한계생산 체감

리카르도 모형과 동일하게 자국과 외국이라는 두 국가가 X재와 Y재를 생산하는 2 국가 2 재화 모형을 고려하자. 하지만 보편적이며 유일한 생산요소인 노동만 고려한 리카르도 모형과 달리, 이제는 보편적인 생산요소와 각 산업에 특정적으로 사용되는 특정생산요소가 존재한다고 하자. 여기서 보편적인 생산요소란 리카르도 모형에서의 노동처럼 어느 산업에서나 다 쓰이는 생산요소를 지칭한다. 편의상 보편적인 생산요소를 노동, 특정생산요소를 자본이라고 하자. 특정생산요소인 자본은 X재 생산에만 사용되는 X재 자본과 Y재 생산에만 사용되는 Y재 자본으로 이루어져 있다. 따라서 X재와 Y재는 각각 보편 투입요소인 노동과 특정 투입요소인 자본을 이용하여 생산되며, 각 재화의 생산함수 각각 $Q_X = f(L, K_X)$와 $Q_Y = g(L, K_Y)$라고 하자. 두 재화의 생산함수는 1차 동차함수라고 가정하도록 한다[9]. 그리고 지금까지의 모형들과 동일하게 모든 생산요소시장과 재화시장은 완전경쟁시장이며, 모든 생산요소는 완전고용된다고 가정하자. 자국의 노동부존량과 X재 및 Y재 자본부존량을 각각 L^H, K_X^H,

---

9 1차 동차함수의 성질에 대해서는 2장의 부록을 참고하라.

K_Y^H이라고 하고, 외국의 노동, X재 자본, Y재 자본부존량을 각각 L^F, K_X^F, K_Y^F이라고 하자. 나아가 자국은 외국보다 X재 특정자본의 부존량이 많으며, 외국은 Y재 특정자본의 부존량이 많다고 가정하자. 또한 편의상 두 국가는 동일한 노동부존량을 가지고 있다고 하자. 물론 반드시 두 국가의 노동부존량이 동일할 필요는 없으나, 특정요소의 역할에 논의의 초점을 맞추기 위해 이러한 가정을 도입한다. 그리고 모든 생산요소의 국가간 이동은 불가능하다. 마지막으로 두 국가는 동일한 생산기술을 가지고 있으며, 두 국가의 소비자는 리카르도 모형에서 가정한 것과 같이 동일한 동조적 효용함수를 가진다고 하자[10]. 특정요소 모형의 기본 가정을 정리하면 다음과 같다.

〈특정요소 모형을 위한 기본 가정〉
① 세계는 자국(H)과 외국(F)이라는 두 나라만 존재한다.
② 각국은 X재와 Y재라는 두 재화를 생산한다.
③ 노동과 자본의 국가간 이동이 불가능한 두 생산요소로 생산하며, 노동은 보편 생산요소이지만 자본은 특정생산요소이다.
④ 두 국가는 특정생산요소 부존량이 상이하다.
  $L^H = L^F = \overline{L}$, $K_X^H > K_X^F$, $K_Y^H < K_Y^F$
⑤ 두 국가는 동일한 생산기술을 가지고 있다.
⑥ 두 국가의 대표 소비자는 동일한 동조적 효용함수를 가지고 있다.

이처럼 각 재화의 생산요소를 두 개로 확장하고, 그중 한 생산요소에 특정성을 부여함으로써 보다 현실에 가까운 모형을 구축할 수 있다. 여기에서는 편의상 특정요소를 자본이라고 지칭하고 X재 자본과 Y재 자본으로 구분했지만, 재화별 특정요소가 전혀 다른 요소라고 생각해도 무방하다. 예를 들어, 두 산업이 제조업과 농업이고, 제조업은 노동과 자본으로 생산이 이루어지며, 농업은 노동과 토지로 생산이 이루어지는 경우를 생각해 보자. 이 경우에는 제조업의 특정요소는 자본이며, 농업의 특정요소는 토지이다.

---

10 동조함수의 성질에 대해서도 2장의 부록을 참고하라.

단일 생산요소를 가정했던 리카르도 모형과 달리, 생산요소가 2개로 확장되면서 달라지는 성질 중 하나는 각 생산요소에 대한 한계생산이 체감한다는 것이다. 이를 직관적으로 이해하기 위해 기계와 노동을 결합하여 생산하는 경우를 가정해 보자. 그리고 기계와 노동이 함께 1단위씩 증가한다면, 생산량도 그에 대응하여 일정하게 증가한다고 하자. 그런데 기계의 투입량은 전혀 증가하지 않고 노동투입량만 계속 증가한다면, 노동자들의 한계생산은 어떻게 될까? 기계 1대를 노동자 2명이 함께 사용하는 경우와 3명이 함께 사용하는 경우를 비교해서 생각해 보면, 후자의 한계생산이 더 작을 것이다. 이처럼 복수의 생산요소를 가질 때 한 생산요소의 한계생산은 (다른 투입요소의 수에 변화가 없을 때) 해당 생산요소의 투입량이 늘어날수록 감소하는 것이 일반적이다. 우리가 잘 알고 있는 생산함수인 콥-더글라스 생산함수 $Q = L^a K^{1-a}$의 예를 살펴보자. 주어진 생산함수의 노동의 한계생산은 $MPL = a(K/L)^{1-a}$이며, 노동투입량이 증가함에 따라 체감한다. 또한 자본의 한계생산은 $MPK = (1-a)(L/K)^a$이며, 역시 자본투입량이 증가함에 따라 체감한다.

<그림 4-a>는 산업 i에서 한계생산이 체감하는 노동의 모습을 보여준다. 한편, 우리가 알고 있는 것처럼 완전경쟁시장에서 노동의 임금은 노동 1단위 투입에 따른 한계생산의 가치이다. 즉, 산업 i의 임금은 $w_i = p_i MPL_i$이며, 해당 산업의 한계생산에 재화의 가격을 곱한 것이므로 임금방정식의 형태는 노동의 한계생산의 형태와 동일하다. <그림 4-b>는 임금방정식의 모습을 보여준다. 여기서는 노동의 예를 들고 있지만, 자본의 한계생산 및 자본가격의 형태도 유사하다.

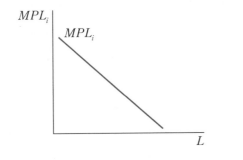

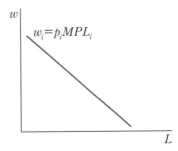

그림 4-a 노동의 한계생산   그림 4-b 임금

2) 자급자족 하에서의 노동시장 균형

특정생산요소는 특정 산업에만 투입되는 요소이며, 우리는 완전고용을 가정하고 있으므로 각 특정생산요소의 투입량은 부존량으로 일정함에 유의하자. 예를 들어, 자국은 특정생산요소인 X재 자본 K_X^H 단위를 가지고 있고, X재 자본은 Y재 생산에는 이용하지 못하므로, 자국 X재 산업의 X재 자본 투입량은 언제나 K_X^H이다. 이에 반해 보편생산요소인 노동은 X재와 Y재 산업 모두에 이용될 수 있으므로, 노동이 두 산업간에 어떻게 배분되느냐에 따라 두 재화의 생산량이 달라진다.

그렇다면 노동은 어떻게 두 산업 사이에서 배분되는 것일까? 두 산업 사이를 오갈 수 있는 노동자라면 당연히 임금이 높은 산업에서 일하고자 할 것이다. 두 산업간 노동력의 이동을 살펴보기 위해, 두 산업의 임금방정식을 결합하여 한 그림에 나타낸 <그림 5>를 이용하여 살펴보도록 하자, <그림 5>는 <그림 4-b>의 X재 산업의 임금곡선에다가 유사한 형태를 가지는 Y재 산업의 임금곡선을 Y축을 기준으로 뒤집어서 결합한 것이다. 따라서 O_X는 X재 산업의 원점이고, 해당 원점에서 오른쪽으로 이동할수록 X재 산업의 고용량 증가를 의미한다. 반면, O_Y는 Y재 산업의 원점이며, 해당 원점에서 왼쪽으로 이동할수록 Y재 산업의 고용량 증가를 나타낸다. X재 고용과 Y재 고용의 합이 전체 노동부존량이므로 그림의 밑변의 길이는 노동부존량과 같다.

먼저 <그림 5-a> 점 L_0와 같이 노동이 두 산업에 배분되어 있다고 생각해 보자. 이때 X재 산업의 고용은 L_{X0}이며 임금은 w_{X0}이다. 그리고 Y재 산업의 고용은 L_{Y0}이며 임금은 w_{Y0}이다. 이 노동의 배분점에서는 X재에 노동이 너무 적게 투입되고 Y재에는 너무 많이 투입되어 X재 산업 임금이 Y재 산업 임금보다 높게 형성되어 있다. 따라서 Y재 산업에서 일하던 노동자들이 높은 임금을 좇아 X재 산업으로 이동하게 되고, <그림 5-b>가 보여주는 것처럼 새로운 노동배분 균형은 L_A이 되며, 균형임금은 w^A가 될 것이다. 그리고 X재 산업의 노동 고용량은 L_{XA}이며, Y재 산업의 노동 고용량은 L_{YA}가 된다.

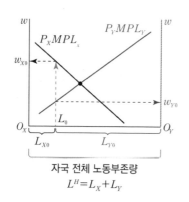
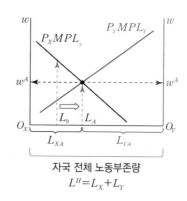

그림 5-a 균형 이전 노동시장   **그림 5-b** 노동시장 균형

3) 국제무역과 노동시장 균형

이제 자국이 X재의 수출국이라고 생각하자. 우리가 알고 있는 것처럼 X재 수출로 인하여 자국에서의 X재 상대가격은 자급자족 상대가격에서 국제상대가격으로 인상될 것이다. 분석의 편의상 무역으로 인하여 Y재 가격은 변하지 않고, X재의 가격만 인상되는 X재 상대가격 인상을 고려해 보자. 인상된 X재의 국제가격을 p_X^E라고 하자. <그림 6>은 X재 가격인상으로 인한 노동시장 균형의 변화를 보여준다.

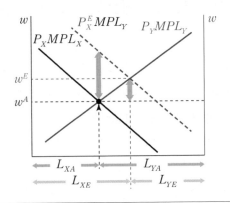

그림 6 국제교역이 미치는 영향

일차적으로는 p_X의 인상으로 X재 산업의 임금곡선이 상방으로 이동될 것이다. 이는 X재의 국제가격이 자급자족가격보다 높아 X재 생산에 투입된 노동 1단위의 생산량이 자급자족 상태보다 더 높은 화폐가치를 가지기 때문이다. 따라서 X재 산업에 종사하는 노동자들의 명목임금이 상승하게 된다. 반면, Y재의 가격은 변화가 없으므로 Y재 산업의 명목임금은 변화가 없다. 다음으로는 노동은 보편생산요소이며, X재 산업의 임금이 Y재 산업보다 높으므로 노동자들은 Y재 산업에서 X재 산업으로 이동하게 되며, 결국은 새로운 임금균형인 w^E에 이르게 될 것이다. 즉, 국제무역으로 인하여 보편생산요소인 노동의 명목임금은 상승한다. 여기서 유념할 것은 상승한 임금이 명목임금이라는 것이다. 노동자들의 실질임금 변화는 이후에 살펴보기로 한다.

고용과 생산량 변화를 살펴보면, X재 수출로 인한 X재의 가격상승 때문에 X재 산업의 고용은 L_{XA}에서 L_{XE}로 증가하고, Y재 산업의 고용은 L_{YA}에서 L_{YE}로 감소한다. 두 산업의 특정생산요소의 투입량은 자국의 부존량으로 일정하므로 결국 X재 생산의 생산요소투입은 증가하고, Y재 생산요소투입은 감소한 것이다. 따라서 국제무역이 시작되면서, 수출재인 X재의 자국 생산량은 증가하지만 비수출재인 Y재의 자국 생산량은 감소하는 생산량 변화를 예상할 수 있다.

4) 국제무역으로 인한 보편생산요소 소유자의 실질소득 변화

앞에서 살펴본 것처럼 국제무역은 보편생산요소인 노동의 가격을 인상시킨다. 그런데 이러한 변화는 명목임금의 상승일 뿐이며, 노동자의 실질임금 변화를 보여주는 것은 아니다. 이를 살펴보기 위해 먼저 국제무역으로 인한 X재 가격변화와 명목임금 상승의 크기를 비교하여 보자.

명목임금은 재화가격과 노동의 한계생산을 곱한 것임을 상기하자. 따라서 명목임금의 변화는 재화가격의 변화로 인한 부분과 각 노동자들의 한계생산 변화로 인한 부분으로 분해할 수 있다. 이와 같은 분해법을 전미분이라고 하는데[11], X재의 예를 이용하면 다음과 같은 형태를 가진다.

$$\triangle w_X = MPL_X \triangle p_X + p_X \triangle MPL_X \quad \cdots\cdots\cdots (4)$$

식 (4)의 우변 첫 번째 항은 노동의 한계생산 변화를 배제하고 순수하게 X재 가격 변화로 인하여 발생한 임금변화이며, 두 번째 항은 X재 가격 변화를 배제하고 순수하게 노동의 한계생산 변화로 인하여 발생한 임금변화이다. 그리고 위의 분해식을 임금방정식인 $w_X = p_X MPL_X$으로 양변을 나누면 다음과 식을 얻는다.

$$\frac{\triangle w_X}{w_X} = \frac{\triangle p_X}{p_X} + \frac{\triangle MPL_X}{MPL_X} \quad \cdots\cdots\cdots (5)$$

도출한 식 (5)는 임금의 변화율을 X재 재화가격의 변화율과 X재 생산에서 노동의 한계생산 변화율로 분해할 수 있음을 보여준다.

이제 식 (5)를 이용하여 임금의 변화율과 X재 가격의 변화율을 살펴볼 수 있다. 무역으로 인하여 X재 가격이 인상되면서 생긴 노동시장의 변화는 X재 산업의 고용증가이다. 그런데, <그림 4-a>에서 살펴볼 수 있었던 것처럼 고

---

11 물론 엄밀하게 말하면 미분은 변화량이 0으로 수렴할 때를 의미하기 때문에 여기에서 제시한 표현식이 전미분은 아니다. 하지만 개념적으로는 전미분의 개념을 반영하고 있다.

용이 증가하면 노동의 한계생산은 감소한다. 따라서 $\triangle MPL_X / MPL_X < 0$이므로 식 (5)는 $\triangle w_X / w_X < \triangle p_X / p_X$임을 보여준다. 즉, 무역으로 인한 명목임금상승률은 수출재인 X재의 가격인상율 보다 작다. 이는 <그림 6>을 통해서도 대략적으로 살펴볼 수 있는데, 무역 이전 균형점에서 위로 뻗은 수직의 화살표는 노동의 재배분없이—즉, 노동의 한계생산 변화없이 순수하게 X재 가격인상으로 인한 명목임금의 변화이다. 그리고 무역균형점에서 아래로 뻗은 다소 짧은 화살표는 노동의 재분배가 이루어진—즉, 노동의 한계생산이 반영된 최종적인 명목임금의 변화이다. 그림에서 알 수 있는 것처럼 X재 가격인상으로 인한 변화에 비해 최종적인 명목임금의 변화가 작다.

다음으로 노동자들의 실질임금 변화를 살펴보기 위해 노동자들의 예산식을 이용해 보자. 이는 본 장의 앞부분에서 살펴본 것과 동일한 분석방법이다. 무역 개시 이전과 무역 개시 이후 노동자들의 명목임금은 각각 w^A와 w^E이며, 노동자들은 이를 소득으로 삼아 X재와 Y재를 소비하여 효용을 얻는다. 소득과 재화의 가격이 다르므로 무역 전후에 있어서 노동자들의 예산식은 서로 다르다. <그림 7>은 무역 전후 노동자의 예산식을 보여준다.

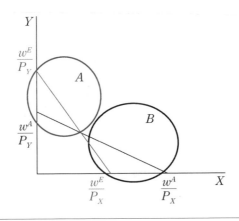

그림 7 국제무역에 따른 노동자 예산제약식 변화

과연 무역으로 인해 자국 노동자들의 후생은 개선되었을까? 앞 절에서 분석

한 것과 같이 무역 전후의 소비가능집합을 같이 비교하여 보면, 무역 이후 노동자들의 소비가능집합이 확장되었다고 말할 수는 없다. X재에 비해 Y재 소비가 많은 영역 A에서는 무역으로 인하여 소비가능 범위가 확장되었지만, 영역 B에서는 무역으로 인하여 오히려 소비가능 범위가 축소되었기 때문이다. 따라서 노동자가 어떤 재화를 더 많이 소비하는 소비자이냐에 따라 무역의 영향이 달라진다. 이를 살펴보기 위해 두 타입의 노동자를 생각해 보자. 타입 A 노동자는 수출재인 X재 보다 Y재에 대한 선호가 높아서 상대적으로 Y재를 더 많이 소비하는 소비자라고 하자. 즉, <그림 7>의 영역 A에서 소비하는 소비자이다. 이에 반해 타입 B 노동자는 수출재인 X재에 대한 선호가 높아서 X재의 소비비중이 높은 소비자이며, 영역 B에서 소비하는 소비자이다. 그리고 <그림 8>은 두 타입 노동자의 최적선택을 보여준다.

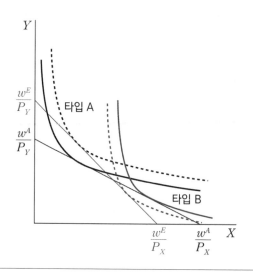

그림 8 국제무역에 따른 노동자의 최적선택 변화

타입 A 노동자는 인상된 명목임금 w^E를 가지고 주로 비수출재(또는 수입재)인 Y재를 소비하는 소비자이다. Y재의 가격은 무역으로 인하여 인상되지 않았으므로 타입 A 노동자는 무역이전 보다 더 많은 수량의 Y재를 소비할 수 있을 것이다. 따라서 해당 타입 소비자의 후생은 무역으로 개선된다. 이에 반해 타

입 B 노동자는 가격이 인상된 수출재 소비를 더 선호하는 소비자이다. 그런데 우리가 살펴본 것처럼 명목임금 인상률 보다 X재 가격 인상률이 더 크므로 타입 B 노동자는 무역 개시 이전에 비해 구매할 수 있는 X재의 수량이 오히려 더 감소한다. 따라서 타입 B 노동자의 후생은 무역으로 인하여 오히려 더 악화된다.

이를 다른 방법으로 확인하기 위해서 노동자의 실질임금을 X재와 Y재를 기준으로 도출해 보자. 무역 개시 이후 X재 기준 실질임금은 명목임금을 p_X^E로 나누어 얻을 수 있으며, Y재 기준 실질임금은 명목임금을 p_Y로 나누어 얻을 수 있다.

X재 기준 실질임금: $\dfrac{w^E}{p_X^E} = MPL_X$ ·· (6)

Y재 기준 실질임금: $\dfrac{w^E}{p_Y} = MPL_Y$ ·· (7)

무역균형에서 두 산업의 명목임금은 동일하므로 $w^E = p_X^E MPL_X$이면서 동시에 $w^E = p_Y MPL_Y$이다. 따라서 두 산업의 임금식 중 어느 것이나 실질임금 도출에 이용할 수 있는데, 위의 X재 기준 실질임금은 첫 번째 식을 이용한 것이고 Y재 기준 실질임금은 두 번째 식을 이용한 것이다. 즉, 무역 이후 각 재화기준 실질임금은 (자국이 두 재화를 모두 생산하기 때문에 당연한 것이기는 하지만) 해당 재화의 한계생산이다. 그런데, 무역으로 인하여 X재 산업의 노동고용은 증가한 반면, Y재 산업의 노동고용은 감소하였음을 상기하자. 이는 무역 이후 X재 산업의 한계생산은 감소하는 반면, Y재 생산의 한계생산은 증가한다는 것을 의미한다. 따라서 노동자들의 X재 기준 실질임금은 감소하는 반면, Y재 기준 실질임금은 상승한다.

노동자들의 명목임금과 실질임금에 대한 지금까지의 논의를 정리하면 다음과 같다. (i) 보편생산요소 소유자 – 여기서는 노동자 – 의 명목임금은 무역으로 인하여 상승한다. (ii) 그러나 보편생산요소 소유자의 실질임금은 각자의 재화에 대한 선호에 따라 상이하다. (ii−1) 보편생산요소의 소유자가 수출재 소비를 선호하는 소비자라면 무역으로 인하여 실질임금이 감소한다. (ii−2) 그러나 보편생산요소의 소유자가 비수출재 소비를 선호하는 소비자라면 무역으로 인하여 실질임금이 증가한다.

> 무역으로 인하여 보편생산요소의 소유자의 명목임금은 상승하지만 실질임금의 변화는 명확하지 않다.

5) 수출재 특정생산요소 소유자의 소득 변화

● 명목소득

이제 특정생산요소 소유자의 후생변화를 분석해보도록 하자. 그리고 먼저 수출재인 X재에만 투입되는 특정생산요소인 X재 특정자본을 살펴보자. 완전경쟁시장에서 생산요소의 가격은 해당 생산요소가 창출한 한계비용의 가치라는 사실은 X재 특정자본에도 통용되므로, X재 특정자본의 명목가격은 다음과 같다.

X재 특정자본의 명목가격: $r_X = p_X MPK_X$ ··· (8)

여기서 유의할 점은 X재 특정자본은 Y재 생산에서는 사용되지 않으므로 X재 특정자본의 가격은 X재 산업에서만 존재한다는 점이다. 따라서 보편생산요소와 달리 X재 생산에만 투입되기 때문에 두 산업 사이의 균형을 고려할 필요도 없으며 존재하지도 않는다. 그리고 무역 이전의 X재 특정자본 명목가격을 r_X^A, 무역 이후의 X재 특정자본 명목가격을 r_X^E로 표기하자.

무역으로 인한 r_X의 변화를 살펴보기 위해 노동임금의 변화를 분해하기 위해 사용했던 식 (4)와 (5)와 동일한 방법으로 식 (8)을 분해하여 다음과 같이 나타내어 보자. 이는 식 (8)의 명목가격을 편미분한 뒤 식 (8)로 다시 나눈 것이다.

$$\frac{\triangle r_X}{r_X} = \frac{\triangle p_X}{p_X} + \frac{\triangle MPK_X}{MPK_X} \quad\text{...} (9)$$

식 (9)가 보여주는 것처럼 X재 특정자본의 가격의 변화는 X재 가격의 변화와 X재 자본의 한계생산 변화로 이루어진다. 우리가 알고 있는 것처럼 X재는 수출재이므로 무역으로 인하여 X재 가격이 상승하며 $\triangle p_X/p_X > 0$이다. 그렇다면 X재 특정자본의 한계생산 MPK_X은 어떻게 될까? 만일 X재 특정자본의 투입량이 증가한다면 <그림 4>의 노동의 한계생산과 같이 MPK_X는 하락할 것이다. 그러나 자국이 보유하고 있는 모든 X재 특정자본은 다른 재화 생산에는 무용하므로 모두 X재 생산에 투입되기 때문에 X재 특정자본의 투입량은 언제나 부존량과 동일하다. 그렇다고 해도 MPK_X는 변하게 되는데, 이는 (투입량이 일정한) X재 특정자본과 결합되는 노동투입량이 변하기 때문이다. 노동시장 분석에서 무역이 개시되면 수출재인 X재의 고용이 늘어났다는 것을 떠올려 보자. 이는 X재 특정자본 1단위 당 결합되는 노동력의 수─즉, L/K_X가 증가했다는 의미이며, X재 특정자본의 생산능력은 향상될 것이다[12]. 예를 들어 <그림 4>의 설명에서 언급한 것과 같은 전형적인 콥─더글라스 생산함수 $Q_X = L^a K_X^{1-a}$를 생각해 보자. 주어진 생산함수의 특정자본 한계생산은 $MPK = (1-a)(L/K_X)^a$이며, L/K_X가 증가함에 따라 증가한다.

이처럼 무역으로 인하여 X재 가격이 상승하며 X재 특정자본의 한계생산도 (노동투입의 증가로 인하여) 증가하기 때문에, 수출재인 X재의 특정자본 소유주의 명목임금은 무역으로 인하여 상승한다. 한편, 식 (9)와 MPK_X의 상승─즉, $\triangle MPK_X > 0$ 으로부터 X재 특정자본 소유주의 명목소득 상승률이 X재 가격

---

12 자본 1단위당 노동과 노동 1단위당 자본은 서로 역수이다. 자본 1단위당 노동이 증가하면 자본의 생산성이 개선되지만, 노동 1단위당 자본이 감소하면 노동의 생산성은 악화된다. 즉, 자본 1단위당 노동의 증가와 노동 1단위당 자본의 감소가 사실상 동일한 변화임을 고려하면, 자본 생산성과 노동 생산성은 항상 하나가 개선되면 다른 하나가 악화되는 관계이다. 두 가지가 모두 개선되는 방법은 혁신과 같은 기술적 요인의 변화 외에는 없다.

상승률보다 높다는 것도 확인할 수 있다.

$$\frac{\triangle r_X}{r_X} > \frac{\triangle p_X}{p_X} \text{...} (10)$$

● 실질소득

이제 무역으로 인한 X재 특정자본 소유주의 실질소득 변화를 살펴보자. 노동의 경우와 마찬가지로 먼저 소비가능집합의 변화를 보자. X재 특정자본 소유주의 예산식은 $r_X = p_X X + p_Y Y$이다. 우리가 알고 있는 것처럼 무역이 발생하면, 자본의 가격－즉, 자본 소유주의 소득은 r_X^A에서 r_X^E로 상승하며, X재 상품가격도 p_X에서 p_X^E로 인상된다. 그런데 (10)에서 확인한 바처럼 명목소득의 상승률이 X재 가격의 상승률보다 크다. 따라서 X재 특정자본 소유주의 예산식의 X절편인 r_X/p_X는 무역으로 인하여 커진다. 그런데 비수출재인 Y재 가격은 무역에도 불구하고 변화가 없으므로 Y절편인 r_X/p_Y 또한 증가한다. <그림 9>는 무역으로 인한 X재 특정자본 소유자의 예산식 변화를 보여주며, 소비가능집합이 증가하여 실질소득이 증가함을 알 수 있다.

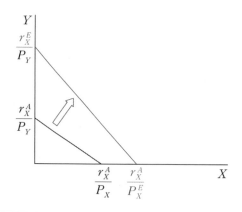

그림 9 X재 특정생산요소 소유자의 예산선 변화

이제 X재 특정자본의 실질가격을 통해 해당 자본 소유자의 실질소득 변화를 살펴보자. 만일 X재 특정자본 소유자가 X재만 소비한다면－또는 X재 기준 실질 자본가격을 살펴본다면, 실질가격은 (8)의 자본 가격방정식을 X재 가격 p_X로 나눈 것이므로 MPK_X이다. 또한 Y재 기준 실질 자본가격은 p_Y로 나누어서 구할 수 있다.

X재 기준 X재 특정생산요소의 실질가격: $\dfrac{r_X}{p_X} = MPK_X$ ······················· (11)

Y재 기준 X재 특정생산요소의 실질가격: $\dfrac{r_X}{p_Y} = \dfrac{p_X}{p_Y} MPK_X$ ·············· (12)

이미 살펴본 것처럼 무역이 발생하면 MPK_X는 커지므로 X재 기준 X재 특정생산요소의 실질가격은 상승한다. 그리고 MPK_X의 증가와 더불어 수출재인 X재의 상대가격 p_X/p_Y도 인상되므로 Y재 기준 X재 특정생산요소의 실질가격도 상승한다. 이처럼 무역이 발생하면 수출재인 X재 특정생산요소 소유자의 실질소득은 증가한다.

6) 비수출재(수입재) 특정생산요소 소유자의 소득 변화

● 명목소득

다음으로 비수출재(또는 수입재) Y재에만 투입되는 특정생산요소인 Y재 특정자본을 동일한 방법으로 살펴보자. X재 특정자본과 마찬가지로 Y재 특정자본의 가격도 해당 생산요소가 창출한 한계생산물의 가치이다. 따라서 Y재 특정자본의 명목가격은 다음과 같다,

Y재 특정자본의 명목가격: $r_Y = p_Y MPK_Y$ ····································· (13)

그리고 무역 이전의 Y재 특정자본 명목가격을 r_Y^A, 무역 이후의 Y재 특정자

본 명목가격을 r_Y^E로 표기하자. 그리고 (9)를 도출한 것과 동일한 방법으로 Y재 명목가격 변화율을 Y재 가격변화율과 한계생산의 변화율로 분해하자.

$$\frac{\triangle r_Y}{r_Y} = \frac{\triangle p_Y}{p_Y} + \frac{\triangle MPK_Y}{MPK_Y} \quad \cdots\cdots\cdots\cdots\cdots\cdots\cdots\cdots\cdots\cdots\cdots\cdots\cdots\cdots (14)$$

Y재는 비수출재이며 무역에 의한 가격 변화가 없다고 가정하고 있으므로 $\triangle p_Y/p_Y = 0$이다. 따라서 Y재 특정자본의 가격 변화는 해당 요소의 한계생산 MPK_Y에 따라 결정된다. 그렇다면 무역으로 인하여 MPK_Y는 어떻게 변할까? 먼저 무역으로 인하여 비수출재 산업인 Y재 산업의 고용이 감소하고, 수출재 산업인 X재 산업의 고용이 증가했던 것을 상기하자. 특정생산요소인 Y재 특정자본의 투입량은 자국의 부존량으로 일정하지만, Y재 특정자본 1단위 당 결합되는 Y재 투입 노동력의 수는 감소한다. 때문에 Y재 특정자본의 한계생산 MPK_Y이 하락하며, $\triangle MPK_Y/MPK_Y < 0$이다. 따라서 Y재 특정자본 소유주의 명목임금상승률은 $\triangle r_Y/r_Y < 0$이며, 무역으로 인하여 명목임금이 하락함을 확인할 수 있다.

● 실질소득

다음으로 소비가능집합의 변화를 통해 Y재 특정자본 소유자의 실질소득 변화를 살펴 보자. Y재 특정자본 소유주의 예산식은 $r_Y = p_X X + p_Y Y$이다. 그리고 무역이 발생하면, Y재 자본 소유주의 소득은 r_Y^A에서 r_Y^E로 감소하며, X재 상품가격도 p_X에서 p_X^E로 인상된다. 따라서 Y재 특정자본 소유주의 예산식의 X절편인 r_Y/p_X와 Y절편인 r_Y/p_Y 모두 감소한다. <그림 10>은 무역으로 인한 Y재 특정자본 소유자의 예산식 변화를 보여주며, 소비가능집합이 감소하여 실질소득도 감소함을 알 수 있다.

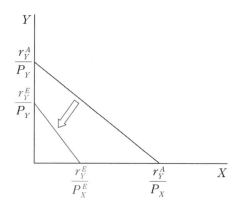

그림 10 Y재 특정생산요소 소유자의 예산선 변화

이제 Y재 특정자본의 실질가격을 통해 해당 자본 소유자의 실질소득 변화를 살펴보자. (13)의 명목가격을 p_X와 p_Y로 나누어 얻은 Y재 특정자본의 실질가격은 다음과 같다.

X재 기준 Y재 특정생산요소의 실질가격: $\dfrac{r_Y}{p_X} = \dfrac{p_Y}{p_X} MPK_Y$ ················ (15)

Y재 기준 Y재 특정생산요소의 실질가격: $\dfrac{r_Y}{p_Y} = MPK_Y$ ····················· (16)

무역으로 인하여 수출재인 X재 가격은 인상되지만 비수출재 Y재 가격은 변화가 없으므로 p_Y/p_X는 감소한다. 동시에 MPK_Y도 하락하므로, Y재 특정생산요소의 실질가격은 어떤 재화를 기준으로 하던지 모두 하락한다.

> 무역으로 인하여 수출산업의 특정요소를 소유한 사람들의 실질소득은 개선된다. 그러나 비수출산업의 특정요소를 소유한 사람들의 실질소득은 악화된다.

다. 특정요소 모형에서의 무역패턴: 리카르도-바이너 모형

1) 특정요소 모형에서 생산가능곡선

지금까지는 특정요소 모형을 이용하여 무역이익의 배분이 균등하게 배분되지 않고, 무역으로 손실을 겪는 사람들도 있을 수 있음을 살펴보았다. 지금부터는 특정요소 모형이 설명하고 있는 무역패턴을 살펴보도록 하자.

특정요소 모형은 2 생산요소 모형이기는 하지만 특정요소의 투입량이 고정되어 있기 때문에, 1 생산요소 모형인 리카르도 모형과 유사하게 노동의 배분이 두 재화의 생산량을 결정한다는 점에 주목할 필요가 있다. 그러나 특정요소가 존재하기 때문에 리카르도 모형과 달리 각 재화의 한계생산은 투입량이 증가함에 따라 체감한다. 따라서 직선의 생산가능곡선을 가졌던 리카르도 모형과 다르게 특정요소 모형에서 각국의 생산가능곡선은 원점에 대해 오목한 일반적인 생산가능곡선의 형태를 가진다.

이를 살펴보기 위해, <그림 4-a>과 같은 노동의 한계생산을 다시 떠올려 보자. 양국이 동일한 노동부존량을 가지고 있으나, 자국이 X재 자본을, 외국이 Y재 자본을 더 많이 보유하고 있음을 상기하자. 그리고 노동배분을 분석할 때와 마찬가지 방법으로 X재와 Y재 산업에서 노동의 한계생산을 함께 살펴보자. <그림 11-a>는 자국에서 두 산업에서의 노동의 한계생산을 함께 보여준다. 노동시장 분석과 마찬가지로 왼쪽의 원점은 X재 노동투입량의 원점이며, 오른쪽의 원점은 Y재 노동투입량의 원점이다. 그리고 밑변의 길이는 자국의 노동부존량에 대응한다. 여기에서 유의할 점은 노동의 한계생산은 임금과 달리 두 산업에서 같아질 필요가 없으므로 두 산업의 한계생산이 교차하는 점이 균형이 아니라는 것이다. 따라서 <그림 11-a>는 균형을 보여주는 그림이 아니라, 단지 두 산업에서의 한계생산간의 관계를 보여주기 위한 그림이다.

먼저 <그림 11-a>의 L_1에서 노동배분이 이루어진 경우를 생각해 보자. 이때 X재와 Y재의 노동 투입량이 각각 L_{X1}와 L_{Y1}이므로, 두 재화의 생산량은 각각 $f(L_{X1}, K_X^H)$와 $g(L_{Y1}, K_Y^H)$이다. 그리고 X재 산업에서 노동의 한계생산은 MPL_{X1}이고 Y재 산업에서 노동의 한계생산은 MPL_{Y1}이다. <그림

11-b>의 점 A_1는 노동배분점 L_1에 대응하는 재화의 생산량을 상품공간에 나타낸 것이다. (주어져 있는 특정요소 하에서) 거의 대부분의 노동력이 Y재 생산에 투입되고 있으므로 Y재 생산량 $g\left(L_{Y1},\ K_Y^H\right)$가 X재 생산량 $f\left(L_{X1},\ K_X^H\right)$ 보다 더 많다. 그리고 점 A_1에서 한계전환율(MRT)은 $\left|MPL_{Y1}/MPL_{X1}\right|$이다.

다음으로 점 L_2에서 노동의 배분이 이루어지고 있는 경우를 생각해 보자. <그림 11-b>의 점 A_2는 노동 배분점 L_2에 대응하는 상품묶음을 보여준다. <그림 11-a>를 살펴보면, 점 L_1과 비교할 때 L_2에서 X재 노동투입량은 증가하고 Y재 노동투입량은 감소하였다. 따라서 X재 생산은 증가하고 Y재 생산은 감소할 것이다. 또한 X재 산업의 노동의 한계생산은 감소하고 Y재 산업의 노동의 한계생산은 증가하므로 <그림 11-b>의 한계전환율 $\left|MPL_{Y2}/MPL_{X2}\right|$은 증가한다. 이처럼 특정요소 모형에서 자국의 생산가능곡선은 X재 생산이 증가함에 따라 - 즉, X재에 투입되는 노동력이 늘어남에 따라 - 한계전환율이 증가하는 특징을 가지는데, 이는 원점에 대해 오목한 생산가능곡선의 특징이기도 하다.

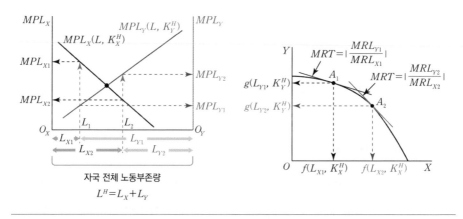

그림 11-a 생산성   **그림 11-b** 생산가능곡선

자국과 외국은 특정생산요소의 부존량에 차이가 있기 때문에 생산가능곡선의 모양이 다르다. 이를 간단히 이해하기 위해 각 국가가 모든 노동을 X재 생산에 투입하는 경우를 생각해 보자. 두 국가의 노동부존량은 $\overline{L}$로 동일하지만,

X재 특정자본은 자국이 더 많이 보유하고 있으므로 X재 최대 생산량은 자국이 더 많을 것이다. 즉, $f(\overline{L}, K_X^H) > f(\overline{L}, K_X^F)$이다. 유사하게 외국은 자국보다 Y재 특정자본을 더 많이 보유하고 있으므로 Y재 최대 생산량은 외국이 더 많다. 즉, $g(\overline{L}, K_Y^H) < g(\overline{L}, K_Y^F)$이다. 따라서 <그림 12>에서 볼 수 있는 것처럼 동일한 생산기술을 가지고 있는 두 국가이지만 생산가능곡선의 모양은 서로 다르다. X재 특정자본을 더 많이 가지고 있는 자국은 X재 방향으로 치우친 생산가능곡선을 가지며, Y재 특정자본을 더 많이 가지고 있는 외국은 Y재 방향으로 치우친 생산가능곡선을 가진다.

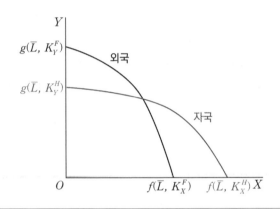

그림 12 자국과 외국의 생산가능곡선

2) 자급자족 균형

양국의 대표 소비자들이 동일한 동조적 효용함수를 가진다는 것을 기억하자[13]. 리카르도 모형에서 살펴본 것처럼 이 가정은 동일한 무차별곡선으로 자국과 외국의 전세계 소비자 선호를 나타낼 수 있는 편리함을 제공한다. 그리고 자급자족 상태에서 각국은 자신의 생산가능곡선 상에서 대표 소비자의 사회후생이 극대화되는 소비점을 선택함을 상기하자. <그림 13>은 자국과 외국의

---

13 우리가 알고 있는 것처럼 소비자들의 선호는 대표 소비자의 효용함수로 대표될 수 있다. 하지만 각 소비자들의 예산선은 어떤 생산요소를 보유한 소비자이냐에 따라 다름에 유의하자.

자급자족 균형을 보여준다.

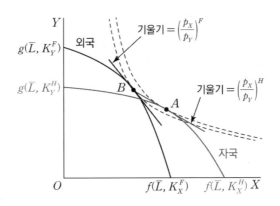

그림 13 자국과 외국의 자급자족 균형

먼저 자국을 살펴보면, 자급자족 균형은 점 A이다. 즉, 점 A에서 자국의 생산가능곡선과 자국 대표 소비자의 무차별곡선이 접하며, 소비점과 생산점이 일치하여 상품시장의 청산이 이루어진다. 그리고 자급자족 균형에서 접선의 기울기가 바로 자국의 자급자족 상대가격이며 $(p_X/p_Y)^H$로 표기하자. 이를 이해하기 위해, 먼저 <그림 13>에서 생산가능곡선을 무시하고 대표 소비자의 무차별곡선과 접선만 생각해 보자. 이는 소비자의 효용극대화를 보여주며, 효용극대화 조건인 $MRS_{XY} = p_X/p_Y$를 만족해야 한다. 다음으로 <그림 13>에서 무차별곡선을 무시하고 생산가능곡선과 접선만을 생각해 보자. 이는 두 재화 생산시 이윤극대화 생산조합을 나타내며, 최적조건인 $MRT_{XY} = p_X/p_Y$를 만족해야 한다. 따라서 무차별곡선과 생산가능곡선이 동시에 접하는 점 A을 지나는 접선의 기울기는 소비자의 기회비용과 생산자의 기회비용이 같아져서 시장 청산이 이루어지는 가격인, 시장 균형가격에 해당한다. 즉, 자급자족 가격은 다음의 조건을 만족하는 가격이다.

$$MRS_{XY} = \left(\frac{p_X}{p_Y}\right)^H = MRT_{XY} \cdots\cdots\cdots\cdots\cdots\cdots (17)$$

유사하게 외국의 자급자족 균형은 외국의 생산가능곡선과 외국 대표 소비자의 무차별곡선이 접하는 점 B이다. 점 B에서 외국의 자급자족 가격을 $(p_X/p_Y)^F$라고 하자. 거듭 설명하지만, 자국과 외국의 소비자는 동일한 소비선호를 가지는 동일한 소비자이다. 따라서 자국과 외국의 접하는 무차별곡선은 동일한 소비자의 무차별곡선이며, 단지 자급자족 균형에서 자국과 외국의 후생수준 차이는 존재할 수 있기 때문에 국가별로 다른 후생수준에 대응하는 무차별곡선에 접할 뿐이다. <그림 13>에서는 자국 대표 소비자의 후생수준이 외국보다 조금 높게 그려져 있다.

3) 무역균형

이제 두 국가가 무역을 하는 경우의 균형을 생각해 보자. 먼저 <그림 13>의 점 A에서 자국의 자급자족 상대가격 $(p_X/p_Y)^H$이 점 B에서 외국의 자급자족 상대가격 $(p_X/p_Y)^F$ 보다 낮다는 점에 주목하자. 자국이 더 저렴하게 X재를 생산할 수 있기 때문에 무역이 이루어지면 자국은 X재를 수출하고, 외국은 Y재를 수출할 것이다. 따라서 자국은 X재에 비교우위를 가지며 외국은 Y재에 비교우위를 가지게 된다. 그런데 두 국가가 동일한 생산기술을 가짐에도 왜 비교우위에 차이가 발생하는 것일까? 그 이유는 바로 두 국가가 보유한 특정생산요소의 차이에 있다. 자국은 X재 특정자본을 외국보다 더 많이 보유하고 있으므로 동일한 노동투입량에 대해서 외국보다 더 높은 X재 산업의 노동의 한계생산을 가진다. 이에 반해, 외국은 Y재 특정자본을 자국보다 더 많이 보유하고 있기 때문에 동일한 노동투입량에 대해서 자국보다 더 높은 Y재 산업의 노동의 한계생산을 가지게 된다. 이처럼 두 국가가 생산기술 자체는 동일할지라도 부존자원의 차이로 인한 생산성의 차이가 발생하여 비교우위가 서로 갈리게 되는 것이다.

이를 명확히 살펴보기 위해, 자유무역 하에서 국제상대가격을 $(p_X/p_Y)^W$라고 하자. 국제상대가격은 세계공급과 세계수요에서 결정되는 가격이지만, 여기에서는 일단 임의로 주어진 국제상대가격 $(p_X/p_Y)^W$을 생각한다. 국제상대가격이 결정되는 과정은 이후에 살펴볼 것이다. 일단 국제상대가격은 두 국가의 자급자족 가격들 사이에 위치한다고 하자.

$$\left(\frac{p_X}{p_Y}\right)^H \leq \left(\frac{p_X}{p_Y}\right)^W \leq \left(\frac{p_X}{p_Y}\right)^F \quad \text{...} \quad (18)$$

먼저 자국의 무역균형을 살펴보자. 리카르도 모형에서 살펴본 것과 동일하게 자국은 주어진 국제상대가격 하에서 국가의 총소득 ― 즉, GDP를 극대화하기 위해 생산점을 선택한다. 따라서 무역균형에서 자국의 생산점은 <그림 14-a>의 점 A_P^T이다. 한편, 자국의 대표 소비자는 생산점 A_P^T에 얻은 소득으로 교역가능한 상품묶음을 선택할 수 있으므로 무역균형에서 소비점은 A_C^T이다. 그리고 무역을 통해 대표 소비자는 자국의 생산가능곡선 외곽의 상품묶음을 소비하므로 대표 소비자의 후생은 U_1에서 U_2로 증가하고 무역이익이 발생한다.

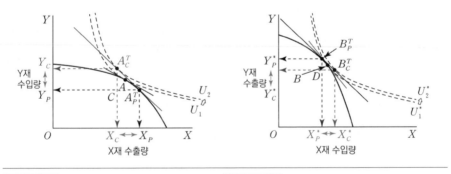

그림 14-a 자국의 무역균형   그림 14-b 외국의 무역균형

생산점과 소비점의 차이로부터 수출량과 수입량도 도출할 수 있다. 즉, 자국은 생산한 X재 중 일부를 국내에서 소비하고 나머지를 수출하므로 X재 수출량은 $X_P - X_C$이며, Y재 부족분을 외국에서 수입하여 소비하므로 수입량은 $Y_C - Y_P$이다. 따라서 자국의 무역 삼각형은 $A_C^T A_P^T C$이다. 여기서 주목할 점은 자국이 비교우위재화인 X재를 생산하는 동시에 Y재도 여전히 생산하고 있

다는 점이다. 즉, 비교우위재화에 완전특화하는 리카르도 모형과 달리 자국은 무역하에서 X재 생산량을 늘려 수출하지만 Y재도 일부 생산한다. 이와 같은 특화를 부분특화라고 한다.

외국의 무역균형도 자국과 동일한 방법으로 분석할 수 있다. 무역 균형에서 외국의 생산점과 소비점은 각각 점 B_P^T와 점 B_C^T이다. 따라서 외국은 X재를 $X_C^* - X_P^*$만큼 수입하고 Y재를 $Y_P^* - Y_C^*$만큼 수출하는 부분특화를 한다. 그리고 무역으로 인하여 외국의 후생은 U_1^*에서 U_2^*로 증가할 것이다.

특정요소 모형의 무역패턴

각국은 풍부하게 보유한 특정요소를 이용하는 재화에 비교우위를 가지며, 해당 재화를 부분특화하여 수출한다.

그런데 한 가지 유의할 점은 각국의 비교우위를 결정하는 것이 부존 특정요소의 절대적 크기가 아니라는 점이다. 본 장의 모형에서는 편의상 자국과 외국이 각각 X재 특정자본과 Y재 특정자본을 상대국보다 더 많이 보유하고 있는 것으로 가정하였다. 그러나 한 국가가 다른 국가보다 모든 특정자본을 더 작게 가지고 있더라도 한 특정요소의 상대적 부존량이 많다면 해당 요소를 이용하는 재화에 비교우위를 가진다. 생산요소의 상대적 부존량에 대한 논의는 이후 헥셔-오린 모형에서도 다루게 되므로 여기에서는 간략히 언급만 하고 지나가도록 하자.

라. 국제상대가격의 결정

이제 국제상대가격이 결정되는 과정을 세계 상대공급곡선과 세계 상대수요곡선을 통해 살펴보기로 하자. 이를 위해 먼저 세계 상대공급곡선을 도출하여 보자.

1) 세계 상대공급곡선

세계 상대공급곡선을 도출하기 위해서 <그림 12>의 자국과 외국의 생산 가능곡선을 이용하자. 그리고 $(p_X/p_Y)_1$과 $(p_X/p_Y)_2$라는 두 X재 상대가격에 대응하는 X재 세계 상대공급을 찾아보도록 하자. $(p_X/p_Y)_1 < (p_X/p_Y)_2$라고 가정하자. <그림 15-a>는 상대가격 $(p_X/p_Y)_1$에 대응하는 양국의 생산량 및 세계 생산량을 보여준다. 생산점 A_1^H와 A_1^F는 각각 상대가격 $(p_X/p_Y)_1$에서 자국과 외국의 총소득을 극대화하는 생산점들이다. 그리고 점 $A_1^H + A_1^F$는 자국과 외국의 총생산량을 더한 세계 총생산량이다. 이 점에서 X재의 세계 총생산량은 $X_1^H + X_1^F$이며, Y재의 세계 총생산량은 $Y_1^H + Y_1^F$이다. 따라서 X재의 상대공급량은 $(X_1^H + X_1^F)/(Y_1^H + Y_1^F)$이며, 점 $A_1^H + A_1^F$와 원점을 잇는 선분의 기울기의 역수이다. 그리고 <그림 15-b>는 더 높은 X재 상대가격인 $(p_X/p_Y)_2$에 대응하는 X재 세계 상대공급량 $(X_2^H + X_2^F)/(Y_2^H + Y_2^F)$을 보여준다.

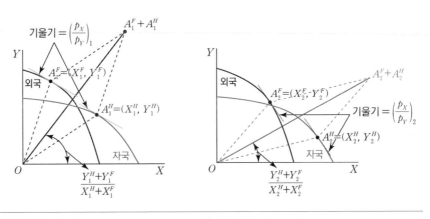

그림 15-a $(p_X/p_Y)_1$에서 생산량   **그림 15-b** $(p_X/p_Y)_2$에서 생산량

<그림 15>에서 볼 수 있는 것처럼 $(p_X/p_Y)_1 < (p_X/p_Y)_2$인 두 상대가격에 대하여 $(X_1^H + X_1^F)/(Y_1^H + Y_1^F) < (X_2^H + X_2^F)/(Y_2^H + Y_2^F)$의 관계가 있다. 그러

므로 우리는 일반적인 공급곡선과 유사한 우상향하는 세계 상대공급곡선을 그릴 수 있다. 그런데 세계 상대공급곡선은 자국과 외국의 상대공급곡선 사이에 위치한다. <그림 15-a>를 이용하여 이를 살펴보자. 위에서 언급한 것처럼 세계 상대공급량은 검정색 실선으로 표시된 선분 $0(A_1^H + A_1^F)$ 기울기의 역수이다. 그리고 자국의 상대공급량은 선분 $0A_1^H$의 기울기의 역수이며, 세계 상대공급량보다 크다(즉, 선분 $0A_1^H$의 기울기가 작다). 마찬가지로 외국의 상대공급량은 선분 $0A_1^F$의 기울기의 역수로 나타난다. 그리고 선분 $0A_1^F$의 기울기가 선분 $0(A_1^H + A_1^F)$ 기울기보다 크므로, 외국의 상대공급량은 세계 상대공급량보다 작다. <그림 16>은 이렇게 도출한 세계 상대공급곡선(RS^W), 자국의 상대공급곡선(RS^H), 외국의 상대공급곡선(RS^F)을 보여준다.

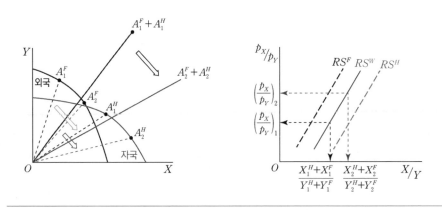

그림 16 세계 상대공급곡선의 도출

2) 국제상대가격의 결정

지금까지 우리는 생산가능곡선을 이용하여 우상향하는 세계 상대공급곡선을 도출하여 보았다. 이제 세계 상대수요곡선을 생각해 보자. 그런데, 특정요소 모형에서도 리카르도 모형과 동일하게 두 국가 소비자들의 효용함수는 동조함수라고 가정하고 있다. 따라서 세계 상대수요곡선은 리카르도 모형과 동일하므로 리카르도 모형에서 이용했던 우하향하는 세계 상대수요곡선을 그대로 이용하기로 하자. 그리고 자국과 외국의 소비자가 모두 동일한 동조적 효용함수를 가지고 있으므로 자국과 외국과 전 세계 대표 소비자는 동일한 무차별곡선을 가짐을 기억하자. 그리고 동조함수의 특성상 소득과 무관하게 상대가격과 상대수요가 항상 1 대 1로 연결된다는 것도 기억하자. 따라서 자국과 외국, 그리고 세계의 상대수요곡선은 동일하다.

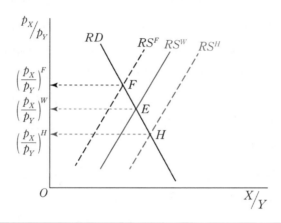

그림 17 국제상대가격의 결정

<그림 17>에 나타난 것처럼 국제 상대가격은 세계 상대수요(RD)과 세계 상대공급(RS^W)이 만나는 균형점 E에서 결정된다. 그리고 RD 곡선이 자국의 상대수요곡선이기도 하므로 RD 곡선과 자국의 상대공급곡선(RS^H)이 만나는 점 H는 자국의 자급자족 균형에 해당하며, 이에 대응하는 상대가격은 자국의 자급자족 상대가격 $(p_X/p_Y)^H$이다. 유사하게 RD 곡선은 외국의 상대수요곡선이기도 하므로 RD 곡선과 외국의 상대공급곡선(RS^F)이 만나는 점 F는 외국의 자급자족 균형이며, 대응 가격은 외국의 자급자족 상대가격 $(p_X/p_Y)^F$이다. 그러므로 국제 상대가격은 언제나 자국과 외국의 자급자족 상대가격 사이에 존재하게 된다.

마. 요약 및 결론

본 장에서는 리카르도 모형에 특정요소를 포함시킨 특정요소 모형을 살펴보았다. 산업 특정성을 가지고 있는 생산요소의 도입으로 무역의 이익이 모든 사람들에게 동일하게 배분되지 않음도 확인하였다. 구체적으로, 모든 산업에 활용 가능한 생산요소를 보유한 사람들은 무역으로 인한 실질소득 증가가 불명확하며, 어떠한 소비행태를 보이느냐에 따라 실질소득 변화가 달라진다. 만일 수출재를 소비하고자 하는 소비자라면 무역으로 인하여 실질소득이 감소하지만, 비수출재를 소비하고자 하는 소비자라면 무역으로 인하여 실질소득이 증가한다. 한편, 수출재에 특정적으로 사용되는 생산요소를 보유하고 있는 소비자는 무역으로 인한 실질소득 증가를 누리지만, 비수출재에 특정적으로 사용되는 생산요소를 보유하고 있는 소비자는 무역으로 인한 실질소득 감소를 겪을 수 있음도 확인하였다.

그리고 특정요소 모형은 외부로부터 주어진 상대적 생산성에서 비교우위를 찾는 리카르도 모형과 달리 각국의 비교우위가 나타나는 원인을 특정생산요소의 국가별 부존량 차이에서 찾는다. 그리고 특정요소 모형이 예상하는 무역패턴도 리카르도 모형과 다르다. 즉, 무역 하에서 각국이 비교우위재화에 완전특화를 하는 리카르도 모형과 달리 특정요소 모형은 각국이 비교우위재화에 부분특화하여 수출하는 행태를 보여준다. 이는 리카르도 모형보다 현실적인 예측이라고 할 수 있을 것이다.

01 A국은 노동, 자본, 토지의 세 생산요소를 이용하여 컴퓨터(C)와 밀(W)을 생산하고 있다. 노동은 두 산업에 모두 투입이 가능한 생산요소이지만, 자본과 토지는 각각 컴퓨터와 밀생산에만 필요한 생산요소라고 하자. 그리고 A국은 80단위의 노동, 20단위의 자본, 40단위의 토지를 보유하고 있다. A국이 컴퓨터와 밀을 생산하기 위한 노동의 한계생산은 다음과 같다.

$$MPL_C = 2\frac{K}{L_C}; \quad MPL_W = 3\frac{T}{L_W}$$

다른 국가와 무역을 하기 전 A국 내에서 컴퓨터의 가격이 1이며, 밀의 가격이 1/3이라고 할 때 다음의 질문에 답하라.

(1) 자급자족균형에서 A국이 컴퓨터 산업과 밀 산업에 투입하는 균형 노동량을 구하라.

(2) 자급자족균형에서 A국의 명목균형임금을 구하라.

02   문제 1의 A국이 다른 국가와 교역을 시작하면서 밀의 가격이 1으로 상승하였다고 하자. 하지만, 컴퓨터의 가격은 1에서 변화가 없다고 하자. 다음의 질문에 답하라.

(1) 무역균형에서 A국의 명목균형임금을 구하라.

(2) 무역을 통해 발생하는 실질임금의 변화를 컴퓨터와 밀의 가격을 기준으로 설명하라.

03   A와 B국이라고 하는 두 국가가 노동과 자본을 투입하여 반도체와 의류를 생산하고 있다고 하자. 그런데 노동은 개별 노동자들이 가지고 있는 기술에 따라 IT노동자와 의류노동자로 분류된다. 그리고 반도체와 의류는 요구하는 기술이 다르기 때문에 노동자가 다른 산업으로 이동이 어렵다고 생각하자. 그리고 두 산업에 투입되는 자본은 차이가 없는 동일한 자본이므로 산업간 이동이 가능하다고 하자. A국이 반도체에 비교우위를 가지고 있고, 양 국가가 FTA를 체결하려고 한다고 하자.

(1) 각 타입의 노동자는 FTA에 대해 찬성과 반대 중 어떤 입장을 가질지 설명하시오.

(2) 자본소유자는 FTA에 대해 찬성과 반대 중 어떤 입장을 가질지 설명하시오.

04   교역을 하는 두 국가의 생산요소 소유자들 중 실질소득이 감소하는 생
      산요소 소유자들은 교역 후에도 후생이 감소하는가? 설명하시오.

03 │ 고전무역이론 III: 헥셔-오린 모형

　우리는 앞 장에서 특정생산요소 모형을 통해 리카르도 모형이 설명하지 못했던 국제무역에 따른 이익의 분배문제를 설명할 수 있었다. 그리고 다소 비현실적인 완전특화가 아닌 부분특화에 의한 무역패턴도 살펴보았다. 그런데 어떤 산업에 특정적으로 사용되는 생산요소가 존재하지 않으면, 무역은 어떻게 될까? 그리고 생산요소의 특정성이라는 가정이 너무 모호한 것은 아닐까? 예를 들어, 컴퓨터 프로그램을 개발하는 노동자는 반드시 컴퓨터 프로그램 관련 업무만 하는 특정요소일까? 비록 시간은 걸리겠지만, 적절한 재교육을 거쳐 다른 산업에서도 일할 수 있다면, 특정 업무의 전문인력도 보편 생산요소의 성격을 가지는 것은 아닐까? 그리고 무엇보다도 특정생산요소 모형은 형식적으로는 2개 생산요소 모형이기는 하지만, 특정생산요소의 투입량이 변화가 없기 때문에 사실상 단일 생산요소의 성격을 가지고 있는 모형이기도 하다.

　본 장에서는 생산요소의 특정성을 배제한 복수의 보편적 생산요소로 생산이 이루어지는 경우의 무역 현상을 살펴보는 무역 모형을 고려해 볼 것이다. 앞 장의 특정생산요소 모형으로는 이러한 경우의 무역을 설명할 수 없었다. 우리가 살펴볼 무역 모형은 헥셔-오린(Hecker-Ohlin) 모형이라고 하며, 고전적인 그리고 지금도 활용되고 있는 국제무역 이론의 결정판이라고 할 수 있는 모형이다. 헥셔-오린 모형은 생산요소의 특정성, 국가간 생산기술의 차이 등의 요인을 모두 배제하고라도 무역은 발생하며, 무역이 발생하는-또는 비교우위가 발생하는 원인을 국가별로 가지고 있는 보편 생산요소의 상대적 부존량에서 찾는다.

　본 장에서는 헥셔-오린 모형에 들어가기 전에 본 장에서 활용할 몇 가지

기본 개념들을 먼저 짚어 보기로 한다. 그리고 헥셔-오린 모형의 기본 가정을 점검한 후, 모형이 예측하는 무역 행태를 살펴보고, 무역이익의 분배를 다루어 볼 것이다.

가. 기본 개념: 요소집약도와 요소 부존비율, 그리고 요소의 분배

1) 요소집약도(factor intensity)

나중에 자세히 설명하겠지만, 헥셔-오린 모형은 두 재화의 생산을 고려하는 무역 모형이며 두 재화를 요소집약도의 차이로 구분한다. 여기에서는 이 요소집약도라는 개념을 살펴보도록 하자.

먼저 미시경제학에서 배운 바 있는 기업의 비용최소화 문제를 생각해 보자. 기업은 노동(L)과 자본(K)을 이용하여 생산하며, 규모수익 불변의 생산함수[14]를 가지고 있다고 하자. 소비자이론에서 소비자의 효용함수를 무차별곡선으로 나타낼 수 있는 것처럼 기업의 생산함수는 생산요소 공간에 등량곡선(isoquant)이라는 개념으로 나타낼 수 있다. 등량곡선은 기업이 일정한 수량을 생산할 수 있는 노동과 자본의 조합으로 이루어진 집합을 의미한다. 그리고 일반적으로 우하향하며 원점에 대해 볼록한 곡선의 형태를 가진다. <그림 1>은 전형적인 등량곡선을 보여준다. 이미 알고 있는 것처럼 등량곡선의 기울기는 한계기술대체율(marginal rate of technical substitution, MRTS)이라고 불리며, 어느 한 생산요소의 투입량이 변화할 때 생산량을 일정하게 유지하기 위해 다른 생산요소의 투입량이 어떻게 변화하는지를 보여주는 값이다.

---

14 2장 부록에서 언급하고 있는 것처럼 규모수익 불변의 생산함수는 1차 동차함수이다.

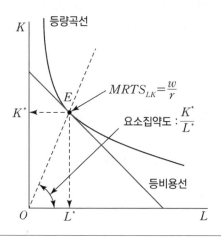

그림 1 등량곡선, 등비용선, 비용최소화

한편 기업이 비용 C를 들여서 투입할 수 있는 노동과 자본의 집합을 등비용선이라고 부르는데, $C = wL + rK$으로 나타난다. 여기서 w는 노동의 가격인 임금이며, r는 자본의 가격이다. 등비용선은 소비자이론의 예산선과 유사한 성질을 가지며, (L, K) 공간에 기울기 $-w/r$를 가진 직선으로 그려진다. <그림 1>에서 등비용선도 확인할 수 있다.

우리가 일반적으로 생각하는 합리적인 기업이라면 목표하는 생산량을 최소한의 비용으로 생산하는 방법을 찾을 것이다. 따라서, 기업의 비용최소화 선택점은 등량곡선이 가장 낮은 비용의 등비용선과 접하는 점이다. 즉, <그림 1>의 점 E는 주어진 예에서의 비용최소화 최적선택점에 해당한다. 그리고 이 최적선택점에서 등량곡선과 등비용선이 접하므로 최적선택점이 만족해야 하는 조건은 $MRTS_{LK} = |w/r|$이다. 그리고 점 E에서 최적 노동투입량과 자본투입량은 각각 L^*와 K^*이다. 여기서 최적 자본–노동 투입 비율 K^*/L^*을 구할 수 있는데, 이를 요소투입비율 또는 요소집약도라고 한다. 요소집약도는 그 정의상 선분 OE의 기울기이다.

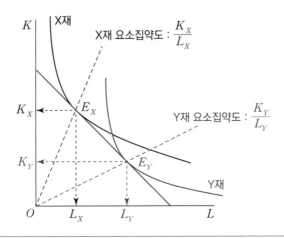

그림 2 자본집약적 재화와 노동집약적 재화

그렇다면 요소집약도는 어떤 의미를 가질까? 정의상 요소집약도는 비용최소화 선택시 노동 1단위에 결합하는 자본의 수량을 의미한다. 하지만 이런 정의에 충실한 해석 이외에도 요소집약도는 재화의 생산기술 사이의 특징을 구분하는 지표로 이용할 수도 있다. 이를 살펴보기 위해, X재와 Y재라는 두 재화를 생각하자. 두 재화의 생산함수는 각각 $f(L, K)$와 $g(L, K)$이라고 하자. <그림 2>는 비교를 용이하게 하기 위해 공통의 등비용선에 접하는 두 재화의 등량곡선을 한 그림에 나타낸 것이다. 그림에서 볼 수 있는 것처럼 X재 생산의 비용최소화 선택점은 E_X이며 요소집약도는 K_X/L_X이다. 이에 반해 Y재 생산의 비용최소화 선택점은 E_Y이며 요소집약도는 K_Y/L_Y이다. 이제 두 재화의 요소집약도를 비교해 보자. 주어진 예에서 $K_X/L_X > K_Y/L_Y$이므로 X재는 Y재보다 상대적으로 노동보다 자본을 더 많이 이용하여 생산한다. 반대로 이야기하자면 Y재는 X재보다 상대적으로 자본보다 노동을 더 많이 이용하여 생산한다. 이와 같을 때 X재를 자본집약적 재화, Y재를 노동집약적 재화라고 한다.

여기서 유의할 점은 요소집약도는 절대적인 개념이 아니라 상대적인 개념이라는 것이다. 노동집약적 재화와 자본집약적 재화의 구분도 역시 상대적인 개념이다. 두 재화 모두 노동보다 자본을 더 많이 투입하여 생산한다 하더라도 상대적인 요소집약도가 높은 재화를 자본집약적 재화로, 상대적인 요소집약도가 낮은 재화를 노동집약적 재화로 구분할 수 있다.

한편, 자본집약적 X재 생산은 노동집약적 Y재보다 상대적으로 더 큰 자본수요를 가지며, 상대적으로 더 적은 노동수요를 가진다. 이는 <그림 3>과 <그림 4>에서 살펴볼 수 있다. <그림 3-a>은 생산요소의 상대임금 w_1/r_1, w_2/r_2, w_3/r_3에 대응하는 X재 생산의 최적 요소투입량과 요소집약도를 보여주고 있으며, 상대임금이 높을수록 요소집약도가 커짐을 보여준다. 그리고 <그림 3-b>는 상대 노동수요(즉, 요소집약도의 역수)와 상대임금과의 관계를 그림으로 나타낸 것이다. 상대 노동수요이지만, 우리가 익숙한 일반적인 수요곡선처럼 우하향하는 수요곡선의 형태를 가진다. 유사하게 <그림 4-a>는 동일한 상대임금에 대응하는 Y재 생산의 최적 요소투입량과 요소집약도를 보여주고 있다. X재가 자본집약적임에 반해 Y재는 노동집약적이므로, 동일한 상대임금에 대해 요소집약도(즉, 상대자본수요)가 작음을 알 수 있다. <그림 4-b>는 X재와 Y재의 상대 노동수요-상대임금 관계를 함께 보여준다. 동일한 상대임금에 대해 X재의 상대 자본수요가 항상 큼을 확인할 수 있다. 이 그림은 나중에 헥셔-오린 모형의 분석에서 활용하게 될 것이다.

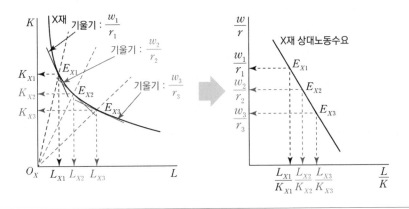

그림 3-a X재 상대임금과 최적선택   그림 3-b X재 상대노동수요와 상대임금

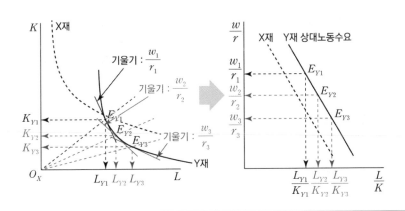

그림 4-a Y재 상대임금과 최적선택   그림 4-b Y재 상대노동수요와 상대임금

2) 요소 부존비율

앞에서 논의한 요소집약도는 기업의 최적선택에서 자본－노동 투입비율이며, 개념 상 생산요소의 상대수요에 해당하는 개념이다. 그렇다면 생산요소의 상대공급은 무엇일까? 당연히 두 국가가 가지고 있는 두 생산요소의 상대적 비율일 것이다. 이를 요소 부존비율이라고 부른다. 예를 들어 자국의 노동과 자본부존량을 각각 $\overline{L}^H$와 $\overline{K}^H$라고 한다면, 자국의 요소 부존비율은 $\overline{K}^H/\overline{L}^H$이

다. 마찬가지로 외국의 노동과 자본부존량이 $\overline{L}^F$와 $\overline{K}^F$일 때, 외국의 요소 부존비율은 $\overline{K}^F / \overline{L}^F$이다. <그림 5-a>는 $\overline{K}^H / \overline{L}^H > \overline{K}^F / \overline{L}^F$일 때 자국과 외국의 부존 생산요소를 (L, K) 공간에 나타낸 것이다. 각국을 나타내는 사각형은 해당 국가의 총 생산요소 부존량을 나타내며, 높이와 너비는 각각 자본부존량과 노동부존량에 대응한다. 이와 같은 부존 생산요소 사각형은 곧이어 생산요소 배분을 살펴보기 위한 에지워스 상자(Edgeworth box) 도형에서 다시 보게될 것이다.

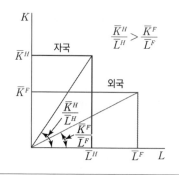

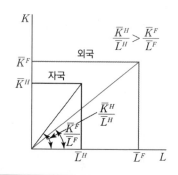

그림 5-a 요소풍부국   그림 5-b 요소풍부국

주어진 그림에서 자국의 요소 부존비율이 외국보다 더 크므로 자국은 외국에 비해 상대적으로 자본을 많이 보유하고 있는 국가이다. 이때 자국과 같은 국가를 자본풍부국이라고 부른다. 반면 외국은 자국보다 상대적으로 노동을 많이 보유하고 있는 국가이며, 이같은 국가를 노동풍부국이라고 부른다. 그런데 요소풍부국의 개념은 생산요소의 절대량이 아니라 상대량임에 유의하자. 예를 들어 <그림 5-b>의 경우에는 외국이 자국보다 노동과 자본을 모두 더 많이 보유하고 있다. 하지만 상대적으로 자국은 외국보다 자본을 많이 보유하고 있으므로, 자국은 자본풍부국이고 외국은 노동풍부국에 해당한다.

3) 에지워스 상자도형과 생산요소의 분배

단일 생산요소인 노동을 두 산업간에 배분하는 경우를 분석하기 위해 특정 요소 모형에서는 한 국가의 노동부존량을 길이로 하는 선분을 이용한 것을 기억하자. 노동부존량 선분의 오른쪽 원점에서의 길이와 왼쪽 원점에서의 길이는 각각 두 산업의 고용량이었으며, 두 산업 고용량의 합이 선분 길이인 노동부존량에 대응되었다. 그런데 노동과 자본의 두 가지 생산요소가 존재하는 경우에는 어떻게 나타낼 수 있을까? 두 산업 생산에 투입되는 재화는 완전고용된다고 생각한다면, 역시 한 국가의 노동부존량을 길이로 하는 선분과 자본부존량을 길이로 하는 선분으로 나타낼 수 있다. 그리고 두 생산요소의 부존량을 한 도표로 나타내기 위해 밑변에 노동부존량 선분을 놓고 높이에 자본부존량 선분을 놓은 사각형을 고려한다. 이와 같은 사각형을 에지워스 상자(Edgeworth box) 도형이라고 부른다. 우리는 이미 각 국의 총 요소부존량과 풍부국 개념을 살펴보기 위해 에지워스 상자도형을 살펴본 바 있다. <그림 6>은 X재와 Y재 생산에 투입되는 노동과 자본의 배분을 나타내는 에즈워스 상자도형을 보여준다. 이 에지워스 상자도형에서 하단 아래의 모서리는 X재 생산에 투입되는 생산요소의 원점이며, 우측 상단의 모서리는 Y재 생산에 투입되는 생산요소의 원점이다. 따라서 생산요소 분배점 E를 기준으로 좌하단의 사각형은 X재 생산에 투입되는 두 생산요소의 크기를 보여주며, 우상단의 사격형은 Y재 생산에

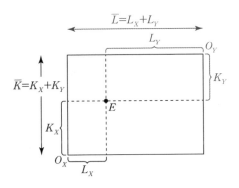

그림 6 에지워스 상자도형

투입되는 두 생산요소의 크기를 보여준다.

　이제 에지워스 상자 도형 내에서 두 산업간 생산요소의 배분이 어떻게 결정되는지를 살펴보자. 먼저 특정요소 모형에서 두 산업간 노동의 배분은 양 산업의 임금이 동일한 지점에서 결정되었음을 상기하자. 두 생산요소 모형에서 노동과 자본의 배분도 유사하게 두 산업에서의 생산요소 가격이 동일한 지점이다. 하지만, 생산요소가 2개이기 때문에 생산요소의 상대가격이 동일하다는 차이가 있다. 그리고 에지워스 상자 도형은 (L, K)의 생산요소 공간에 그려진 도형이라는 점을 기억하자. 여러분은 생산요소 공간에서 생산요소의 상대가격과 연관되는 개념을 하나 알고 있을 텐데, 바로 등량곡선과 비용최소화 선택이다.

　이제 앞에서 살펴본 <그림 2>의 X재 비용최소화와 Y재 비용최소화를 따로 분리해서 생각해 보자. <그림 2>에서는 편의상 동일한 등비용선에 접하는 두 재화의 등량곡선을 생각했으나, 두 재화에 접하는 등비용선의 기울기가 동일할 뿐 반드시 등비용선 자체가 동일할 필요는 없다. <그림 7>는 두 재화 생산의 비용최소화 선택을 분리해서 그린 그림이다. 두 재화의 최적선택을 한 그림에 나타내기 위해서 Y재 최적선택 그림을 원점에 대해 180° 반시계 방향으로 회전시켜 보자. 그리고 두 재화 최적선택 그림을 하나의 사각형이 되도록 결합한다. 두 재화 생산에 투입되는 생산요소의 총합이 부존량과 동일하므로, 수평축의 길이는 노동부존량, 수직축의 길이는 자본부존량에 대응되어야 한다. 이렇게 도출한 그림은 <그림 8-a>와 같은 형태를 가질 것이다.

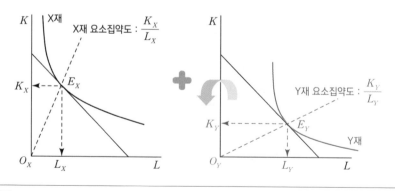

그림 7 X재와 Y재의 비용최소화

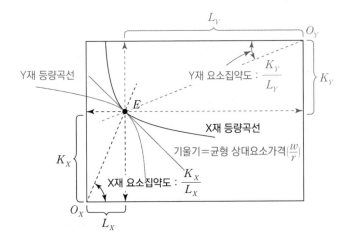

그림 8-a 생산요소의 최적 배분

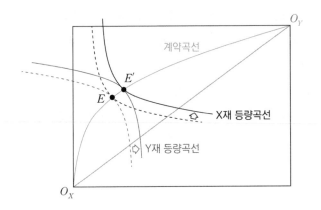

그림 8-b 계약곡선

한편 <그림 8-a>는 두 산업간 노동과 자본의 최적 배분 중 하나를 보여
주고 있다는 것을 이해하자. <그림 8-a>의 점 E가 최적 배분인 이유는 X재
와 Y재 산업 모두 최적선택—즉, 비용최소화를 하고 있기 때문이다. 그리고 점
E에서 모든 생산요소는 낭비없이 완전히 두 산업에 배분되고 있으며, 두 산업
에서의 생산요소 상대가격(w/r)도 일치한다.

한편, 에지워스 상자 도형 내 최적 배분은 하나만 존재하는 것은 아니다. 점

E에서 X재와 Y재 생산량—즉, 등량곡선을 조금씩 바꾸면 그에 대응하는 또 다른 최적 배분점을 찾을 수 있다. 예를 들어 <그림 8-b>를 살펴보자. 점 E'도 최적 배분점인데, 점 E의 배분점과 비교할 때 X재 생산량은 조금 늘고, Y재 생산량은 조금 줄었지만, 여전히 두 등량곡선은 서로 접하고 있기 때문이다. 나아가 X재와 Y재의 생산량을 연속적으로 변화시켜 가면서 연속적인 최적 배분점을 찾을 수 있다. 이렇게 연속적인 최적 배분점으로 이루어진 집합을 계약곡선(contract curve)라고 부른다. 나아가 X재가 자본집약적이고, Y재가 노동집약적이면, 계약곡선은 에지워스 상자의 대각선을 기준으로 위쪽에 존재하는 곡선이며, 반대의 경우라면 대각선 아래에 존재하는 곡선이다. 이를 이해하기 위해서 에지워스 상자의 대각선은 두 재화의 요소집약도(K/L)이 동일한 선임을 인지하자. 따라서 X재가 자본집약적이라면 이 대각선보다 더 큰 기울기의 요소집약도를 가져야 하며, Y재가 노동집약적이라면 이 대각선보다 더 작은 기울기를 가져야 한다. 따라서 계약곡선은 대각선의 위쪽에 위치한다.

계약곡선이 최적 배분점으로 이루어진 집합이기 때문에 각 배분점에서는 생산요소의 균형 상대가격이 존재한다. <그림 9>에서 볼 수 있는 것처럼 배분점이 계약곡선을 따라 O_X에서 O_Y로 이동함에 따라 생산요소의 균형 상대가격 w/r은 감소한다. 이를 명확히 이해하기 위해 계약곡선위의 각 점과 원점

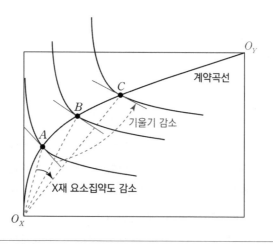

그림 9 계약곡선과 생산요소의 상대가격

O_X를 연결한 선분의 기울기인 X재의 요소집약도를 생각해 보자. 그리고 <그림 3>에서 살펴본 것처럼 요소집약도가 작아지면, X재 등량곡선과 접하는 w/r이 작아짐을 상기하자. <그림 9>에서 볼 수 있는 것처럼 계약곡선 위의 배분점이 A, B, C로 이동함에 따라 X재의 요소집약도는 감소하며 각 점에서의 w/r도 역시 감소한다.

4) 생산요소의 배분과 생산가능곡선

한편, 에지워스 상자 도형과 계약곡선으로부터 해당 국가의 생산가능곡선을 도출할 수 있다. 즉, 계약곡선이 한 국가 내 최적 생산요소 투입량의 조합이기 때문에 계약곡선 위의 조합으로 생산할 수 있는 재화의 조합이 생산가능곡선이다. 여기에서는 생산가능곡선의 직접적인 도출은 생략하고, 두 재화 두 요소 모형에서 각 국의 생산가능곡선의 형태를 에지워스 상자도형으로부터 유추해 보자. 먼저 <그림 10−a>의 점 F와 같은 배분점을 생각해 보자. 점 F는 계약곡선 위에 위치하고 있으므로 점 F에서 배분된 생산요소로 생산한 재화의 조합은 생산가능곡선 위에 위치한다. 그리고 배분점 F에서 X재 보다 Y재 생산에 투입되는 생산요소가 많기 때문에 X재 생산량은 적고 Y의 생산량은 많을 것이다. 따라서 점 F에 대응하는 생산가능곡선 위의 생산점을 점 F'라고 생각하자.

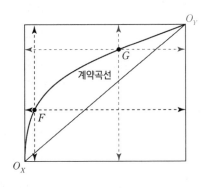

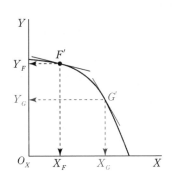

그림 10-a 계약곡선상의 배분점   그림 10-b 생산가능곡선

다음으로 <그림 10-a>의 배분점 G도 생각해 보자. 배분점 F와 비교할 때 배분점 G는 Y재보다 X재에 더 많은 생산요소를 투입하기 때문에 X재의 생산량이 Y재보다 더 많다. 이에 대응하는 생산가능곡선 위의 생산점을 점 G'이라고 하자.

이제 점 F'과 점 G'에서 생산가능곡선의 기울기인 MRT를 생각해 보자. $MRT = \triangle Q_Y / \triangle Q_X$이므로 각 점에서 자본과 노동 1단위 변화에 따른 두 재화의 생산량의 변화에서 MRT를 알 수 있을 것이다. 두 재화의 생산량 변화를 간략히 살펴보기 위해 X재와 Y재 생산함수를 각각 $Q_X = f(L_X, K_X)$와 $Q_Y = f(L_Y, K_Y)$라고 하자. 그리고 2장에서 살펴본 전미분의 개념을 이용하여, 각 재화의 생산량 변화를 개별 투입요소의 변화로 분해하여 보자.

$$\triangle Q_X = MPL_X \triangle L_X + MPK_X \triangle K_X \cdots\cdots (1)$$

$$\triangle Q_Y = MPL_Y \triangle L_Y + MPK_Y \triangle K_Y \cdots\cdots (2)$$

그리고 특정요소 모형에서 언급한 것처럼 두 생산요소가 존재하는 경우에 한계생산은 체감함을 상기하자. X재 생산에 투입되는 생산요소는 점 G에 비해 점 F에서 더 적으므로 $MPL_X|_F > MPL_X|_G$이며, $MPK_X|_F > MPK_X|_G$일 것이다. 그런데 점 F에서는 Y재의 생산에 투입되는 생산요소가 점 G에 비해 더 많기 때문에 $MPL_Y|_F < MPL_Y|_G$이며 $MPK_Y|_F < MPK_Y|_G$이다. 따라서 점 F에서 $\triangle Q_X$는 크며 $\triangle Q_Y$는 작기 때문에 $\triangle Q_Y / \triangle Q_X$ – 즉, MRT는 작은 값을 가진다. 이에 반해 점 G에서는 $\triangle Q_X$는 작고 $\triangle Q_Y$는 크기 때문에 MRT는 큰 값을 가진다. 이처럼 생산가능곡선은 X의 생산량이 증가함에 따라 MRT가 체감하는 특징을 가지며, 이는 <그림 10-b>에서 그려진 것과 같이 원점에 대해 오목한 형태의 생산가능곡선이다.

한편, 최적생산시 생산가능곡선의 기울기는 재화의 상대가격과 같음을 기억하자. 즉, $MRT_{XY} = p_X / p_Y$이다. 그리고 생산점 F'에서 생산점 G'으로의 이동과 같이 생산가능곡선을 따라 생산점이 이동함에 따라 p_X / p_Y는 증가한다. 또한 <그림 9>에서 살펴본 것처럼 계약곡선 상에서 배분점 F에서 배분점 G 방향으로 배분점이 이동하면서 w/r는 감소한다. 이와 같은 관계에서 우리는 최종재 재화의 상대가격과 생산요소의 상대가격(또는 상대임금)과의 관계를 도출하여 <그림 11>과 같이 나타낼 수 있다. 가격(price)와 임금(wage)간의 관계를 나타내므로 이를 PW 곡선이라고 하자. PW곡선의 관계는 완전경쟁시장에서 재화의 가격이 생산비용을 반영함을 생각하면 직관적으로도 이해할 수 있다. 즉, 만일 상대임금 w/r이 높아지면 노동집약적 재화인 Y재의 가격이 X재보다 상대적으로 더 많이 오르게 될 것이며, 이는 p_X/p_Y의 하락으로 이어질 것이다.

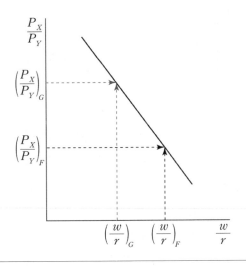

그림 11 재화의 상대가격과 요소의 상대가격

그런데, PW곡선은 재화와 생산요소의 절대량간의 관계가 아닌 상대가격간의 관계임에 유의하자. 재화와 생산요소의 상대가격은 생산에서의 기회비용이다. 따라서 자국과 외국이라는 두 국가가 동일한 생산기술을 가지고 있다면[15], PW곡선으로 나타나는 관계는 양국에서 동일하게 성립하는 관계이다. 이를 명시적으로 증명하는 대신 우리가 앞에서 살펴본 몇 가지 관계식으로 유추해 보도록 하자. 먼저 X재와 Y재 생산함수가 규모수익 불변의 생산함수―즉, 1차

---

[15] 나중에 다시 다루겠지만, 양국의 동일한 생산기술은 헥셔―오린 모형의 기본 가정 중 하나이다.

동차함수—라는 가정을 기억하자. 2장의 부록에서 설명하고 있는 것처럼, 1차 동차함수는 동일한 요소집약도에 대해서 등량곡선의 기울기인 MRTS가 항상 일정하다는 성질과 함께 동일 비율로 생산요소가 증가할 때 생산량도 동일 비율로 증가한다는 성질을 가지는 함수이다. 또한 1차 동차함수의 편미분은 0차 동차함수이므로 요소집약도를 유지하는—즉, K/L이 일정하게 유지되는—생산요소의 변화에 대해서는 한계생산이 변하지 않는 성질을 가진다[16]. 다음으로 각 국가에서 최적 생산조합의 조건이 $MRT_{XY} = p_X/p_Y$이며, 생산가능곡선의 기울기인 MRT는 $MRT_{XY} = |\triangle Q_X/\triangle Q_Y|$임을 기억하자. 그리고 식 (1)과 식 (2)로부터 다음의 관계식을 도출해 보자.

$$\left|\frac{\triangle Q_X/\triangle K_X}{\triangle Q_Y/\triangle K_Y}\right| = \left|\frac{MPL_X(\triangle L_X/\triangle K_X) + MPK_X}{MPL_Y(\triangle L_Y/\triangle K_Y) + MPK_Y}\right| \quad \cdots\cdots\cdots\cdots\cdots\cdots\cdots (3)$$

그리고 X재에 투입되던 생산요소를 Y재 투입으로 전환하는 변화를 생각해 보자. 즉, $\triangle L_X = -\triangle L_Y$이며, $\triangle K_X = -\triangle K_Y$인 경우를 생각하자. 그리고 이러한 생산요소의 전환이 각 재화 생산의 요소집약도 K/L를 변화시키지 않는 경우를 고려해 보자. 요소집약도의 변화가 없기 때문에 1차 동차함수의 성질에 의하여 상대임금 w/r은 변하지 않는다. 그리고 요소집약도의 변화가 없기 때문에 1차 동차함수의 성질—즉, 편미분한 함수가 0차 동차함수라는 성질—에 의해서 식 (3)의 한계생산들도 변하지 않는다. 나아가 $\triangle L_X = -\triangle L_Y$이고 $\triangle K_X = -\triangle K_Y$이기 때문에 식 (3)의 값이 바로 MRT에 해당하며, 그 값도 변하지 않음을 알 수 있다. 이상과 같은 간단한 유추를 통해 하나의 p_X/p_Y는 언제나 하나의 w/r과 연결되며, 생산요소의 부존량과는 무관함을 알 수 있다. 따라서 두 국가가 동일한 생산함수만 가지고 있다면, 생산요소의 부존량과 무관하게 PW곡선의 관계가 동일하게 성립한다.

---

16 0차 동차함수인 노동의 $MPK(L, K)$를 이용하여 이를 간략하게 살펴볼 수 있다. 0차 동차함수에서 두 생산요소를 $1/L$배해도 함수값은 동일하므로 $MPK(1, K/L) = MPK(L, K)$이다. 따라서 K/L이 변하지 않으면 자본의 한계생산은 변하지 않는다. 노동의 한계생산에 대해서도 동일하다.

다시 <그림 11>의 PW곡선으로 돌아가 보자. PW곡선은 재화의 상대가격과 상대임금과의 관계를 보여주는 반면, 앞에서 살펴보았던 <그림 4-b>는 생산요소의 상대임금과 산업별 상대 노동수요와의 관계를 보여주었다. 따라서 두 관계를 하나로 결합하면, 재화 상대가격-생산요소 상대가격-생산요소 수요를 편리하게 하나의 그림으로 살펴볼 수 있다. <그림 12>은 <그림 11>을 반시계 방향으로 90° 회전이동한 후 <그림 4-b>와 결합시킨 것이다. 앞에서 설명한 것처럼 PW곡선은 동일한 생산기술을 가진 모든 국가에서 동일하다. 그리고 동일한 생산기술을 가진 국가에서는 X재와 Y재의 상대노동수요도 동일하다. 따라서 <그림 12>의 요소수요-요소가격-재화가격간의 관계는 생산기술이 동일한 모든 국가에서 똑같이 성립하는 관계이다.

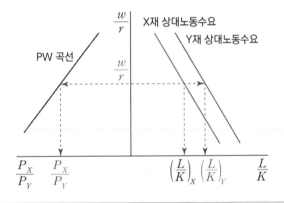

그림 12 요소수요-요소가격-재화가격

나. 헥셔-오린 모형의 가정

1) 기본 가정

헥셔-오린 모형을 살펴보기 위해 자국과 외국의 두 국가가 교역가능한 X재와 Y재라는 두 재화를 생산하는, 우리가 익숙한 2 국가 2 재화 모형을 고려하자. 그리고 다음과 같은 몇 가지 추가 가정을 도입하도록 한다.

첫째, 두 재화는 노동과 자본의 두 가지 생산요소로 생산한다고 하자. 특정요소 모형과 달리 두 생산요소는 모두 산업간에 대체가능한 보편적인 생산요소라고 하자. 따라서 헥셔-오린 모형에서는 특정요소 모형과 달리 특정요소의 부존량에 의한 비교우위는 발생하지 않는다.

둘째, 생산요소의 국가별 질적 차이는 없으며, 국가간 생산요소의 이동은 불가능하다고 하자. 즉, 노동과 자본은 국내에서는 산업간에 자유로이 이동이 가능하지만 국가간 이동은 불가능하다. 생산요소의 국가간 이동이 허용되는 경우는 나중에 따로 살펴보기로 한다.

셋째, 각 국가의 생산기술은 모든 산업에서 동일하다고 가정하자. 따라서 동일한 수량의 생산요소를 투입할 때 국가별 생산성의 차이는 존재하지 않는다. 이처럼 헥셔-오린 모형은 리카르도 모형과 달리 주어진 생산성의 차이에 의한 비교우위는 존재하지 않는 모형이다.

넷째, X재는 자본집약적 재화이고 Y재는 노동집약적 재화이며, 이 특성은 절대 변하지 않는다고 가정하자. 즉, X재는 언제나 자본집약적이며, Y재는 언제나 노동집약적이다. 한편, 두 재화의 상대적 요소집약도가 서로 바뀌는 현상을 요소집약도의 역전이라고 부르는데, 헥셔-오린 모형에서는 요소집약도 역전은 나타나지 않는다고 가정한다. 요소집약도 역전은 현실에서 충분히 나타날 수 있는 현상이며, 요소집약도 역전이 존재하지 않는다는 가정은 헥셔-오린 모형의 현실 설명력에 큰 영향을 미치는 중요한 가정이다. 나중에 이에 대해서도 자세히 살펴볼 것이다.

다섯째, 두 국가의 소비자 선호가 같아서 동일한 동조적 효용함수를 가진다고 하자. 즉, 두 국가의 대표 소비자는 모두 동일한 사회무차별곡선을 가진다. 이 가정도 앞의 무역모형들에서 이용했던 가정이며, 국가별 선호의 차이에서 나타나는 무역요인을 배제함으로써 논의를 생산 측면-보다 정확히는 요소의 부존량에서 발생하는 무역요인-에 초점을 맞추기 위해 의도된 가정이다.

여섯째, 두 국가는 요소부존량이 상이하다. 여기서는 자국은 자본풍부국이며 외국은 노동풍부국으로 가정한다. 즉, 자국의 노동과 자본부존량을 각각 $\overline{L}^H$와 $\overline{K}^H$, 외국의 노동과 자본부존량을 각각 $\overline{L}^F$와 $\overline{K}^F$라고 할 때, $\overline{K}^H/\overline{L}^H > \overline{K}^F/\overline{L}^F$ 이다.

일곱째, 최종재 및 생산요소 시장은 모두 완전경쟁시장이며, 완전고용상태에 있다고 하자. 따라서 언제나 시장은 청산되며, 실업은 발생하지 않는다. 이 가정 또한 균형을 도출하기 위해 앞의 무역모형들에서 활용했던 가정이다. 그리고 완전경쟁시장이 존재하기 위해서는 X재와 Y재 산업은 규모수익 불변의 생산함수-즉, 1차 동차인 생산함수-를 가져야 한다.

헥셔-오린 모형의 기본 가정

① 두 국가 두 재화 두 생산요소 모형
② 모든 생산요소는 보편생산요소이며, 국가간 이동은 불가능
③ 두 국가의 생산기술은 동일
④ X재는 자본집약적이고 Y재는 노동집약적이며, 요소집약도의 역전은 존재하지 않음
⑤ 두 국가의 소비자 선호는 동일
⑥ 자국은 자본풍부국이며, 외국은 노동풍부국
⑦ 완전경쟁시장과 규모수익 불변의 생산함수, 완전고용

2) 요소부존량과 생산가능곡선

앞의 가정에서 살펴본 것처럼 헥셔-오린 모형에서 자국과 외국은 생산요소의 부존량을 제외하고는 모든 면에서 동일한 국가이다. 따라서 두 국가간의 생산가능곡선의 차이는 생산요소 부존량에 기인한다. 이를 살펴보기 위해서, <그림 2>의 자본집약적 X재와 노동집약적 Y재의 등량곡선을 이용해 보자. 그리고 자국과 외국이 모든 생산요소를 X재만 생산하는 X재 완전특화생산량을 먼저 생각해 보자. 편의상 자국과 외국이 각각 자본과 노동을 다른 국가보다 더 많이 가지고 있다고 하자. <그림 13-a>가 보여주는 것처럼 자국이 외국보다 더 많은 자본을 보유하고 있기 때문에 자국의 X재 완전특화생산량 $\overline{Q}_X^H$이 외국의 완전특화생산량 $\overline{Q}_X^F$보다 더 많다. 유사하게 <그림 13-b>에서 볼 수 있듯이 두 국가가 Y재만 생산하는 경우 Y재 완전특화생산량은 노동을 더 많이 보유하고 있는 외국이 더 많을 것이다($\overline{Q}_Y^H < \overline{Q}_Y^F$).

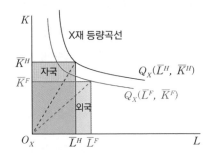 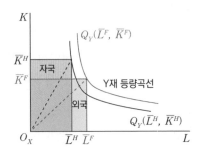

그림 13-a X재 완전특화생산량   **그림 13-b** Y재 완전특화생산량

이제 두 국가의 X재와 Y재 완전특화생산량을 이용하여 각국의 생산가능곡선 형태를 유추해 보자. X재 완전특화생산량은 생산가능곡선이 X재 생산량을 반영하는 수평축과 만나는 점이며, Y재 완전특화생산량은 생산가능곡선이 수직축과 만나는 점이다. 자국의 X재 완전특화생산량이 외국보다 많으며, 외국은 Y재 완전특화생산량이 자국보다 많으므로 두 국가의 생산가능곡선은 <그림 14-a>와 같은 형태를 가질 것이다. 즉, 동일한 생산기술을 보유하고 있더라도 자국의 생산가능곡선은 X재 생산쪽으로 치우친 형태를 가지게 되며, 외국은 Y재 생산쪽으로 치우친 형태를 가지게 된다.

한편, 요소 부존비율에 대한 설명에서 언급한 것처럼 각국의 풍부요소는 상대적인 개념이지 절대적인 개념은 아니다. 즉, 한 국가의 모든 생산요소가 다른 국가보다 적더라도 한 생산요소의 상대적 부존량이 많으면 해당 생산요소의 풍부국이다. 그리고 자신이 상대적으로 풍부한 생산요소를 집약적으로 사용하는 재화를 상대적으로 더 많이 생산하는 생산가능곡선을 가진다. <그림 14-b>는 자국이 외국보다 자본과 노동을 더 많이 보유하고 있는 경우를 보여주고 있다. 외국은 절대적인 생산요소의 부존량은 적지만 상대적 노동풍부국이므로 자국에 비해 Y재 생산쪽으로 치우친 생산가능곡선을 가지고 있다.

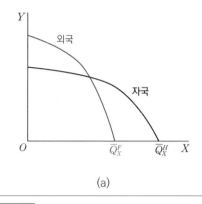
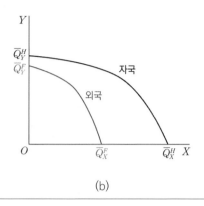

(a)　　　　　　　　　　　　　　　　　(b)

그림 14 요소부존량과 생산가능곡선

　　그런데 <그림 14>와 동일한 두 국가의 생산가능곡선을 특정요소 모형에
서도 본 적이 있음을 기억하자. 특정요소 모형에서 국가간 생산가능곡선의 차
이는 각국이 보유하고 있는 특정요소의 상대적 크기에 기인한 것임에 비해, 헥
셔－오린 모형에서 국가간 생산가능곡선의 차이는 각국이 보유하고 있는 노동
과 자본의 상대적 크기에 기인하고 있다.

다. 헥셔-오린 모형에서의 무역패턴: 헥셔-오린 정리

　　이제 헥셔－오린 모형에서 설명하고 있는 무역패턴을 살펴보기로 하자. 앞
에서 살펴본 것처럼 헥셔－오린 모형에서 두 국가의 생산가능곡선은 특정요소
모형에서 살펴본 것과 동일한 형태이다. 따라서 자급자족균형과 무역균형 및
무역패턴의 분석은 특정요소 모형에서의 분석과 동일하다.

1) 자급자족 균형

　　양국의 생산가능곡선이 <그림 14－a>와 같은 형태를 가지는 경우를 생각
해 보자. 양국의 대표 소비자들이 동일한 동조적 효용함수를 가지기 때문에 동
일한 무차별곡선으로 두 국가의 소비자 선호를 나타낼 수 있다. 그리고 자급자
족 균형은 각국이 자신의 생산가능곡선 상에서 대표 소비자의 사회후생이 극

대화되는 소비점을 선택할 때의 균형임을 상기하자. <그림 15>는 자국과 외국의 자급자족 균형을 보여준다.

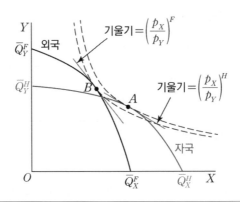

그림 15 자국과 외국의 자급자족 균형

먼저 자국을 살펴보면, 자급자족 균형은 점 A이며, 이 점에서 생산점과 소비점은 동일하다. 그리고 자국의 자급자족 가격을 $(p_X/p_Y)^H$라고 하자. 유사하게 외국의 자급자족 균형은 점 B이며, 외국의 자급자족 가격을 $(p_X/p_Y)^F$라고 하자. 특정요소 모형에서 살펴본 것처럼 자급자족 가격은 다음의 조건을 만족하는 가격이다.

$$MRS_{XY} = \left(\frac{p_X}{p_Y}\right)^i = MRT_{XY}, \ i = H, \ F \quad \cdots\cdots\cdots\cdots\cdots\cdots\cdots\cdots (4)$$

그리고 <그림 14>의 무차별곡선에서는 자국의 효용수준이 외국보다 높게 그려져 있지만, 이 예에서 그렇게 그려졌을 뿐 반대의 경우도 가능하다.

한편, <그림 14>에서 자국의 자급자족 상대가격 $(p_X/p_Y)^H$이 점 B에서 외국의 자급자족 상대가격 $(p_X/p_Y)^F$ 보다 낮다는 것을 알 수 있다. 이는 자국이 상대적으로 자본을 많이 보유하고 있어서 자본집약적 재화인 X재 생산이 상대적으로 유리하기 때문이다. 따라서 자급자족 균형에서 자국은 외국에 비해 상대적으로 X재를 많이 생산하여 소비하게 된다. 동일한 논리로 상대적 노동 풍부국인 외국은 자급자족 상대가격 $(p_X/p_Y)^F$가 자국보다 높으며, 이는 노동 풍부국인 외국이 상대적으로 노동집약적 재화인 Y재 생산에 유리하고 균형에서 Y재를 상대적으로 더 많이 생산하기 때문이다.

2) 국제상대가격과 무역균형

이제 두 국가가 자유롭게 재화를 교역하는 무역균형을 생각해 보자. 국제상대가격은 다른 무역모형에서 살펴본 것처럼 세계 상대공급곡선과 세계 상대수요곡선이 만나는 시장균형에서 결정되며, 자급자족 (X재) 상대가격이 저렴한 자국과 높은 외국 사이에서 결정될 것이다. 그런데 <그림 14−a>에서 도출한 두 국가의 생산가능곡선이 특정요소 모형에서 도출한 생산가능곡선과 동일한 형태이다. 그리고 특정요소 모형과 헥셔−오린 모형 모두 양국 소비자가 동일한 동조적 효용함수를 가정하고 있다. 따라서 두 국가의 생산가능곡선에서 얻은 세계 공급곡선은 2장의 <그림 16>과 동일한 형태이며, 세계 수요곡선도 특정요소 모형과 동일하게 우하향하는 곡선이다. 따라서 국제상대가격은 <그림 16>과 같이 세계 상대공급곡선과 세계 상대수요곡선이 만나는 균형점 E에서 결정된다. 그리고 <그림 16>에서 다시 확인할 수 있는 것처럼 국제상대가격은 양국 자급자족 상대가격 사이에 위치한다[17].

$$\left(\frac{p_X}{p_Y}\right)^H \leq \left(\frac{p_X}{p_Y}\right)^W \leq \left(\frac{p_X}{p_Y}\right)^F \quad\text{..}(5)$$

---

[17] 자세한 내용은 특정요소 모형을 참고하시오.

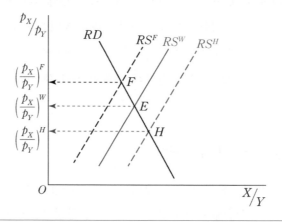

그림 16 국제상대가격의 결정

　이제 무역 하에서 두 국가의 무역균형을 찾아보자. 자국과 외국은 국제상대가격 하에서 자신의 GDP를 극대화하는 생산점을 선택하므로 자국과 외국의 생산점은 각각 <그림 17>의 A_P^T와 B_P^T이다. 그리고 두 국가는 생산한 재화를 교역하여 사회후생을 극대화하는 소비점을 선택하므로 자국과 외국의 소비점은 각각 A_C^T와 B_C^T이다. 따라서 양국의 무역삼각형은 $A_C^T A_P^T C$와 $B_C^T B_P^T D$이다. 두 국가의 무역패턴을 조금 더 자세히 살펴보자. 자본풍부국인 자국은 자본집약적인 X재를 수출하며, 수출량은 $X_P - X_C$이다. 반면 노동풍부국인 외국은 노동집약적인 Y재를 수출하며, 수출량은 $Y_P^* - Y_C^*$이다. 이때 특정요소 모형과 동일하게 두 국가는 완전특화가 아닌 부분특화를 하며, 양국은 모두 무역으로 인하여 후생의 증가를 누릴 수 있다. 이러한 헥셔-오린 모형이 예측하는 무역패턴을 헥셔-오린 정리(Hecker-Ohlin Theorem)라고 한다.

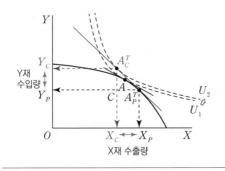

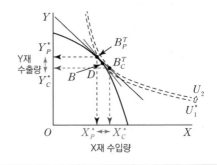

그림 17-a 자국의 무역균형   그림 17-b 외국의 무역균형

헥셔-오린 모형이 예측하는 무역패턴은 매우 직관적인 무역패턴이다. 때문에 헥셔-오린 모형은 국제무역모형의 표준적인 모형으로 자리 잡았다. 그러나 당연히 성립할 것 같은 헥셔-오린 정리가 현실의 실증적 통계분석으로 항상 검증되는 것은 아니다. 따라서 오랜 기간 헥셔-오린 모형을 개선하고자 하는 경제학자들의 노력이 이어져 왔다.

라. 헥셔-오린 모형에서의 생산요소와 소득의 배분: 스톨퍼-사뮤엘슨 정리

1) 생산요소의 배분

다음으로 국제무역으로 인해서 생산요소 소유자들의 소득과 후생에 어떤 변화가 생기는지를 살펴보도록 하자. 이를 위해 각국의 소비자들은 1단위 노동

또는 1단위 자본을 소유하고 있으며, 생산요소를 공급하여 얻은 소득으로 소비한다고 생각하자. 그리고 무역이 발생하면 국제상대가격은 <그림 16>과 같이 결정됨을 상기하지. 즉, 국제무역이 발생하면 자본풍부국인 자국은 (자본집약적인 X재의) 상대가격 p_X/p_Y가 인상되며, 노동풍부국인 외국은 상대가격 p_X/p_Y가 인하되었다. 이제 <그림 12>에 나타낸 재화 상대가격 – 생산요소 상대가격 – 생산요소 수요의 관계를 이용하여 보자. <그림 18>은 국제무역으로 인한 자국의 변화를 보여준다.

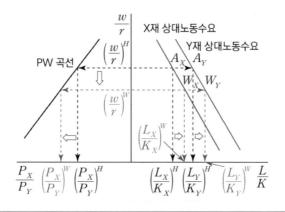

그림 18 무역으로 인한 자국의 변화

<그림 18>의 왼쪽 부분에서 살펴볼 수 있는 것처럼 무역으로 인하여 자국의 (X재) 상대가격이 $(p_X/p_Y)^H$에서 $(p_X/p_Y)^W$으로 인상되었고, 그에 따라 자국 내 상대임금은 $(w/r)^H$에서 $(w/r)^W$으로 하락하였다. 그리고 자국 내 상대임금이 하락했기 때문에 X재와 Y재 생산자들은 보다 저렴하게 노동을 이용할 수 있게 되므로 산업별 상대 노동의 수요량은 증가하였다. 즉, X재 산업의 상대 노동수요는 $(L_X/K_X)^H$에서 $(L_X/K_X)^W$로, Y재 산업의 상대 노동수요는 $(L_Y/K_Y)^H$에서 $(L_Y/K_Y)^W$로 증가하였다.

그런데, 개별 산업에서 상대 노동수요가 증가한다면, 자국의 상대 총노동수요는 어떻게 될까? 결과적으로 이야기하자면, 자국의 생산요소 공급은 부존량

으로 제한되어 있어 상대 총노동공급에 변화가 없기 때문에 균형에서는 상대 총노동수요의 변화가 없다. 개별 산업에서 상대 노동수요가 증가함에도 불구하고 균형 상대 총노동수요가 증가하지 않는 이유는 자국이 무역으로 인해 (상대 노동수요가 증가하기는 하지만 여전히) 상대적으로 노동을 적게 쓰는 X재에 특화하면서 X재 생산비중을 늘리기 때문이다.

이를 좀 더 명확히 이해하기 위해 자국 내 상대 노동수요를 분해하여 보자. 총노동수요는 X재 노동수요와 Y재 노동수요의 합이므로 $L_d = L_X + L_Y$임을 이용하여 상대 총노동수요를 다음과 같이 분해할 수 있다.

$$\frac{L_d}{K_d} = \frac{L_X + L_Y}{K_d} = \frac{L_X}{K_X}\frac{K_X}{K_d} + \frac{L_Y}{K_Y}\frac{K_Y}{K_d} = \frac{L_X}{K_X}k_X + \frac{L_Y}{K_Y}(1 - k_X) \cdots\cdots\cdots (6)$$

여기서 $k_X = K_X/K_d$이며, $K_d = K_X + K_Y$임을 이용하였다. k_X가 자국의 총 자본수요 중에서 X재 투입 자본이 차지하는 비중이며, 자국 내 X재의 산업의 비중을 반영하는 일종의 가중치에 해당한다. 따라서 식 (6)은 자국의 상대 노동수요는 X재와 Y재에서 상대 노동수요의 가중합이며, 가중치는 X재 투입 자본의 비중이다. 그리고 X재는 자본집약적이며 Y재는 노동집약적이므로 $L_X/K_X < L_Y/K_Y$이다.

상대 총노동수요를 도입하였으니 이제는 상대 총노동공급을 생각해 보자. 헥셔-오린 모형에서 각국의 부존자원은 고정되어 있으므로 자국의 상대 총노동공급은 자국의 요소 부존비율인 $\overline{L}^H/\overline{K}^H$으로 고정되어 있다. 따라서 식 (6)의 상대 총노동수요는 상대 총노동공급인 $\overline{L}^H/\overline{K}^H$과 같으며, 항상 일정한 값을 가져야 한다. 이를 <그림 18>에서 얻은 결과와 묶어서 생각해 보자. 국제 무역으로 인하여 자국 내 상대임금이 하락하고 X재와 Y재의 상대 노동수요가 증가함을 살펴보았다. 그러나 식 (6)에서처럼 자국 내 상대 총노동공급은 고정되어 있으므로 상대 노동수요가 작은 X재의 비중이 늘어야만 수요-공급 균형이 형성될 수 있을 것이다. 즉, 자국의 비교우위재이면서 자본집약적인 X재의 생산비중이 늘어나고 Y재의 생산비중은 감소한다.

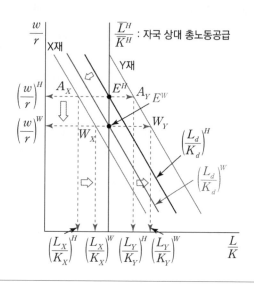

그림 19 자국의 상대 노동수요와 상대 노동공급

<그림 19>는 상대 노동수요와 상대 노동공급의 관계를 도식으로 보여주고 있다. <그림 19>는 <그림 18>의 오른쪽 그림을 다소 과장해서 다시 그린 후, 자국의 상대 총노동공급 $\overline{L}^H/\overline{K}^H$를 추가한 그림이다. 먼저 자급자족 경제를 생각해 보자. 자급자족 총상대수요 $(L_d/K_d)^H$는 자급자족 상대임금 $(w/r)^H$과 상대 총노동공급 $\overline{L}^H/\overline{K}^H$이 만나는 점 E^H를 지나는 상대수요이다. 여기서 유의할 점은 총상대수요는 주어진 것이 아니라 두 산업의 생산량 가중치 k_X가 조정되면서 결정되는 것이라는 점이다. 다음으로 무역 하에서 상대임금이 $(w/r)^W$로 하락하였다고 하자. 이 상대임금과 상대 총노동공급이 만나는 점 E^W가 새로운 상대노동시장 균형점이며, 무역 하의 총상대수요, $(L_d/K_d)^W$은 점 E^W를 지나는 상대수요이다. 이제 $(L_d/K_d)^H$와 $(L_d/K_d)^W$를 비교해 보면, $(L_d/K_d)^W$가 X재의 상대 노동수요에 더 치우쳐 있음을 알 수 있다. 이는 식 (6)에서 가중치 k_X가 커졌으며, 자국의 비교우위재인 X재 생산의 비중이 늘었음을 보여준다.

다음으로 외국의 경우를 간략히 검토해 보자. <그림 20>은 국제무역으로

인한 외국의 변화를 보여준다.

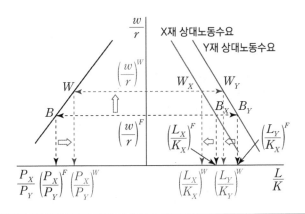

무역으로 인한 외국의 변화

<그림 20>의 왼쪽 부분에서 살펴볼 수 있는 것처럼 무역으로 인하여 외국의 (X재) 상대가격이 $(p_X/p_Y)^F$에서 $(p_X/p_Y)^W$으로 하락하고, 그에 따라 외국의 상대임금은 $(w/r)^F$에서 $(w/r)^W$으로 상승한다. 그리고 외국의 상대임금이 상승했기 때문에 산업별 상대 노동의 수요량은 감소한다. 즉, X재 산업의 상대 노동수요는 $(L_X/K_X)^F$에서 $(L_X/K_X)^W$로, Y재 산업의 상대 노동수요는 $(L_Y/K_Y)^F$에서 $(L_Y/K_Y)^W$로 감소한다. 그리고 <그림 21>에서 볼 수 있는 것처럼 국제무역으로 인하여 외국 내 상대 노동수요가 Y재 방향으로 이동하며, 이는 무역으로 인하여 노동풍부국인 외국에서는 노동집약적인 Y재 생산의 비중이 증가하는 방향으로 생산요소가 분배됨을 보여준다.

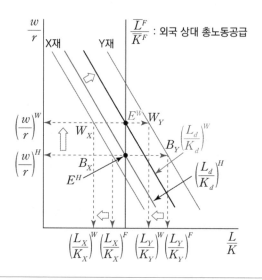

그림 21 외국의 상대 노동수요와 상대 노동공급

2) 소득의 배분

다음으로 무역으로 인한 생산요소 소유자의 소득 변화를 살펴보도록 한다. 먼저 자본풍부국인 사국의 경우를 생각해 보자. <그림 18>에 나타난 것처럼 국제무역에 의해 자국 내 상대임금이 상대적으로 하락하였음을 기억하자. 이는 상대적으로 자국의 노동자들의 소득이 감소하고, 자본 소유자들의 소득이 증가하였음을 보여준다. 그러나 PW곡선 상의 변화로 우리가 알 수 있는 것은 생산요소 소유자들의 상대적인 소득변화일 뿐 실질소득의 변화를 알지는 못한다. 자국 노동자와 자본 소유자의 순서로 무역에 의한 실질소득 변화를 알아보자.

먼저 완전경쟁시장에서 노동자들의 명목임금은 한계생산의 화폐가치임을 기억하자. 그리고 노동은 보편생산요소이므로 균형에서는 X재 산업과 Y재 산업의 명목 임금이 동일해야 한다. 따라서 (모든) 균형에서 노동자의 명목임금은 다음과 같다.

$$w = p_X MPL_X = p_Y MPL_Y \quad\text{.. (7)}$$

이제 X재와 Y재 기준 노동자의 실질임금을 생각해 보자. 균형에서는 X재 기준 실질임금은 X재 산업의 임금방정식을 p_X로 나누어 얻을 수 있으며, Y재 기준 실질임금은 Y재 산업의 임금방정식을 p_Y으로 나누어 얻을 수 있다. 이렇게 얻은 각 재화 기준 실질임금은 해당 재화를 생산하기 위한 한계노동이다.

$$\frac{w}{p_X} = MPL_X; \quad \frac{w}{p_Y} = MPL_Y \quad \cdots\cdots\cdots\cdots\cdots\cdots\cdots\cdots\cdots\cdots\cdots\cdots\cdots\cdots\cdots\cdots\cdots\cdots (8)$$

한편 노동에 대한 한계생산 MPL은 L/K가 증가함에 따라 체감한다. 이를 쉽게 이해하기 위해 L/K의 역수인 K/L를 생각해 보자. 만일 K/L이 감소한다면(또는 L/K가 증가한다면), 이는 노동 1단위 당 더 적은 자본을 결합시키고 있다는 의미이다. 따라서 노동 1단위가 더 적은 자본을 이용하게 되면, 해당 노동의 생산성－즉, 한계생산－은 당연히 하락할 것이다. 물론 이것은 직관적인 설명일 뿐이지만 여기에서는 더 복잡한 증명과정 대신 직관적인 설명으로 대체하기로 한다[18]. 그리고 <그림 18>에서 살펴본 것처럼 무역으로 인해 X재 및 Y재 생산에서 상대노동 투입량 L/K이 모두 증가한다. 따라서 무역으로 인해 두 산업 모두에서 노동의 한계생산 MPL은 하락하며, 노동자의 실질임금은 기준재화에 무관하게 하락한다.

유사하게 자국 자본 소유자의 소득인 자본의 가격 변화를 살펴보자. 완전경쟁하에서 보편생산요소인 자본의 명목가격은 $r = p_X MPK_X = p_Y MPK_Y$이다. 따라서 X재와 Y재 기준 실질임금은 각각 $r/p_X = MPK_X$와 $r/p_Y = MPK_Y$이며, 각 산업에서의 자본의 한계생산과 동일하다. 한편 MPL이 L/K가 증가함에 따라 체감하는 것과 동일한 이유로 자본의 한계생산 MPK은 K/L이 증가

---

[18] L/K의 증가에 따른 한계노동의 체감을 이해하기 위한 또 다른 방법은 생산함수가 1차 동차함수라는 것을 이용하는 것이다. 이를 간략히 살펴보자. 2장의 부록에서 제시하고 있는 것처럼 1차 동차함수의 편미분은 0차 동차함수인데, 노동의 한계생산이 바로 생산함수를 노동에 대해 편미분한 것이다. 0차 동차함수의 정의를 이용하면 두 생산요소를 $1/K$배함으로서 $MPL(L, K) = MPL(L/K, 1)$을 확인할 수 있다. 그리고 MPL이 L에 대해 체감하는 성질로부터 $MPL(l = L/K, 1)$이 $l = L/K$에 대해 체감함을 알 수 있다.

(또는 L/K이 감소)함에 따라 감소함을 알자. 따라서 우리가 알고 있는 것처럼 자본풍부국인 자국은 무역으로 인해 X재 및 Y재 생산에서 상대노동 투입량 L/K이 모두 증가하기 때문에 MPK_X와 MPK_Y는 모두 증가하며, 자본의 실질가격(또는 자본 소유자의 실질임금)은 기준재화에 무관하게 증가한다.

　이처럼 무역은 자본풍부국인 자국의 노동자의 실질소득을 악화시키고, 자본 소유자의 실질소득을 개선하는 결과를 가져온다. 그리고 이러한 변화로 인하여 당연히 노동자의 후생은 감소하는 반면, 자본 소유자의 후생은 증대될 것이다. 이와 같은 후생의 변화는 노동자와 자본 소유자의 예산집합 변화를 살펴봄으로써 파악할 수 있다. 먼저 노동자의 무역 전후 예산식 변화를 생각해 보자.

　　　무역 이전 노동자의 예산식: $w^H = p_X^H X + p_Y^H Y$

　　　무역 이후 노동자의 예산식: $w^W = p_X^W X + p_Y^W Y$

　무역으로 인하여 X재 상대가격은 인상되고($p_X^H/p_Y^H < p_X^W/p_Y^W$), X재 기준 실질임금과 Y재 기준 실질임금이 모두 하락하므로($w^H/p_X^H > w^W/p_X^W$, $w^H/p_Y^H > w^W/p_Y^W$) 자국 노동자의 예산식 변화는 <그림 21-a>와 같다. 그림에서 볼 수 있는 것처럼 무역으로 인하여 노동자의 소비가능집합이 감소하며 후생도 역시 감소한다.

　마찬가지 방법으로 자본 소유자의 예산식 변화를 살펴보자. 이미 살펴본 것처럼 무역으로 인하여 X재 기준 실질 자본가격과 Y재 자본가격이 모두 상승하므로($r^H/p_X^H < r^W/p_X^W$, $r^H/p_Y^H < r^W/p_Y^W$) 자국 자본 소유주의 예산식 변화는 <그림 22-b>와 같다. 따라서 무역은 자본 소유자의 소비가능집합을 늘림으로써 후생을 증대시킨다.

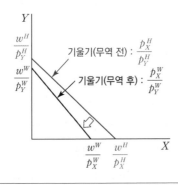

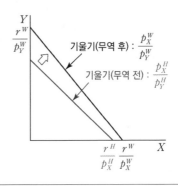

그림 22-a 자국 노동자의 예산선　　**그림 22-b** 자국 자본소유주의 예산선

지금까지의 내용을 정리해 보면, 헥셔－오린 모형은 무역으로 인하여 자본 풍부국인 자국 내의 자본 소유주들은 실질소득과 후생의 증대를 누릴 수 있으며, 노동자들은 실질소득과 후생의 감소를 겪는다는 것을 보여준다. 나아가 동일한 논리를 노동풍부국인 외국에 적용시켜보면, 무역으로 인하여 노동풍부국인 외국의 노동자들은 실질소득과 후생의 증가를 얻을 수 있지만, 자본 소유주들은 실질소득과 후생의 감소를 겪게 된다. 이러한 결과를 정리한 것이 스톨퍼－사뮤엘슨 정리(Stolper－Samuelson Theorem)이다.

스톨퍼-사뮤엘슨 정리

2 국가 2 재화 2 생산요소의 헥셔-오린 모형에서 무역으로 인하여 한 재화의 상대가격이 상승하면(하락하면), 해당 재화의 생산에 집약적으로 사용되는 생산요소의 실질가격은 상승하고(하락하고), 다른 생산요소의 실질가격은 하락한다(상승한다).

스톨퍼－사뮤엘슨 정리를 우리가 살펴본 자국의 예에 적용하여 보자. 무역으로 인하여 자본풍부국인 자국은 자본집약재인 X재를 수출하기 때문에 X재의 상대가격이 상승한다. 따라서 X재에 집약적으로 사용되는 자본의 실질가격은 상승하고, 노동의 실질가격은 하락한다. 나아가 스톨퍼－사뮤엘슨 정리로부터 다음과 같은 결과도 유추할 수 있다. 어떤 국가가 상대적으로 풍부하게 보유한 생산요소의 소유자들은 무역으로 이익을 보지만, 상대적으로 희소하게 보유한 생산요소의 소유자들은 무역으로 손실을 본다.

스톨퍼-사뮤엘슨 정리가 의미하는 바를 좀 더 생각해 보자. 헥셔-오린 무역모형은 다른 무역모형들과 마찬가지로 무역으로 인한 두 국가의 이익이 발생함을 보여준다. 그러나 스토퍼-사뮤엘슨 정리는 각국의 이익은 소비자들의 순이익이며, 개별 소비자들이 모두 무역의 이익을 누리는 것은 아니라는 것을 보여준다. 그리고 국제무역으로 인해 발생한 사회이익을 재분배할 필요성을 제시하는 중요한 정리이기도 하다.

마. 무역으로 인한 양국 소득의 수렴: 요소가격균등화 정리

지금까지 국제무역의 이익이 모든 구성원들에게 동일하게 배분되는 것이 아니라는 것을 확인하였다. 그렇다면, 무역으로 인하여 국가간 생산요소의 실질가격은 어떠한 차이를 보이게 될까? 예를 들어, 자국과 외국의 노동자들의 실질임금 차이는 확대될까 아니면 줄어들까? 헥셔-오린 모형을 이용하면, 무역을 통해 양국 생산요소의 실질가격이 동일한 수준으로 수렴하는 것을 확인할 수 있는데, 이 결과를 요소가격균등화 정리(factor price equalization, FPE)라고 부른다. 여기서는 요소가격균등화 정리를 한번 살펴보도록 한다.

요소가격균등화 정리는 우리가 지금까지 활용해왔던 <그림 12>의 생산요소수요-생산요소가격-재화가격간의 관계를 이용하면 쉽게 확인할 수 있다. 국제무역 하에서 자국과 외국의 국내상대가격은 자급자족 상대가격에서 국제상대가격으로 변하게 되며, 결국은 양국의 상대가격은 동일하게 된다. <그림 23>은 우리가 이미 알고 있는 국제무역에 의한 양국의 변화를 한 그림으로 나타낸 것이다. 즉, <그림 18>의 자국과 <그림 20>의 외국을 하나의 그림으로 합친 것이다. 앞에서도 여러번 언급한 바와 같이 양국의 생산기술이 동일하기 때문에 동일한 PW곡선과 산업별 생산요소의 상대수요를 가진다. 두 국가의 차이는 생산요소의 부존량이기 때문에 <그림 23>에 표기하지 않은 생산요소의 총 상대공급-즉, 요소 부존비율-이다. 이미 살펴본 바와 같이 생산요소의 총 상대공급의 차이로 인하여 X재와 Y재 생산의 산업비중이 국가별로 달라지게 되지만, 이는 <그림 23>에 나타난 관계에는 영향을 미치지 않는다.

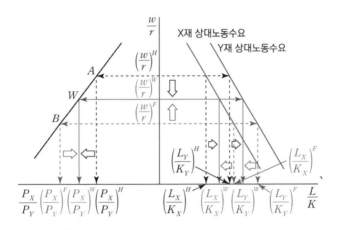

그림 23 요소가격균등화

<그림 23>에서 무역으로 인하여 양국 내 상대임금이 $(w/r)^W$로 수렴하며, 양국의 생산요소 상대가격이 균등화되는 것은 쉽게 확인할 수 있다. 하지만, 상대 생산요소가격의 균등화가 생산요소 실질가격 균등화를 의미하는 것은 아니므로 각 생산요소 별 실질가격을 따로 들여다 볼 필요가 있다. 스톨퍼－사뮤엘슨 정리를 설명하면서 언급한 바와 같이 X재 기준 노동의 실질임금과 X재 기준 자본의 실질가격은 각각 $w/p_X = MPL_X$와 $r/p_X = MPK_X$이다[19]. 그리고 두 국가가 동일한 생산함수를 가지고 있으므로 실질가격 결정식 자체는 양국에서 동일하다. 그리고 앞에서도 여러 번 활용한 것처럼 1차 동차함수인 생산함수의 편미분인 MPL_X와 MPK_X는 0차 동차함수인 것을 기억하자. 각주 (3)에서 설명하고 있는 것처럼 0차 동차함수의 특성에 따라 생산요소의 상대투입비율(L/K)이 일정하면 한계생산은 동일한 값을 가진다.

다음으로 무역을 통해 X재 생산에서 자국과 외국의 생산요소 투입비율은

---

19 원한다면 Y재 기준 실질가격을 이용해도 무방하다.

동일하게 $(L_X/K_X)^W$ 로 수렴하며, Y재 생산에서 양국의 생산요소 투입비율은 $(L_Y/K_Y)^W$ 로 수렴한다는 것을 <그림 23>에서 확인하자. 따라서 양국의 X재 및 Y재 한계생산은 동일한 값으로 수렴하며, 양국의 (X재 기준) 실질임금과 실질 자본가격도 동일한 값으로 수렴한다.

요소가격균등화 정리

2 국가 2 재화 2 생산요소의 헥셔-오린 모형에서 무역으로 인하여 각 생산요소의 실질가격은 국제적으로 균등해진다.

요소가격균등화 정리는 매우 흥미로운 결과이면서 동시에 매우 강력한 결과이기도 하다. 만일 요소가격균등화 정리가 성립한다면, 자유무역만 하게 되면 전세계 모든 사람들의 소득이 동일한 수준으로 수렴하기 때문이다. 즉, 개발도상국의 노동자들은 높은 임금을 쫓아 선진국으로 이동할 필요가 없으며, 단지 완전히 개방만 하면 된다. 그런데 과연 현실 경제에서 요소가격균등화 정리를 내세운 자유무역이 모든 것을 해결해주는 수단이 될 수 있을까? 요소가격균등화 정리는 자유무역주의를 내세우는 진영의 중요한 논리가 되고 있지만, 동시에 이론과 현실과의 차이를 보여주는 예시일 수도 있을 것이다.

바. 헥셔-오린 모형의 한계

1) 레온티에프의 역설

지금까지 헥셔-오린 모형의 중요한 내용들을 간략히 살펴보았다. 헥셔-오린 모형이 가지는 매우 강력한 장점은 예측하고 있는 결과가 매우 직관적이라는 점이다. 자본이 풍부한 국가가 자본을 많이 쓰는 재화에 비교우위를 가지고 수출한다는 주장에 반론을 제시하기는 힘들 것이다. 그러나 이론모형이 아무리 직관적인 결과를 제시하더라도, 그 결과가 실제로 현실에 부합하는가는 또 다른 문제이다. 따라서 헥셔-오린 모형의 예측을 검증하려는 많은 연구가 이어졌는데 대표적인 연구가 1953년 레온티에프(Leontief, W.)에 의한 연구[20]이다.

레온티에프는 1947년의 미국의 산업연관표(또는 투입산출표)를 이용하여 헥셔-오린 정리를 처음으로 검증하여 보았다. 그가 활용한 산업연관표 또는 투입산출표는 한 국가 내에서 각 산업간의 생산품들이 각각 다른 산업에 얼마만큼 판매되고 구매되었는가를 보여주는 거래표이며, 우리나라에서는 한국은행에서 작성하고 있는 통계자료이다. 즉, 산업연관표는 말 그대로 산업간 거래관계를 보여주는 표이며, 이를 이용하면 수입대체산업과 수출산업에 노동과 자본이 어떻게 투입되는가를 알 수 있다. 아래의 <표 1>은 레온티에프가 추정한 미국의 수출산업과 수입대체산업에서 100만 달러 재화 생산을 위한 노동과 자본투입량이다.

표 1 백만달러 재화 생산시 생산요소 투입(미국, 1947년)

	수출산업	수입대체산업
자본($, 1947년 기준가격)	2,550,780	3,091,339
노동(명, 연간 고용)	182,313	170,004
K/L($)	13,911	18,185

출처: Leontief(1953)

<표 1>에서 보여주는 것처럼 1947년 미국의 수출산업의 요소집약도는 약 14,000달러였으며, 수입대체산업의 요소집약도는 약 18,000달러로 분석되었다. 즉, 1947년 미국은 요소집약도가 높은 자본집약적인 상품을 수입했고 노동집약적인 상품을 수출한 것으로 보인다. 그런데 예나 지금이나 미국은 노동보다 자본이 풍부한 국가로 인식되고 있으므로 레온티에프의 분석결과는 헥셔-오린 모형의 예측과 정반대의 결과를 보여준다.

레온티에프의 역설(Leontief paradox)이라고 불리는 이 결과의 해석을 둘러싸고 많은 논의가 이어졌으며, 동시에 헥셔-오린 모형의 한계에 대한 논의도 이루어지게 되었다. 레온티에프 역설이 나타나는 이유에 대한 다양한 설명이 이루어졌는데, 일부를 살펴보도록 하자. 이들 설명들이 헥셔-오린 모형의 한

---

[20] Leontief(1953)

계와 개선의 필요성을 반영하고 있기 때문이다.

첫째, 자본과 노동의 구분에 대한 문제가 있을 수 있다. 자본은 단순한 물리적 자본 외에도 인적자본도 포함할 필요가 있는데, 이를 고려하지 않으면 미국 수출산업의 자본투입량이 과소평가될 수 있을 것이다.

둘째, 생산요소의 부존량 평가에 생산성도 반영할 여지가 있다. 미국이 자본풍부국이라고 평가받지만, 미국노동자들의 생산성을 고려한다면 미국이 노동풍부국일 여지도 존재한다.

셋째, 헥셔-오린의 가정과 달리 국가간 생산기술의 차이가 존재하며, 생산함수가 다를 수 있다. 이 주장은 헥셔-오린 모형 자체의 한계에 대한 지적이기도 하지만 레온티에프의 추정방법에 대한 지적이기도 하다. 레온티에프는 '수입품'의 요소집약도를 추정한 것이 아니라 '수입대체산업'의 요소집약도를 추정하였음에 주목하자. 여러 국가에서 수입되는 재화의 요소집약도를 추정하는 것이 거의 불가능하다는 현실적인 어려움이 있기도 했지만, 그의 추정방법은 기본적으로 수입품과 수입대체품이 동일한 기술로 생산된다고 하는 헥셔-오린 모형의 기본 가정을 바탕으로 한 것이다. 그런데, 국가간 생산함수가 다르다면 그의 추정은 수입품의 요소집약도를 반영한다고 볼 수 없을 것이다.

넷째, 헥셔-오린 모형은 모든 국가가 동일한 소비자 선호를 가지고 있다고 가정하고 있지만, 현실에서는 국가별 소비자 선호의 차이가 존재한다. 따라서 미국은 자본집약적 재화에 대한 수요가 크기 때문에 자본풍부국이면서도 자본집약적 재화를 수입할 가능성이 있다.

이처럼 헥셔-오린 모형의 다양한 가정으로 인하여 현실 설명력에는 한계가 있을 수 밖에 없으며, 기본적인 헥셔-오린 모형을 확장하려는 다양한 시도가 이어졌다.

2) 요소집약도의 역전

앞에서 살펴본 헥셔-오린 모형의 한계 및 레온티에프의 분석에 관한 모든 주장들이 나름대로의 합리성을 가지고 있는 설명들이다. 하지만 가장 흥미로운 주장은 요소집약도의 역전에 관한 주장일 것이다.

즉, 각 산업의 요소대체탄력성의 차이로 인해 요소투입비율이 역전되는 현상이 존재하기 때문에 일견 헥셔–오린 이론과는 부합하지 않아 보이는 국제무역이 관찰된다는 주장이다. 만일 요소집약도의 역전이 존재한다면 우리가 앞에서 살펴본 생산품의 상대가격과 생산요소의 상대가격 사이에 일대일 관계가 부정되기 때문에 헥셔–오린 모형으로 무역패턴을 예측하기가 어려워진다. 여기에서는 요소집약도의 역전을 좀 더 자세히 살펴보자.

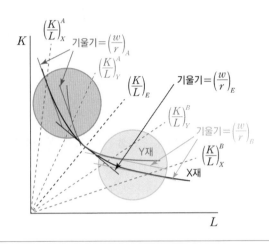

그림 24 요소집약도의 역전

<그림 24>는 요소집약도의 역전이 존재하는 두 재화의 예를 보여준다. 두 재화의 등량곡선의 형태 차이를 부각시키기 위해서 두 등량곡선이 접하는 형태로 그리고 있음에 유의하자. 따라서 반드시 그림처럼 두 등량곡선이 접할 필요는 없다. 그림에서 X재는 Y재에 비해 매우 큰 요소대체탄력성을 가지는 재화이다. 그리고 상대임금이 높은 경우인 $(w/r)_A$와 낮은 경우인 $(w/r)_B$를 고려해 보자.

상대임금이 $(w/r)_A$인 경우 X재와 Y재의 요소집약도는 각각 $(K/L)_X^A$와 $(K/L)_Y^A$이다. <그림 24>에서 볼 수 있는 것처럼 $(K/L)_X^A > (K/L)_Y^A$이므로 X재가 자본집약적인 방법으로 생산되는 재화이며, Y재가 노동집약적인 방법으로 생산되는 재화이다. 만일 상대임금이 $(w/r)_B$라면, X재와 Y재의 요소집약도

는 각각 $(K/L)_X^B$와 $(K/L)_Y^B$이다. 그런데 $(K/L)_X^B < (K/L)_Y^B$이므로 이제는 Y 재가 자본집약적인 방법으로 생산되는 재화이며, X재가 노동집약적인 방법으로 생산되는 재화이다. 따라서 요소집약도 $(K/L)_E$에 대응하는 상대임금 $(w/r)_E$를 기준으로 상대임금이 더 높은 경우에는 X재가 자본집약적이며, 상대 임금이 더 낮은 경우에는 Y재가 자본집약적이므로 요소집약도의 역전이 발생한다.

요소집약도 역전이 발생하면 우리가 살펴보았던 요소수요 − 요소가격 − 재화 가격간의 관계는 어떻게 될까? 먼저 생산요소의 상대수요함수를 생각해 보자. 상대임금 $(w/r)_E$를 기준으로 요소집약도가 뒤바뀌게 되므로 <그림 25>에서 볼 수 있는 것처럼 두 재화의 상대수요는 상대임금 $(w/r)_E$에서 서로 교차할 것이다. 그렇다면 PW곡선은 어떻게 바뀌게 될까? 먼저 상대임금이 $w/r > (w/r)_E$ 인 영역을 생각해 보자. $(w/r)_A$와 같은 경우가 이에 해당한다. 그리고 이 영역에서 상대임금이 상승한다고 생각해 보자. 상대임금이 상승하면 노동집약적 재화의 상대가격이 높아질텐데, 이 가격수준에서 노동집약적 재화는 Y재이다. 따라서 p_X/p_Y는 하락할 것이다. 이제는 상대임금이 $w/r < (w/r)_E$인 영역을 생각해 보자. $(w/r)_B$가 이에 해당하며, 이 영역에서는 X재가 노동집약적 재화이

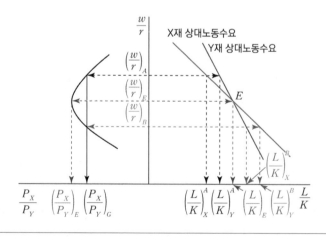

그림 25 요소집약도의 역전과 PW곡선

다. 그리고 상대임금이 하락한다고 하자. 상대임금이 하락하므로 노동집약적 재화인 X재의 상대가격이 하락하며, 그로 인하여 p_X/p_Y는 하락할 것이다. 따라서 PW곡선은 <그림 24>와 같이 말굽과 같은 형태를 가지게 된다.

이제 국제상대가격이 <그림 24>의 $(p_X/p_Y)_G$와 같은 경우를 생각해 보자. 이에 대응하는 상대임금은 $(w/r)_A$와 $(w/r)_B$ 모두가 가능하므로 자본집약적 재화가 X재일 수도 있고, Y재일 수도 있다. 따라서 자본풍부국인 자국이 X재를 수출할 수도 있지만 Y재를 수출할 수도 있다.

사. 요약 및 결론

본 장에서는 고전적 무역모형의 대표 모형이라고 할 수 있는 헥셔−오린 모형을 살펴보았다. 헥셔−오린 모형은 모든 요인이 다 동일한 국가들 사이에서도 요소부존량이 다르다면 무역이 발생할 수 있음을 보여준다. 즉, 각국이 가지고 있는 상대적인 요소부존량이 비교우위의 발생원인이 될 수 있다. 그리고 헥셔−오린 모형은 각국은 자신이 상대적으로 풍부하게 가지고 있는 생산요소를 집약적으로 사용하는 재화에 비교우위를 가진다는 매우 직관적인 결과를 통해 중요한 무역이론으로 자리잡았다.

또한 우리는 헥셔−오린 모형을 통해 무역으로 이득을 보는 계층은 각국이 풍부하게 가지고 있는 생산요소의 소유자들이며, 손실을 보는 계층은 각국이 상대적으로 희소하게 가지고 있는 생산요소의 소유자임도 살펴보았다.

이처럼 헥셔−오린 모형은 매우 강력하고 유용한 무역패턴과 현실에 적용할 수 있는 결과를 제시하고 있지만, 모형의 예측이 언제나 현실의 통계자료와 부합하지는 않는데, 이는 많은 부분 헥셔−오린 모형이 도입하고 있는 여러 가정에 기인하는 측면이 있다. 앞으로 우리가 살펴볼 무역이론들도 결국은 헥셔−오린 모형의 가정을 완화시켜 보다 현실 설명력이 있는 무역이론을 찾기 위한 노력의 결과이다.

01 A국과 B국 두 국가만 존재하는 세계를 생각해 보자. 두 국가는 X재와 Y재라는 두 재화를 생산하고 있다고 하자. 그리고 두 재화는 노동(L)과 자본(K)을 투입하여 생산되며, 일반적인 콥−더글라스 형태의 생산함수를 따른다고 하자. 구체적으로 X재와 Y재의 생산함수는 다음의 형태를 가진다.

$$x = K^{1/3}L^{2/3};\ y = K^{2/3}L^{1/3}$$

이로부터 노동과 자본의 가격을 각각 w와 r이라고 할 때, x 단위의 X재와 y 단위의 Y재를 생산할 때 필요한 최적 생산요소 투입량은 다음과 같다.

X재: $L_X = 2^{1/3}\left(\dfrac{r}{w}\right)^{1/3}x;\ K_X = \left(\dfrac{1}{2}\right)^{2/3}\left(\dfrac{w}{r}\right)^{2/3}x$

Y재: $L_Y = \left(\dfrac{1}{2}\right)^{2/3}\left(\dfrac{r}{w}\right)^{2/3}y;\ K_Y = 2^{1/3}\left(\dfrac{w}{r}\right)^{1/3}y$

A국은 100단위의 부존노동력과 60단위의 부존자본을 가지고 있고, B국은 150단위의 부존노동력과 100단위의 부존자본을 가지고 있다고 하자.

(1) X재와 Y재의 요소집약도를 구하라. X재와 Y재는 각각 어떤 생산요소에 집약적인가?

(2) A국의 노동시장 균형조건과 자본시장 균형조건을 구하라. 여기서 생산요소의 시장균형이란 '생산요소의 수요 = 생산요소의 공급'을 의미한다.

(3) 두 국가는 보유하고 있는 모든 부존자원을 이용하여 X재와 Y재를 생산하여 서로 교역한다고 하자. A국과 B국의 비교우위 상품은 무엇인가? 비교우위를 이용하여 양국간의 무역행태를 기술하라.

02　A와 B국이라고 하는 두 국가가 노동과 자본의 생산요소를 투입하여 반도체와 의류를 생산하고 있다고 하자. 노동은 개별 노동자들이 가지고 있는 기술에 따라 IT노동자와 의류노동자로 분류된다. 그리고 반도체와 의류는 요구하는 기술이 다르기 때문에 노동자가 다른 산업으로 이동이 어렵다고 생각하자. 그리고 두 산업에 투입되는 자본은 차이가 없는 동일한 자본이므로 산업간 이동이 가능하다고 하자. A국이 반도체에 비교우위를 가지고 있다고 하자. 두 국가의 노동조합들이 양국간 무역이 이루어지지 않도록 영향력을 행사하고 있다고 가정하자. A국과 B국은 각각 자본풍부국과 노동풍부국이며, 노동자의 소득은 오직 임금소득만 존재한다고 가정할 때, 양국 노동조합의 행위가 합리적인 선택인지 설명하라.

03 본국(H)과 외국(F)의 2 국가가 존재하는 세계를 가정하자. 본국은 상대
    적으로 노동이 풍부하고, 외국은 상대적으로 자본이 풍부한 나라로 분
    류된다고 한다. 이들 국가간에 무역이 개시된다면 두 국가간 생산요소
    가격의 움직임에 어떠한 영향을 미치게 되는지 필요한 가정을 도입하고
    논리적 추론을 통하여 설명하시오.

04 본국(H)과 외국(F)의 2 국가가 존재하는 세계를 가정하자. 이들 양국에
    존재하는 두 가지 생산요소, 노동과 자본은 다음과 같이 존재한다고 한다.

$$L_h = 100, \ K_h = 240 \ / \ L_f = 200, \ K_h = 110.$$

이들 국가에서 살고 있는 소비자들은 두 재화 x, y를 소비한다. 그런데
이들 재화 1단위를 생산하기 위해 투입되는 생산요소의 양을 살펴보면
x재화의 경우 노동은 2단위, 자본은 1단위가 각각 필요하다. 한편 y재
화의 경우 노동은 1단위, 자본은 4단위가 각각 필요하다.
(1) 두 국가의 대표 소비자들의 선호순서가 동일하다고 가정한다면 두
    국가 사이의 무역이 개시되기 전의 사급사족 경제의 상대가격에 대
    하여 설명하시오.
(2) 만일 두 국가 사이에 무역이 개시된다면, 두 생산요소 가격이 어떻
    게 될지 설명하시오.

04 | 고전무역이론의 응용: 생산요소 부존량의 변화

　지금까지 우리는 리카르도 모형, 특정요소 모형, 헥셔-오린 모형과 같은 고전무역이론들을 살펴보고, 이러한 무역이론들이 설명하는 국제무역의 이유와 국제무역의 패턴에 대해 알아 보았다. 그러나 우리가 살펴보았던 무역이론들은 모두 국가간 재화의 교역에 대한 분석들이었으며, 국가간에 발생하는 생산요소의 이동은 고려하지 않았다. 그러나 현실 경제에서 국가간의 생산요소 이동은 매우 활발하며 국제경제에서 큰 중요성을 가진다. 국경을 넘어 다른 국가에 투자하는 다국적기업들, 국가간 사람의 이동이 용이해지면서 확대된 국제적인 고용시장 등은 이러한 예이다. 하지만, 앞에서 살펴본 무역이론들은 이와 같은 국가간 생산요소의 이동은 완전히 배제하고 있다.

　또한 우리가 배웠던 국제무역모형들은 정태적 모형이라는 한계도 가지고 있다. 각국의 생산요소 부존량은 시간이 지나면서 변하게 되며, 이러한 변화는 각국에 중요한 영향을 미치게 된다. 예를 들어 한 국가의 출산율의 변화는 해당 국가의 노동부존량에 영향을 미칠 수 있으며, 자본스톡의 변화는 당연히 자본부존량에 영향을 미치게 될 것이다.

　이 장에서 우리는 특정요소 모형과 헥셔-오린 모형을 이용하여, 국가간 생산요소의 이동과 생산요소 부존량의 변화로 인한 경제적 효과를 살펴보도록 한다. 특정요소 모형에서는 국가간의 생산요소 가격 차이가 발생할 수 있으며, 이러한 생산요소 가격 차이로 인해 국가간 생산요소의 이동이 발생할 수 있다. 이때, 국가간 노동의 이동은 국제이주에 해당하며, 국가간 자본의 이동은 해외직접투자에 해당한다. 따라서 우리는 특정요소 모형을 이용하여 국제이주와 해외직접투자의 경제적 효과를 살펴본다.

한편, 각국의 자본 및 노동부존량은 경제성장 및 다른 요인으로 인하여 증가할 수 있다. 헥셔-오린 모형은 이러한 부존자원의 변화로 인한 산업구조의 변화에 대한 의미있는 설명을 제시하는데 이를 립친스키 정리라고 한다. 본 장에서는 이에 대해서도 살펴볼 것이다.

가. 특정요소 모형에서 생산요소 부존량의 변화

여기서는 특정요소 모형에서 각국의 생산요소 부존량이 변화하는 경우를 살펴보자. 이미 살펴본 바와 같이 특정요소 모형은 모든 산업에서 다 쓰이는 보편생산요소와 특정 산업에서만 쓰이는 특정생산요소의 두 종류의 생산요소를 가정하고 있는 모형이다. 따라서 생산부존량의 변화가 어떤 생산요소에서 발생하는 지에 따라 그로 인한 경제적 영향이 상이하다. 그리고 분석을 위해 특정요소 모형의 모든 가정은 여전히 성립한다고 생각하자.

1) 보편생산요소 부존량의 변화: 국제이주

보편생산요소의 부존량이 변화하는 경우의 예로 국제이주를 생각해 보자. 특정요소 모형에서 우리는 노동을 국가 내에서는 산업간 자유로운 이동이 가능한 보편생산요소이지만, 국가간 이동은 불가능하다고 간주하였다. 이제 노동의 국가간 이동이 허용된다고 하자. 구체적으로는 외국에서 자국으로 ΔL의 노동력이 이동하는 국제이주[21]가 발생한 경우를 생각해 볼 것이다. 그리고 분석의 편의를 위해 생산요소만 이동할 뿐 재화의 가격은 변화가 없다고 생각하자. 한편, 노동자들의 국가간 이동은 경제적 요인 외에도 매우 다양한 요인에 의해 발생한다. 그러나 여기에서는 논의를 경제적인 요인에 맞추기 위해서 임금차이에 의한 국제이주만을 고려한다.

<그림 1>은 이주가 발생하기 전 자국과 외국의 노동시장 균형을 보여

---

21 국가간 노동력이 이동하는 국제이주는 이민이라고 부른다. 그런데 이민의 정의는 단기이민과 장기이민을 모두 포함하지만, 일상에서 사용하는 이민의 개념은 장기이민에 가깝다. 그런데 노동력의 이동은 단기해외 취업 등도 포함하는 개념이므로 이민보다는 좀더 넓은 의미로 이용되는 이주-특히 국제이주-라는 표현을 선택하였다.

준다. 자유무역 하에서 재화의 가격이 양국에서 동일하기 때문에 두 국가의 임금방정식 형태 자체는 동일하다. 즉, 특정요소 모형에서 살펴본 것처럼 자국과 외국의 임금방정식은 각국의 노동의 한계생산에 관계되며, 노동의 한계생산곡선은 특정생산요소의 부존량에 따라 달라진다. 하지만 국가별 노동의 부존량 차이가 존재하기 때문에 양국의 균형임금은 상이하다. 여기서는 분석의 편의를 위해 두 국가의 특정생산요소 부존량이 동일한 경우를 고려하자 ($K_X^H = K_X^F = \overline{K}_X$, $K_Y^H = K_Y^F = \overline{K}_Y$). <그림 1>은 동일한 임금방정식－즉, 특정요소의 부존량이 동일한 경우－ 하에서 자국의 노동부존량이 외국보다 적은 경우를 보여준다($L^H < L^F$). 그림에서 볼 수 있는 것처럼 자국의 균형(명목)임금이 외국보다 높기 때문에 이주가 자유화되면 노동은 외국에서 자국으로 이동할 것이다. 완전히 자유로운 국가간 이주가 가능하다면 이주는 두 국가의 임금이 동일할 때까지 발생할 것이며, 이러한 이주의 규모를 $\triangle L$라고 하자. 물론, 현실 세계에서는 여러 가지 현실적인 이유로 완전한 이주는 일어나지 않는다. 하지만, 자유로운 이주를 살펴봄으로써 대략적인 이주의 효과를 살펴볼 수 있을 것이다.

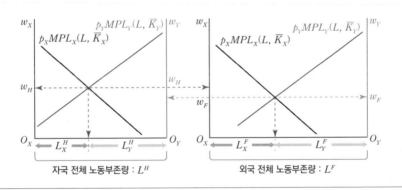

그림 1 이주가 이루어지기 전의 자국과 외국 균형임금

<그림 2>는 두 국가간에 이주가 발생했을 때의 이주균형을 보여준다. 자국의 노동부존량은 외국으로부터 $\triangle L$만큼의 이주가 유입이 되면서 $L^H + \triangle L$으로 증가하였으며, 이는 자국 노동시장 그림의 밑변이 늘어나는 것으로 반영

되었다. 따라서 <그림 2>에서 자국시장의 Y재 원점 O_Y와 임금축 및 Y재 임금방정식이 $\triangle L$만큼 우측으로 이동하였다[22]. 반면 외국은 부존노동의 유출로 인하여 외국 노동시장 밑변이 줄어드는 변화가 발생하였다. 이러한 변화는 자국과 외국의 임금이 동일하게 w^*가 될 때까지 이루어진다. 그림에서 볼 수 있는 것처럼 외국으로부터의 이주로 인하여 자국의 명목임금은 하락하며, 외국의 명목임금은 상승한다. 이러한 임금의 변화는 결국 자국의 노동공급이 늘고 외국의 노동수요는 줄기 때문이다.

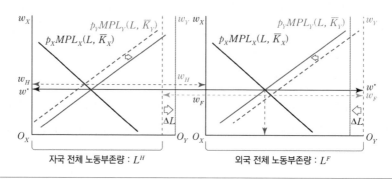

그림 2 이주로 인한 임금균형

이제 이주로 인한 산업별 고용, 생산요소의 소유자들의 실질소득 변화, 산업별 생산량 변화를 차례로 살펴보도록 하자. 혼란을 피하기 위해 먼저 자국의 경우를 살펴본 후 외국의 경우를 논의하도록 한다. 먼저 이주로 인한 산업별 고용량의 변화를 살펴보자. <그림 3>은 노동력 유입으로 인한 자국의 노동시장 균형 변화를 따로 분리해서 나타낸 것이다. 그림에서 볼 수 있는 것처럼 X재 산업의 고용은 L_X^H에서 L_X^*로 증가하였으며, Y재 고용도 L_Y^H에서 L_Y^*로 증가하였다. 그림으로부터 명확히 고용증가가 파악되는 X재와는 달리 Y재 고용은 원점 O_Y가 이동하기 때문에 고용증가가 명확하게 보이지는 않는다. 하지만, 노동의 유입으로 인하여 원점과 함께 임금방정식도 $\triangle L$만큼 평행이동하기

---

22 그림의 변화를 좀더 쉽게 이해하려면, 길이조절이 되는 상자의 한쪽 끝(X재 원점과 임금방정식)을 고정하고 다른 한쪽(Y재 원점과 임금방정식)을 당겨 늘렸다고 상상하면 된다.

때문에 X재 산업의 고용으로 흡수되지 않는 일부 유입 노동력이 Y재 산업에 고용됨을 알 수 있다[23]. 즉, 이주로 인하여 두 산업의 고용이 모두 증가한다. 이는 노동이 보편생산요소이기 때문에 외국으로부터 유입된 노동자들이 두 산업에 나누어 고용됨을 보여준다.

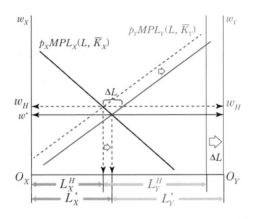

그림 3 자국의 산업별 고용변화

이제 자국 노동자들의 실질임금 변화를 살펴보자. 특정요소 모형에서 살펴본 것처럼 노동시장 균형에서 $w = p_X MPL_X = p_Y MPL_Y$이므로, X재 기준 실질임금과 Y재 기준 실질임금은 각 산업에서의 노동의 한계생산으로 나타낼 수 있다. 즉, $w/p_X = MPL_X$이며 $w/p_Y = MPL_Y$이다. 그리고 두 산업에서 특정생산요소의 변화는 없으므로 노동력의 유입으로 인하여 고용은 증가한다. 그런

---

[23] 또는 임금방정식에서도 알 수 있다. 노동력이 유입되기 전 노동시장 균형으로부터 도출한 Y재 산업에서 노동의 한계생산은 다음과 같다.

$$MPL_Y\left(L_Y^H, \overline{K}_Y\right) = \frac{p_X}{p_Y} MPL_X\left(L_X^H, \overline{K}_X\right)$$

그리고 이주가 발생한 후 X재 고용이 증가하므로 X재 산업 노동의 한계생산이 감소하고 ($MPL_X\left(L_X^*, \overline{K}_X\right) < MPL_X\left(L_X^H, \overline{K}_X\right)$), Y재 산업에서 노동의 한계생산은 다음과 같이 감소함을 확인할 수 있다.

$$MPL_Y\left(L_Y^*, \overline{K}_Y\right) = \frac{p_X}{p_Y} MPL_X\left(L_X^*, \overline{K}_X\right) < \frac{p_X}{p_Y} MPL_X\left(L_X^H, \overline{K}_X\right) = MPL_Y\left(L_Y^H, \overline{K}_Y\right)$$

데 각 산업에서 노동의 한계생산은 체감하므로 두 산업 내 고용의 증가로 노동의 한계생산은 하락하며, X재와 Y재 기준 노동자들의 실질임금도 하락한다. 이를 다른 방식으로 이해해 보자. 유입된 보편생산요소인 노동은 두 산업으로 나누어 투입되지만, 노동과 결합되는 특정생산요소는 변함이 없다. 따라서 노동 1단위가 활용할 수 있는 특정생산요소의 양은 줄어드는 셈이며, 따라서 노동의 생산성－즉, 한계생산은 감소하게 된다. 이처럼 보편생산요소 부존량의 증가는 해당 요소 소유자들의 실질소득을 감소시킨다.

한편, 보편투입요소인 노동의 유입으로 인하여 특정생산요소 소유자의 소득은 어떻게 될까? 이 또한 두 산업에서 특정생산요소의 한계생산으로부터 확인할 수 있다. X재 특정자본은 X에만 투입되기 때문에 해당 자본의 명목가격은 $r_X = p_X MPK_X(L, \overline{K}_X)$이다. 따라서 X재 기준 X재 특정자본의 실질가격은 명목가격을 X재 재화가격으로 나눈 것이며, Y재 기준 실질가격은 X재 기준 실질가격을 Y재로 교환할 때의 Y재 소비량이다. 즉, 양 재화 기준 실질가격은 다음과 같다.

$$\frac{r_X}{p_X} = MPK_X(\overline{K}_X, L); \; \frac{r_X}{p_Y} = \left(\frac{p_X}{p_Y}\right)\left(\frac{r_X}{p_X}\right) = \left(\frac{p_X}{p_Y}\right)MPK_X(\overline{K}_X, L) \cdots\cdots (1)$$

그리고 노동의 유입에도 불구하고 특정생산요소의 부존량은 변화가 없음을 기억하자. 그리고 특정요소 모형에서 두 재화의 생산함수를 1차 동차함수라고 가정했음을 떠올려 보자. 헥셔－오린 모형에서 살펴본 것처럼 1차 동차함수인 생산함수의 편미분은 0차 동차함수이며, 0차 동차함수인 한계생산은 해당요소와 다른 요소간의 투입비율에 관계되는 함수이다[24]. 즉 자본의 한계생산은 K/L가 증가하면 체감하는 함수이다. 그런데, X재 특정생산요소인 자본의 투입량은 변화가 없지만 고용량은 증가하므로 $\overline{K}_X/L$은 감소한다. 따라서 X재 생산에서 특정요소인 자본의 한계생산은 증가한다. 이처럼 보편생산요소 부존

---

24 헥셔－오린 모형에서 언급한 것처럼 이 성질은 $MPK_i(\overline{K}_i, L)$의 두 변수를 $1/L$배 하면 확인할 수 있다. 0차 동차함수의 정의로부터 $MPK_i(\overline{K}_i/L, 1) = MPK_i(K_X, L)$이며, 자본의 한계생산은 자본에 대해 체감하기 때문에 자본의 한계생산은 K/L에 대해 체감한다.

량의 증가는 X재 특정생산요소 소유자들의 실질소득을 증가시킨다. 이를 다른 방식으로 이해할 수도 있다. 특정요소의 투입량은 변화가 없지만, X재에 투입되는 노동의 양은 외국 노동의 유입으로 늘어난다. 따라서 X재 특정자본 1단위당 결합되는 노동력이 증가하므로 X재 특정자본의 생산성이 증가하며, 자본의 실질가격도 증가하게 된다. Y재도 X재와 완전히 동일한 변화가 발생하며, Y재 특정자본의 한계생산 및 실질가격도 X재의 경우와 마찬가지로 증가한다.

이제 보편생산요소인 노동의 유입으로 인한 자국의 생산량 변화를 살펴보자. X재 및 Y재에 투입되는 특정요소−즉, 특정자본−의 투입량은 변화가 없지만 두 산업 모두 노동의 유입으로 인하여 고용량이 늘어남을 상기하자. 생산가능곡선의 변화를 살펴보기 위해 완전특화점의 변화를 살펴보자. 만일 모든 노동을 X재 생산에 투입한다면 X재의 완전특화생산량은 $f(\overline{L}, \overline{K}_X)$이며, 이주노동력이 유입되면 $f(\overline{L}+\triangle L, \overline{K}_X)$로 증가한다. 마찬가지로 이주로 인하여 Y재 완전특화생산량은 $g(\overline{L}, \overline{K}_Y)$에서 $g(\overline{L}+\triangle L, \overline{K}_Y)$로 증가한다. 따라서 X재와 Y재 생산능력이 모두 확충되므로 <그림 4>처럼 자국의 생산가능곡선은 수평축과 수직축 방향으로 동시에 확장된다.

그런데, 자국으로의 이주는 국제상대가격의 변화는 수반하지 않는다고 가정한 것을 기억하자. 따라서 이주 전후 생산가능곡선과 접하는 교역선의 기울기

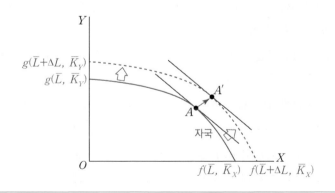

그림 4 생산량의 변화

는 변화가 없으며, 생산점은 A에서 A'으로 이동할 것이다. 이처럼 보편생산요소-또는 노동-의 유입은 두 재화의 생산량을 모두 늘린다. 사실 생산량의 증가는 생산가능곡선을 들여다보지 않더라도 쉽게 알 수 있다. 앞에서 살펴본 것처럼 노동시장의 균형-즉, 보편생산요소의 배분점-에서 두 산업 모두 투입 생산요소가 증가한 셈이므로 두 산업 모두 생산량이 증가하기 때문이다.

특정요소 모형에서 노동(보편생산요소) 유입의 경제적 영향
(1) 노동자(보편생산요소 소유자)의 실질소득 감소
(2) 특정생산요소 소유자의 실질소득 증가
(3) 모든 산업의 노동(보편생산요소) 투입량 증가
(4) 모든 산업의 생산량 증가

지금까지 우리는 노동부존량 유입으로 인한 자국의 경제적 효과를 살펴보았다. 그렇다면, 노동 유출국인 외국은 어떤 변화를 겪게 될까? 지금까지 우리가 살펴본 것과 동일한 논리로 외국은 자국과 정확히 반대의 경제적 효과가 발생할 것이라는 것을 유추할 수 있을 것이다. 즉, 유출되는 노동력은 두 산업에서 모두 빠져나가는 노동력이며, 그로 인한 노동공급의 감소로 인하여 외국의 명목 및 실질임금은 증가한다. 그러나 특정요소 소유자는 자신이 보유한 생산요소와 결합할 노동력의 부족을 겪게 되어 실질 소득이 감소할 것이다. 그리고 두 산업 모두의 고용이 감소함으로써 두 산업의 생산량이 모두 감소하게 된다. 자세한 분석은 생략하기로 한다.

마지막으로 자유로운 국가간 노동의 규모와 그로 인한 세계 후생의 변화를 살펴보자. 자국과 외국 노동부존량의 합이 세계 노동부존량 L_W이므로 특정요소 모형의 노동시장 분석과 동일한 방식으로 세계 노동시장을 살펴볼 수 있다. 즉, 오른쪽 원점을 자국의 원점으로 두고 자국의 임금곡선을 나타내자. 외국의 원점을 왼쪽 끝에 두고 외국의 임금곡선을 Y축에 대해 대칭이동한 형태로 그린 후, 밑변의 길이를 세계 노동부존량에 맞추면 <그림 5>와 같이 세계 노동시장을 나타낼 수 있다. 그리고 우리가 가정한 것과 같이 자국의 노동부존량이 외국보다 적다고 하자.

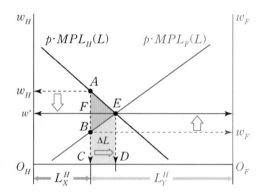

그림 5 국제이주와 각국의 이익

<그림 5>에서 나타난 것처럼 국가간 이주가 발생하기 전 자국의 임금균형점은 A이며, 자국의 국내 임금은 노동부존량이 적기 때문에 공급의 부족으로 인하여 높게 형성된다. 이에 반해 노동이 풍부한 외국은 균형점은 B이며, 외국의 임금은 낮은 수준이다. 따라서 두 국가간 노동의 이동이 자유화되면, 임금이 낮은 외국에서 임금이 높은 자국으로 국제이주가 발생하게 될 것이다. 국제이주는 양국간의 임금이 같아지는 수준까지 이루어지며, 완전이주균형은 E이고 이주의 규모는 $\triangle L$이다.

이주 유입으로 X재와 Y재 생산이 모두 증가하였기 때문에 자국의 총생산량은 사다리꼴 ACDE만큼 증가한다. 그런데 외국의 경우에는 노동력의 유출로 인하여 양 산업의 고용과 생산이 감소하므로 총생산이 BCDE만큼 감소한다. 그런데 국제이주가 반드시 외국에게 손실이 되는 것은 아니다. 외국의 이주노동자가 자국에서 벌어들인 임금소득을 본국인 외국으로 송금한다고 생각해 보자. 자국에서 외국으로 환류되는 총 노동소득은 $w^{*}\triangle L$이므로 사각형 CDEF의 면적이다. 이때 국제이주로 인한 자국의 순이득은 ACDE − CDEF = AEF이며, 여전히 삼각형 AEF만큼의 순이득이 남는다. 또한 외국의 순이득은 BCDE − CEDF = BEF이며, 삼각형 BEF만큼의 순이득이 발생한다. 즉, 외국의 노동자

들은 노동력 과잉으로 인하여 낮은 생산성을 보이던 본국－즉, 외국－을 떠나 생산성이 높은 자국에서 일하며 더 높은 임금을 받기 때문에 외국도 순이득을 올리게 되는 것이다. 물론 외국의 순이득은 해외에서 일하는 자신의 노동자들이 벌어들이는 소득을 얼마만큼 본국으로 환류하느냐에 따라 달라진다. 만일 국제이주가 대부분 영구적인 거주를 목적으로 하는 이주라면 국제이주는 외국의 순손실이 될 수도 있다.

마지막으로 국제이주로 인한 세계 순이익을 살펴보자. 노동력의 유입으로 인하여 자국의 총생산이 ACDE만큼 증가하고 외국의 총생산이 BCDE만큼 감소하므로 세계 순이익은 ACDE－BCDE＝ABE이다. 여기서 임금소득의 환류는 자국의 이득을 외국의 이득으로 전환할 뿐 세계 총생산에는 전혀 영향을 미치지 않으므로 고려할 필요가 없음에 유의하자. 따라서 국제이주로 인한 세계 순이익은 삼각형 ABE의 면적과 같으며, 이 순이익은 노동력이 과도하게 많아서 비효율적으로 이용되던 외국에서 노동력이 부족하던 자국으로 노동의 이동이 발생하면서 생긴 효율성의 개선에 의한 것이다.

지금까지 우리는 특정요소 모형을 이용하여 노동이 보편생산요소일 때 국가간 노동의 이동인 국제이주가 미치는 경제적 효과를 살펴보았다. 여기서 유념할 점은 본 절의 분석은 노동이 '보편생산요소'인 경우에 국한된 분석이라는 점이다. 때로는 노동이 각 산업에 특정화된 특정요소일 수도 있으며, 특정산업에서만 특정기술을 가진 노동의 이동이 발생할 수도 있다. 이 경우에는 이어서 설명할 특정생산요소의 국가간 이동을 적용하여 이주를 해석하는 것이 합리적이다.

2) 특정생산요소 부존량의 변화: 해외직접투자

다음으로 특정요소 모형을 이용하여 국가간 생산자본의 이동인 해외직접투자(foreign direct investment, 이하 FDI)의 경제적 효과를 살펴 본다. FDI는 '한 경제권의 거주자가 다른 경제권의 기업에 대해 통제권 또는 경영권을 행사하기 위해 행하는 투자'를 의미하며, 국가간에 발생하는 생산자본의 이동을 반영한다. FDI는 주식, 채권 등에 대한 투자인 포트폴리오투자와는 구별되며, 지금까지 우리가 살펴본 생산함수 내의 자본에 가까운 개념이기 때문에 무역모형에서 각국 자본부존량의 이동으로 해석할 수 있다. 현실 경제에서 다른 국가로부터 유입되는 FDI가 모든 산업에 투입되는 것은 아니며, 일부 산업에 집중되어 있는 것이 일반적이기 때문에 FDI를 통해 유입되는 자본을 특정요소로 고려하는 특정요소 모형을 이용하여 FDI의 경제적 효과를 살펴보도록 하자.

- 해외직접투자(FDI): 한 경제권의 거주자가 다른 경제권의 기업에 대해 통제권 또는 경영권을 행사하기 위해 행하는 투자
- 포트폴리오투자(portfolio investment): 투자자가 경영에 관계하지 않고, 단순히 배당금이나 이자수익을 목적으로 외국기업의 주식이나 채권을 취득하는 투자

자국과 외국의 노동부존량과 Y재 특정자본의 부존량은 동일하다고 하자 ($L^H = L^F = \overline{L}$, $K_Y^H = K_Y^F = \overline{K}_Y$). 그러나 X재 특정자본의 부존량은 자국이 외국보다 적다고 가정한다($K_X^H < K_X^F$). 두 국가간 생산요소의 이동이 불가능하다고 할 때, 자국 내 균형을 살펴보자. 특정요소 모형에서 모든 균형을 결정하는 것은 결국 보편투입요소인 노동시장의 균형이므로 여기에서도 노동시장을 살펴보는 것으로부터 시작한다. 그리고 자국의 경우를 생각해 보자.

<그림 6>은 생산요소 이동이 불가능할 때 자국과 외국의 노동시장 균형을

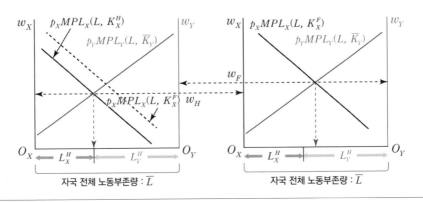

그림 6 $K_Y^H < K_Y^F$일 때 양국의 노동시장 균형

보여준다. 자국과 외국의 Y재 특정자본부존량은 동일하므로 Y재 산업의 임금방정식은 동일하다. 그러나 X재 특정자본부존량은 자국이 외국보다 적기 때문에 자국의 X재 임금방정식은 외국에 비해 아래쪽에 위치하고 있으며, 자국의 균형 명목임금은 외국보다 낮다. 그리고 노동의 한계생산이 K/L에 비례하는 함수였음을 기억하자. 즉, 노동 1단위 당 자본이 더 많이 결합되면 노동의 한계생산은 증가한다. 따라서 X재 산업에서 자국의 K_X^H/L_X^H는 외국의 K_X^F/L_X^F보다 작다 ($K_X^H/L_X^H < K_X^F/L_X^F$). 이제 두 국가에서 X재 특정자본의 명목가격을 생각해 보자. X재 특정자본은 $r_X = p_X MPK(L_X, K_X)$이므로 자본의 한계생산에 따라 결정되며, 자본의 한계생산은 우리가 알고 있는 것처럼 L_X/K_X에 비례하는 함수이다. 그런데 $K_X^H/L_X^H < K_X^F/L_X^F$는 $L_X^H/K_X^H > L_X^F/X_X^F$을 의미하므로 <그림 7>이 보여주는 것처럼 자국의 X재 특정자본 가격이 외국보다 높을 것이다.

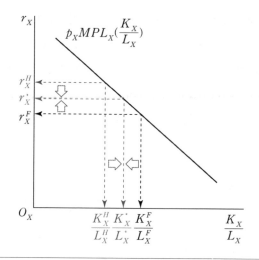

그림 7 $K_Y^H < K_Y^F$일 때 양국의 X재 특정자본 가격과 FDI의 효과

이제 두 국가간에 X재 특정자본의 자유로운 이동이 허용된다고 하자. 그러나 다른 생산요소들은 여전히 이동이 불가능하다고 하자. <그림 7>에서 살펴본 것처럼 자국의 X재 특정 요소 가격이 외국보다 높기 때문에 X재 특정자본의 투자자유화는 외국에서 자국으로의 X재 특정자본의 이동을 발생시킬 것이다. 따라서 자유로운 X재 특정자본의 이동이 가능하다면, 두 국가에서 X재 특정자본의 가격이 같아질 때까지 X재 자본의 이동이 발생할 것이다. X재 자본의 이동으로 인하여 산업별 고용량의 변화도 발생하기 때문에 <그림 7>에서는 정확히 FDI 규모를 파악할 수는 없다. 따라서 외국에서 자국으로의 FDI 규모는 나중에 살펴보기로 하고, 여기에서는 그 규모를 $\triangle K_X$라고 하자. 그리고 FDI 유입국인 자국의 경우를 살펴보기로 하자.

<그림 8>은 외국에서 자국으로 $\triangle K_X$만큼의 X재 특정자본의 이동이 발생했을 때 자국의 노동시장 균형을 보여준다. 국제이주와 달리 자국의 노동부존량은 동일하며 아무 변화가 없기 때문에 해당 그림에서 밑변의 전체 길이는 변화가 없다. 반면, $\triangle K_X$만큼의 FDI가 X재 산업으로 유입되면서 자국의 X재 특정자본부존량이 증가하기 때문에 자국의 X재 임금곡선은 상향 이동하게 된다. 이는 FDI 유입이 발생하는 X재 산업에서는 동일한 고용량과 결합하는 X재 특화 자본이 증가하며, 이로 인하여 노동의 한계생산이 증가하기 때문이다. 따라서 <그림 8>이 보여주는 것처럼 자국의 명목균형임금은 w_H에서 w^*로 상승하며, 외국의 명목균형임금은 w_F에서 w^*로 상승하게 된다. 즉, X재 산업에 대한 FDI의 유입으로 자국의 명목임금은 상승하며, 외국의 명목임금은 하락한다[25].

---

[25] FDI 균형에서 자국과 외국의 명목균형임금은 동일한 수준에 이른다. 이는 두 국가간 X재 특정자본의 이동으로 인하여 해당 자본의 명목가격이 양국에서 같아지면서 간접적으로 노동시장의 임금도 같아지기 때문이다. 즉, FDI로 인하여 양국에서 X재 산업의 자본-노동 투입비율 K_X/L_X이 같아지고, 결국은 양국의 명목임금도 같아지게 되는 것이다.

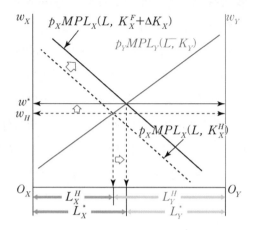

그림 8 자국의 노동시장 변화

    한편, <그림 8>에서 확인할 수 있는 것처럼 X재 특정자본의 유입으로 인하여 자국 내 X재 고용은 늘고, Y재 고용은 감소한다. 달리 말하자면, FDI 유입이 이루어지는 산업의 고용은 증가하며, FDI 유입이 이루어지지 않는 산업의 고용은 감소한다. 이는 X재 산업 내 명목임금 상승으로 인하여 Y재에 고용되어 있던 노동자들이 더 높은 임금을 쫓아 X재 산업으로 이동하기 때문이다. 따라서 FDI로 인하여 X재 특정자본이 증가하고 X재 고용도 함께 늘면서, X재

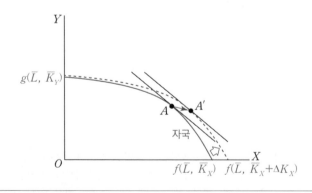

그림 9 자국 생산구조의 변화

의 생산은 증가한다. 반면, Y재 특정자본의 변화는 없으나 Y재 고용이 감소하면서 Y재 생산은 감소한다.

<그림 9>는 X재 특정자본의 유입으로 인한 자국의 생산점 변화를 보여준다. 먼저 생산가능곡선의 변화를 살펴보자. FDI 유입으로 인하여 자국 X재 특정자본의 총 부존량이 증가하므로, 자국의 X재 완전특화생산량이 증가한다. 그러나 Y재 완전특화생산량은 변화가 없기 때문에 X재 특정자본의 유입은 생산가능곡선을 X재 쪽으로만 확장시킨다. 그런데 재화가격의 변화는 없다고 가정하고 있으므로 생산점은 A에서 A'으로 이동할 것이다. 따라서 X재 생산은 증가하는 반면 Y재 생산은 감소한다.

X재에 대한 FDI 유입으로 이제 자국 내에서 보편생산요소의 소유자인 노동자와 Y재 특정자본 소유자의 소득이 어떻게 변하는지 살펴보자. 노동자의 명목임금은 X재에 대한 FDI로 인해 상승한다는 것은 이미 살펴보았다. 이제 노동자의 실질임금을 살펴보자. 먼저 <그림 7>이 보여주는 것처럼 X재에 대한 FDI로 인해 자국의 K_X/L_X가 증가했음을 기억하자. 실질임금은 노동의 한계생산이므로 노동 1단위당 결합하는 자본투입량이 증가하면 노동의 한계생산이 개선된다. 따라서 자국 내 X재 기준 실질임금은 증가한다. 그런데 Y재 특정자본의 변화는 없지만 Y재 고용은 감소하기 때문에 Y재에서 K_Y/L_Y도 역시 증가한다. 즉, Y재 특정자본의 투입량은 변화없지만 그 자본을 활용하는 Y재 투입노동이 감소하면서, 노동 1단위당 결합하는 자본투입량이 증가한다. 따라서 Y재 생산에서 노동의 한계생산 역시 증가하며, Y재 기준 실질임금도 증가한다. 정리하자면, 노동자의 명목 및 실질소득을 증가시킨다. 이는 X재에 대한 FDI가 노동 1단위에 결합할 수 있는 자본량을 늘림으로써 노동의 생산성을 개선하기 때문이다.

각 산업에서 자본의 한계생산은 노동의 한계생산과 반비례함을 상기하자. 즉, X재 산업에서 K_X/L_X의 증가는 L_X/K_X의 감소이므로 X재에 대한 FDI는 X재 특정자본 1단위당 결합하는 노동의 수를 감소시킨다. 따라서 X재 특정자본의 실질가격-즉, 특정자본의 한계생산-의 하락을 가져오며, X재 특정자본 소유자의 실질소득은 하락한다. 유사하게 X재 산업으로의 FDI 유입은 Y재 산업의 고용을 감소시킴으로써 L_Y/K_Y도 감소시킨다. 따라서 Y재 특정자본의 한계생산－즉, 실질가격－이 감소하며, Y재 특정자본 소유자의 실질소득이 감소한다. 정리하면, 한 산업에 FDI가 유입이 되면, 해당 산업 및 다른 산업에 속한 (특정요소로서의) 자본 소유자들의 실질소득은 하락한다. 이는 한정된 노동에 대해 자본의 공급이 증가함으로써 자본 1단위에 결합하여 투입할 수 있는 노동이 감소하기 때문이다.

> **특정요소 모형에서 X재 특정자본(특정생산요소) 유입의 경제적 영향**
> (1) 노동자(보편생산요소 소유자)의 실질소득 증가
> (2) 특정생산요소 소유자의 실질소득 감소
> (3) X재의 고용 증가 및 Y재의 고용 감소
> (4) X재 생산 증가 및 Y재 생산 감소

지금까지 우리는 X재 특정자본의 유입으로 인한 자국의 경제적 효과를 살펴보았다. 만일 X재가 아닌 Y재 특정자본의 유입이 발생하더라도 X재 특정자본의 유입과 동일하게 분석할 수 있다. 단지 'X재'가 'Y재'로 바뀔 뿐이다. 그렇다면 X재 특정자본의 유출국인 외국은 어떤 변화를 겪게 될까? 지금까지 우리가 살펴본 논리를 그대로 외국에 적용해 보면, 외국은 자국과 정확히 반대의 경제적 효과가 발생한다. 즉, X재 특정자본의 유출로 인하여 보편투입요소 소유자인 노동자의 실질소득은 감소하지만, 특정생산요소 소유자의 실질소득은 증가한다. 그리고 FDI가 유인된 X재 산업의 생산과 고용은 증가하는데 반해 Y재의 생산과 고용은 감소할 것이다.

마지막으로 두 국가간에 발생하는 FDI의 규모와 그로 인한 세계의 이익을 살펴보도록 하자. 국가간 X재 특정자본의 FDI 규모와 그로 인한 세계 후생의 변화를 살펴보자. 분석 방법은 국제이주에서 세계 노동시장을 살펴본 방법과 동일하다. <그림 10>은 밑변을 세계 X재 특정자본부존량으로 했을 때 자국과 외국의 X재 특정자본의 가격곡선을 나타낸 것이다. 그리고 우리가 가정한 것과 같이 자국의 X재 특정자본부존량이 외국보다 적다고 하자.

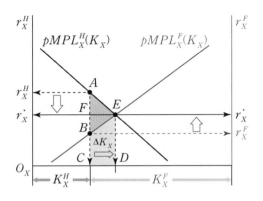

그림 10 FDI와 각국의 이익

<그림 10>에서 나타난 것처럼 국가간 FDI가 발생하기 전 자국의 균형점은 A이며, 자국의 국내 X재 특정자본의 가격은 부존량이 적기 때문에 공급의 부족으로 인하여 높게 형성된다. 이에 반해 X재 특정자본이 풍부한 외국은 균형점은 B이며, 외국의 X재 특정자본 가격은 낮은 수준이다. 따라서 두 국가간 FDI가 자유화되면, 외국에서 자국으로 $\triangle K_X$만큼 FDI가 발생한다. 그리고 완전 FDI 균형점은 E이다.

이제 총생산의 변화를 살펴보자. FDI 유입으로 자국의 총생산량은 사다리꼴 ACDE만큼 증가하는 반면, 외국은 자본 유출로 인하여 총생산이 BCDE만큼 감소한다. 그런데 외국의 해외직접투자자들은 자본투자를 통해 수익을 얻은데, 그 수익의 규모는 $r_X^* \triangle K_X$이며 사각형 CDEF의 면적에 해당한다. 따라서 만일 외국의 투자자들이 투자수익을 모두 본국인 외국으로 환류할 수 있다면, 외국의 순이익은 이제 BCDE-CEDF=BEF이며, 삼각형 BEF만큼의 순이득이 발생한다. 즉, 외국의 자본 소유자들은 자본 과잉으로 인하여 비효율적인 외국이 아닌 자본이 부족해서 더 효율적으로 자본을 이용할 수 있는 자국에 투자함으로써 더 높은 수익을 얻을 수 있다. 한편, 자국은 FDI 유입으로 인해 증가한 총생산량에서 해외투자자에게 지급한 금액을 제외하고도 순이익이 발생하며, 순이익의 규모는 ACDE - CDEF=AEF이다. 물론 노동의 이주와 유사하게 양국의 순이익은 FDI로 인하여 발생하는 수익을 외국의 투자자들이 본국으로 환류

할 수 있느냐에 따라 달라질 것이다. 만일 FDI 유입국인 자국 정부가 해외투자 수익의 전액 환류를 못하게 한다면 자국의 순이익은 증가하는 대신 투자국인 외국의 순이익은 감소하게 된다.

마지막으로 FDI로 인한 세계 순이익을 살펴보자. FDI의 유입으로 인하여 자국의 총생산이 ACDE만큼 증가하고 외국의 총생산이 BCDE만큼 감소하므로 세계 순이익은 ACDE − BCDE = ABE이다. 따라서 FDI의 자유화로 인한 세계 순이익은 삼각형 ABE의 면적과 같으며, 이 순이익은 자본이 과도하게 많아서 비효율적으로 이용되던 외국에서 자본이 부족하던 자국으로 자본의 이동이 발생하면서 생긴 효율성의 개선에 의한 것이다.

지금까지 우리는 특정요소 모형을 이용하여 X재 특정자본의 국가간 이동으로 발생할 수 있는 경제적 효과를 살펴보았다. 다시 한번 강조하지만, 본 절의 분석은 어디까지나 자본이 특정생산요소일 때 성립하는 분석이다. 만일 자본이 보편생산요소라면, 앞 절의 국가간 노동이동과 동일한 방법으로 FDI를 분석해야 한다.

나. 헥셔−오린 모형에서 생산요소 부존량의 변화: 립진스키 정리

본 절에서는 헥셔−오린 모형에서 부존요소의 변화를 생각해 보자. 특정요소 모형과 달리 헥셔−오린 모형에서는 요소가격균등화 정리가 성립하므로 국가간 생산요소 가격의 차이는 존재하지 않는다. 따라서 국가별 임금이나 자본가격의 차이를 쫓아 생산요소가 이동할 유인이 없으므로 여기에서는 한 국가의 생산요소 부존량이 외부적인 요인으로 인하여 증가하는 경우를 고려하도록 한다. 이와 같은 생산요소 부존량으로 생각할 수 있는 대표적인 것이 성장이다. 한 국가의 인구성장은 해당 국가의 노동부존량 증가로 해석될 수 있으며, 자본스톡의 증가는 자본부존량 증가로 해석될 수 있다. 헥셔−오린 모형에서는 모든 생산요소가 보편생산요소이므로 노동부존량 증가든 자본부존량 증가든 분석방법은 동일하기 때문에 여기에서는 인구성장으로 인한 자국의 노동부존량 증가만을 생각해 본다.

자국 노동부존량 증가의 영향을 살펴보기 위해 헥셔−오린 모형의 기본 가정들이 모두 성립한다고 하자. 그리고 인구성장으로 인하여 자국의 노동부존량이 △L만큼 증가한 경우를 생각해 보자. 이때 노동부존량 증가는 재화의 국제상대가격에는 영향을 미치지 않는다고 가정하자. 특정요소 모형의 노동시장 분석에서 보편생산요소인 노동부존량의 증가는 해당 국가의 전체 노동부존량을 반영하는 선분의 확장으로 살펴볼 수 있었던 것을 기억하자. 헥셔-오린 모형에서 노동도 보편생산요소이므로 역시 동일한 방법을 적용하도록 한다. 헥셔-오린 모형은 두 생산요소 모두가 보편생산요소이므로 노동부존량의 증가는 <그림 11>과 같이 에지워스 상자도형에서 노동을 반영하는 축의 확장으로 반영된다.

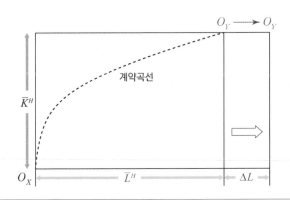

그림 11 노동부존량의 증가와 에지워스 상자 도형

한편, 노동부존량의 증가에도 불구하고 재화의 국제상대가격은 변화가 없다고 가정하고 있음을 상기하자. <그림 12>의 PW곡선에서 살펴본 것처럼 재화의 국제상대가격이 변화가 없다는 것은 자국 내 생산요소 상대가격의 변화가 없음을 의미하며, 나아가 자본집약적 X재와 노동집약적 Y재에 투입되는 노동자본 투입비율(L/K)의 변화도 없음을 의미한다. 즉, <그림 12>의 관계는 아무런 변화가 발생하지 않는다.

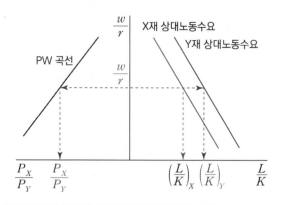

그림 12 노동부존량 증가와 재화가격-요소가격-요소집약도

그렇다면 노동부존량 증가는 어떤 영향을 미칠까? 노동부존량의 변화는 재화 및 생산요소의 상대가격에는 영향을 미치지 않지만, 각 재화의 생산량에는 영향을 미친다. 이를 살펴보기 위해, 먼저 <그림 13>의 에지워스 상자 도형을 이용하여 보자. 노동증가가 발생하기 전 균형 배분점이 E라고 하자. 점 E에서 두 재화의 등량곡선은 서로 맞닿아 있으며, 그 접선의 기울기가 요소상대가격인 w/r이다. 하지만, 이런 점들은 분석에는 사용할 필요가 없으므로 <그림 13>에서는 생략하였다. 그리고 점 E와 X재 원점 O_X를 연결한 선분의 기울기는 최적 생산에서 X재 요소집약도이며, 점 E와 Y재 원점 O_Y를 연결한 선분의 기울기는 Y재 요소집약도임을 기억하자. 이제 $\triangle L$만큼 노동부존량이 증가하여 에지워스 상자 도형의 밑변이 확장된 경우를 생각하자. <그림 12>에서 본 것처럼 노동부존량이 증가해도 X재와 Y재 생산에서 요소집약도는 변하지 않는다. 따라서 에지워스 상자 도형에서 균형 배분점은 E에서 E′으로 이동하게 된다.

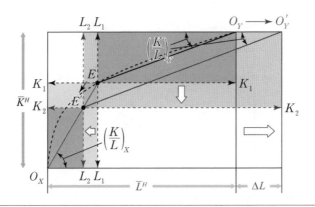

그림 13 노동부존량 증가와 생산요소 배분의 변화

각 재화 생산에 투입되는 생산요소 투입량의 변화를 살펴보자. 점 E에서는 X재 생산에 옅은 파란색 영역인 사각형 $O_X L_1 E K_1$에 해당되는 생산요소들이 투입되며 Y재 생산에는 짙은 회색 영역인 사각형 $O_Y L_1 E K_1$에 해당되는 생산요소들이 투입된다. 그런데 노동부존량이 증가하게 되면, X재 생산에 투입되는 생산요소는 짙은 파란색 영역인 사각형 $O_X L_2 E' K_2$로 줄어들며, Y재 생산에 투입되는 생산요소는 옅은 회색 영역인 사각형 $O_Y' L_2 E' K_2$로 크게 늘어난다. 따라서 노동부존량의 증가로 인하여 자본집약재인 X재 생산은 감소하지만, 노동집약재인 Y재 생산은 늘어난다.

마지막으로 <그림 14>의 생산가능곡선을 통해 생산구조의 변화를 살펴보도록 하자. 헥셔－오린 모형에서 노동은 보편투입요소이므로 노동부존량의 증가는 자국의 생산가능곡선을 X재와 Y재 방향으로 모두 확장시키지만, 노동집약적 재화인 Y재 방향으로 조금 치우쳐서 생산가능곡선이 확장될 것이다. 그런데 국제상대가격은 변하지 않으므로 원래의 생산점 A에서 접선의 기울기를 유지한 새로운 접선을 확장된 생산가능곡선에서 찾아야 하는데, 그 점이 바로 A'이다. 그리고 <그림 14>에서 볼 수 있는 것처럼 점 A에서 점 A'으로 이동하면서 X재 생산은 X_1에서 X_2로 감소하며, Y재 생산은 Y_1에서 Y_2로 증가한다.

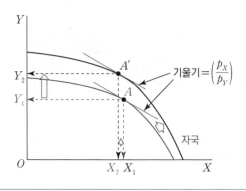

그림 14 노동부존량의 증가와 생산가능곡선

　　지금까지 우리가 분석한 내용을 정리해 보면, (인구증가로 인한) 한 국가의 노동부존량 증가는 자본집약적 재화인 X재의 생산을 줄이고 노동집약적 재화인 Y재의 생산을 늘린다. 늘어난 노동을 흡수하기 위해 노동집약적 산업의 생산이 늘어나는데, 노동집약적 산업이라고 하더라도 (적은 비율이지만) 자본을 필요로 하기 때문에 자본집약적 산업에서 자본을 일부 가져오면서 이러한 변화가 발생하는 것이다. 그리고 생산요소 부존량의 변화에 의한 이와 같은 생산구조의 변화를 일반화한 것이 립친스키 정리(Rybczynski Theorem)이다.

> **립친스키 정리**
>
> 2 국가 2 재화 2 생산요소의 헥셔-오린 모형에서 국제상대가격의 변화없이 한 국가에서 어느 한 생산요소의 부존량이 증가하면, 해당 생산요소를 집약적으로 사용하는 재화의 생산은 늘고 다른 재화의 생산은 감소한다.

　　우리는 자국의 인구증가로 인한 노동부존량 증가를 염두에 두고 살펴보았지만, 자본의 성장으로 인한 자본부존량 증가도 동일한 방법으로 분석할 수 있다. 그리고 립친스키 정리에 따르면, 자국의 자본부존량이 증가한다면 자본집약재인 X재 생산은 늘고 노동집약재 Y재 생산은 감소할 것이다. 이처럼 립친스키 정리의 의의는 헥셔-오린 모형을 통해 경제성장이 산업의 구조에 미치는 영향을 살펴볼 수 있다는 점이다. 예를 들어 우리나라와 같이 인구성장률이 낮고 자본성장을 통한 성장의 비중이 높은 국가를 생각해 보자. 립친스키 정리에 따르면 이러한 국가는 성장을 통해 자본집약적 산업의 비중이 더욱 커지고 노동집약적 산업의 비중이 낮아질 것이다.

다. 결론

본 장에서 우리는 특정요소 모형과 헥셔-오린 모형을 이용하여, 국가간 생산요소의 이동과 생산요소 부존량의 변화로 인한 경제적 효과를 살펴보았다. 먼저 국제이주를 노동을 보편생산요소로 간주하고 해외직접투자는 특정생산요소의 국가간 이동으로 간주하여 특정요소 모형을 이용해서 경제적 효과를 분석하여 보았다. 그리고 헥셔-오린 모형을 이용하여, 경제성장으로 인한 부존생산요소의 증가가 산업구조에 미치는 영향도 살펴보았다. 이처럼 고전적인 국제무역이론은 현실 경제의 현상을 분석하는데 유용한 분석의 틀을 제공한다.

지금까지 우리가 살펴본 고전적인 국제무역이론들은 무역의 패턴과 산업구조 및 소득의 재분배를 이해하는 데 도움이 되지만, 여전히 현실에서 국제무역 현상을 설명하는 데 한계를 가진다. 이에 고전적인 무역이론들의 한계를 극복하고자 하는 무역이론들이 나타나는데, 이어지는 장에서는 고전적인 무역이론이 가정하는 완전경쟁시장 대신 불완전경쟁시장을 도입한 새로운 무역이론들에 대해서 살펴보도록 한다.

01 A란 국가는 반도체와 밀을 생산하고 있다고 하자. 반도체(S)는 자본과 노동력을 이용하여 생산되며, 밀(W)은 토지와 노동력을 이용하여 생산된다. 즉, 자본은 반도체의 특정생산요소이며, 토지는 밀의 특정생산요소이다. A국의 반도체와 밀산업의 각 생산요소에 대한 한계생산은 다음과 같다고 하자.

반도체: $MPK_S = \left(\dfrac{L}{K}\right)^{1/2}$; $MPL_S = \left(\dfrac{K}{L}\right)^{1/2}$

밀: $MPT_W = \left(\dfrac{L}{T}\right)^{1/2}$; $MPL_W = \left(\dfrac{T}{L}\right)^{1/2}$

A국이 보유하고 있는 노동력이 500단위, 자본이 100단위이며 토지가 400단위라고 하자. 편의상 반도체와 밀의 가격을 모두 1이라고 가정할 때 다음의 질문에 답하라.

(1) 자급자족경제에서 A국이 반도체와 밀에 투입하는 노동력을 구하라.

(2) 자급자족균형에서 A국의 균형임금, 균형자본가격, 균형토지임대료를 구하라.

02   문제 1의 A국으로 대규모 이주가 이루어진 경우를 생각해 보자. 구체적으로 외국으로부터 대규모 이주가 발생하여, A국의 노동력이 800단위로 증가하였다고 하자.

(1) 대규모 이주로 이루어진 후 A국이 반도체와 밀에 투입하는 노동력을 구하라.

(2) 이주가 발생한 후 A국의 균형임금, 자본 및 토지의 임대료를 구하라.

(3) 이주로 인하여 생산요소의 가격에 어떠한 변화가 발생했는지 설명하라.

03 A국과 B국 두 국가만 존재하는 세계를 생각해 보자. 두 국가는 노동만
    을 투입하여 X재라는 한재화를 생산하고 있다고 하자. 그리고 두 국가
    는 동일한 생산기술을 보유하고 있으며, 다음과 같은 노동의 한계생산
    을 가진다고 하자.

$$MPL = 100 - L$$

그리고 두 국가간에 무역과 노동의 이동이 발생하지 않으며, X재의 상
품가격은 두 국가 모두에서 1이라고 하자. A국은 20단위의 노동력을 가
지고 있으며, B국은 80단위의 노동력을 가지고 있다고 하자.

(1) 노동의 이동이 발생하기 전, A국과 B국에서의 노동의 실질임금을
    구하라.

(2) 양국간에 노동의 이동이 발생한다면, 국가간 이주의 방향과 규모에
    대해 설명하라.

(3) 노동의 이동이 발생한 이 후 양국에서의 실질임금을 구하라.

(4) 이주 노동자들이 자신들의 소득을 모두 본국으로 송금한다고 가정
    할 때 A국과 B국의 후생변화를 구하라.

04 자본과 노동을 투입하여 디지털카메라와 옷을 제조하는 국가 A가 있다고 하자. 그리고 디지털카메라는 자본집약적 상품이고, 옷은 노동집약적 상품이라고 하자. A국의 자본 중 일부가 다른 국가로 유출되어 자본 보유량이 감소하였다고 할 때, 이러한 변화의 장기적인 효과에 대한 다음의 질문에 답하라(디지털카메라와 옷의 국제 상대가격은 변하지 않는다고 가정하자).

(1) 두 상품의 자본 – 노동 비율에 어떠한 변화가 발생하는지 설명하라.

(2) 자본의 유출로 인하여 디지털카메라와 옷의 생산에 투입되는 자본과 노동투입량 변화에 대해 설명하라.

(3) 자본의 유출로 인하여 디지털카메라와 옷의 생산량에 어떠한 변화가 발생하는지 설명하라.

규모의 경제와
신무역이론

05 | 규모의 경제와 국제무역 I: 독점과 덤핑

지금까지 살펴보았던 무역모형들에서 우리는 규모수익 불변의 생산기술을 가정한 완전경쟁시장을 고려하였다. 그러나 현실 경제에서는 완전경쟁시장이 아닌 불완전경쟁 시장을 더 많이 볼 수 있으며, 국제무역에서도 불완전경쟁 시장에서의 교역이 흔히 관찰된다. 앞으로 우리는 불완전경쟁시장을 국제무역에 접목시켜 볼 것이다. 이에 이 장에서 우리는 불완전경쟁이 생겨날 수 있는 원인 중 하나인 규모에 대한 수확체증의 생산기술을 살펴볼 것이다. 그리고 대표적인 불완전경쟁시장으로서 독점시장을 간략하게 살펴본다.

다음으로 동질적인 재화시장에서 독과점이 존재하는 경우에 발생하는 무역을 살펴볼 것이다. 이 장에서 살펴볼 무역 형태인 덤핑은 본국과 외국을 분리할 수 있는 독과점 기업이 이윤극대화를 위해 본국과 외국의 가격을 달리 선택하는 가격차별화의 일종이다. 그런 후 양국의 독점기업이 순수하게 전략적 요인으로 인하여 무역이 발생하는 소위 쌍방 덤핑이라고 하는 무역 모형도 살펴보기로 한다.

가. 규모의 경제와 독점

1) 규모수익 체증의 생산기술

불완전경쟁시장이 발생하는 원인은 다양하다. 만일 기업들이 규모수익 체증의 생산기술을 가지고 있다면, 시장에는 하나 또는 소수의 기업만이 존재하는 불완전경쟁시장이 발생할 수 있다. 또한 진입장벽이 높아서 새로운 기업의 자유로운 진입이 어려운 경우에도 불완전경쟁시장이 발생할 수 있다. 그리고 기업들이 생산하는 상품의 차별성이 높아서 서로 대체가 어려운 경우에도 불완전 경쟁시장이 나타날 수 있다.

여기에서는 불완전경쟁시장이 발생하는 대표적인 원인 중 하나인 규모수익 체증의 생산기술을 잠깐 살펴보도록 하자. 기업이 규모수익 체증의 생산기술을 가진다면, 생산량이 늘어나면서 해당 기업의 평균비용이 감소하게 된다. 이 경우에는 기업이 대량생산하면 할수록 평균생산비용이 하락하므로, 규모가 작은 기업이나 신규기업은 생산량이 많은 기업과 경쟁하기 어려우며 가장 생산량 규모가 큰 기업만이 살아남게 된다. 이렇게 생겨난 독점을 자연독점(natural monopoly)라고 한다.

규모수익 체증이 존재하는 대표적인 생산기술로써 다음과 같은 비용함수를 생각해 보자.

$$TC(x) = cx + f \quad\text{(1)}$$

이 생산기술은 선행 고정비용 f을 제외한 가변비용 부분에서는 일정한 한계비용 $MC = c$를 가지는 생산기술이다. 그리고 주어진 생산기술의 평균비용함수는 $AC = c + f/x$이며, 한계비용과 평균고정비용의 합이다. 따라서 <그림 1>과 같이 산출량 x가 증가하면, 평균비용이 감소하는 전형적인 규모의 경제를 가지는 생산기술이다.

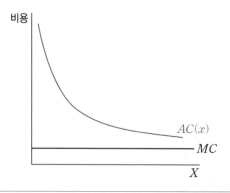

그림 1 규모수익 체증(불변한계 비용)

2) 독점시장

이제 독점균형을 간단히 살펴보도록 하자. 독점기업이 되기 위해서는 반드시 규모수익 체증의 생산기술을 가질 필요는 없기 때문에 여기에서는 일반적인 U자 형태의 평균비용을 가지는 기업의 독점균형을 생각해 보자. 이러한 일반적인 생산기술을 가지는 기업도 높은 진입비용 또는 특허권이나 전매권 등의 요인으로 독점기업이 될 수 있기 때문이다.

한 기업이 (여러 가지 이유로) 어느 한 재화의 독점적인 공급자이며, 이 기업의 총비용함수를 $TC(x)$라고 하자. 그리고 이 기업의 생산품에 대한 수요는 일반적인 우하향하는 수요함수라고 하자. 독점기업은 자신만이 해당 재화의 유일한 공급자이므로 해당 기업이 판매량을 늘린다면, 공급량의 증가로 인하여 재화의 가격이 수요함수를 따라 하락할 것이다. 가격 하락은 추가공급하는 공급량뿐만 아니라 이전에 공급하던 재화의 수량에도 적용되므로, 공급량의 증가는 기업의 기존 공급량의 수익(revenue)[1]의 감소로 이어지게 된다. 따라서 독점기업의 추가공급으로 인한 한계수익은 수요함수 위에 위치한 현재 가격보다 항상 낮다. 따라서 독점기업의 한계수익곡선은 수요함수 아래에 위치하게 될 것이다. <그림 2>는 독점기업이 직면하는 우하향 수요함수와 한계수익함수의

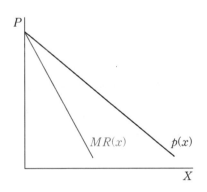

그림 2 독점기업의 한계수익

---

1 다른 교재에서는 한계수입(marginal revenue)라고 하는데 본 교재에서는 국제무역의 수입 (import)과 구분하기 위하여 수익이란 용어를 사용하고 있다.

대략적인 형태를 보여준다.

위의 내용을 수요함수를 이용하여 수식으로 일반화시켜 보자. 차별화된 재화를 생산하는 한 기업이 직면하는 역수요함수(inverse demand function)를 $p = p(x)$라고 하고, 생산량 x에 대해 우하향하는 함수라고 하자[2]. 다음으로 독점기업이 선택하는 독점가격을 생각해 보자. 독점기업은 시장의 유일한 공급자이므로 소비자가 지불할 용의가 있는 최대한의 가격을 독점가격으로 선택할 수 있다, 즉, 독점기업의 독점가격은 자신이 선택한 독점생산량에 대응하는 수요곡선 위의 가격 $p(x)$가 된다. 따라서 해당 독점기업의 총수익(또는 매출액)은 $TR(x) = p(x)x$이며, 한계수익은 다음과 같이 나타낼 수 있다.

$$MR(x) = x\frac{dp(x)}{dx} + p(x) \quad\text{(2)}$$

이제 독점 기업의 이윤극대화 문제를 생각해 보자. 기업의 이윤극대화 조건은 $MR = MC$임을 기억하자. 따라서 독점기업은 이윤극대화 조건을 만족하는 생산량을 선택하며, 해당 독점기업의 독점생산량 x_M은 다음의 방정식의 해이다.

$$x_M \frac{dp(x)}{dx}\Big|_{x_M} + p(x_M) = MC(x_M) \quad\text{(3)}$$

즉, 독점기업의 한계비용곡선과 한계수익곡선이 만나는 생산량이 독점생산량이다. 한편, (3)을 수요의 가격탄력성 ϵ의 정의를 이용하여 정리하면, 독점가격은 같이 나타낼 수 있다[3].

---

2 즉, $dp(x)/dx < 0$이다.
3 (3)을 다음과 같이 고쳐쓸 수 있다.

$$p(x_M)\left[\frac{x_M}{p(x_M)}\frac{dp(x)}{dx}\Big|_{x_M} + 1\right] = MC(x_M) \Leftrightarrow p(x_M)\left[1 - \frac{1}{\epsilon}\right] = MC(x_M)$$

$$p(x_M) = \left(\frac{\epsilon}{\epsilon - 1} \right) MC(x_M) \quad \cdots\cdots\cdots\cdots\cdots\cdots\cdots\cdots\cdots\cdots\cdots\cdots (4)$$

식 (4)에서 수요의 가격탄력성이 1보다 크다면, 독점가격은 완전경쟁가격인 $p(x_C) = MC(x_C)$보다 높음을 확인할 수 있다.

이제 기업의 이윤을 생각해 보자. 기업의 이윤식을 독점생산량으로 묶어내어 정리하면, 독점생산량 x^*를 선택했을 때 해당 독점기업의 이윤을 다음의 식 (5)와 같이 표현할 수 있다. 그리고 독점기업은 이윤이 적자가 아닌 이상 독점생산량을 생산하여 이윤을 극대화하려 할 것이다. <그림 3>은 독점기업의 독점생산량, 독점가격, 독점이윤을 보여준다.

$$\pi(x_M) = p(x_M)x_M - TC(x_M) = x_M [p(x_M) - AC(x_M)] \quad \cdots\cdots\cdots\cdots\cdots\cdots\cdots (5)$$

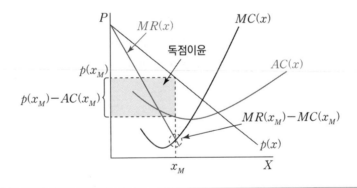

그림 3 독점균형과 독점이윤

3) 독점시장의 예: 선형수요함수

여기에서는 간단한 예로 선형 수요함수 하에서 독점균형을 살펴본다. X재라는 재화에 대한 수요는 다음과 같은 선형수요함수라고 하자.

$$p = a - bx \quad \text{(6)}$$

여기서 $a > 0$와 $b > 0$는 상수이며 x는 X재에 대한 총수요량이며 p는 X재의 가격이다. (6)의 수요함수 하에서 한계수익은 다음과 같다.

$$MR(x) = a - 2bx \quad \text{(7)}$$

그리고 해당 시장에는 (1)의 규모수익 체증의 생산기술을 가진 독점적 공급자가 존재한다고 하자.

<그림 4>는 주어진 수요함수와 기업의 생산기술 하에서 독점균형을 보여준다. 독점기업의 이윤극대화 조건은 $MR = MC$이므로 이를 만족하는 독점 생산량 x_M과 독점가격, 그리고 독점이윤은 다음과 같다.

$$a - 2bx = c \Rightarrow x_M = \frac{a-c}{2b} \quad \text{(8)}$$

$$p_M = a - bx_M \Rightarrow p_M = \frac{a+c}{2} \quad \text{(9)}$$

$$\pi_M = (p_M - c)x_M - f = \frac{(a-c)^2}{4b} - f \quad \text{(10)}$$

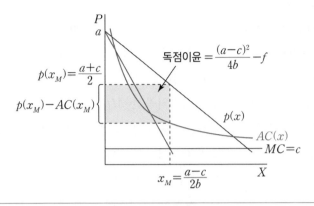

그림 4 선형수요함수와 불변 한계비용 하에서 독점균형

나. 동질적 재화시장에서 규모의 경제와 무역: 덤핑

지금까지 살펴본 고전적인 국제무역모형들은 각국의 기업들이 동질적인 재화를 공급하는 완전경쟁시장을 가정하고 있었다. 여기서 동질적이라는 의미는 자국의 X재와 외국의 X재가 동일한 재화이며, 소비자는 두 재화를 구별하지 않는다는 의미이다. 동질적인 재화시장은 보통 차별화된 재화시장보다는 경쟁적이지만, 규모의 경제, 진입장벽, 특허권, 전매권 등으로 인하여 독과점이 발생하는 경우가 존재한다. 이렇게 독과점이 존재하는 경우, 국제무역은 어떻게 될까? 여기서는 독과점기업의 무역행태 중 잘 알려진 덤핑(dumping) 모형을 살펴보기로 한다.

1) 덤핑

덤핑은 본국에 비해 해외에서 수요의 탄력성이 높으며, 본국시장과 해외시장을 구분할 수 있을 때 이윤극대화 기업이 본국과 해외의 공급가격을 달리 차별하여 공급하는 행태를 의미한다. 이 경우 기업은 가격탄력성이 낮은 본국에서는 높은 가격으로 공급하는 반면 가격탄력성이 높은 해외시장에서는 낮은 가격으로 공급하는 일종의 가격차별화(price discrimination)를 시도하게 되는데,

이를 덤핑이라고 한다.

덤핑을 살펴보기 위해, 자국의 한 기업이 자국 내에서는 독점적 공급자인 경우를 생각해 보자. 해당 기업 상품에 대한 자국의 수요곡선은 일반적인 우하향하는 형태의 수요곡선이며 $p(x)$이라고 하자. 따라서 <그림 2>에서 본 것처럼 자국 내에서 독점기업의 한계수익곡선 $MR_H(x)$는 수요곡선 아래에 위치하는 우하향하는 곡선이다. 한편, 해당 기업이 생산하는 상품은 해외시장에서는 매우 경쟁적인 상황이라고 생각하자. 즉, 수출시장은 완전경쟁시장이며, 해외시장의 가격은 p^W로 주어져 있다고 하자. 따라서 자국 기업이 1단위 상품을 해외에 수출할 때 얻을 수 있는 수출의 한계수익 MR_F은 p^W이다. <그림 5>는 자국시장과 수출시장에서 자국 독점기업의 한계수익 $MR(x)$을 보여준다. 그림에서 볼 수 있는 것처럼 상품공급량이 x_H보다 적은 경우에는 자국 내 공급에서 얻는 한계수익이 수출의 한계수익보다 높으므로 이윤극대화 독점기업은 자국 내 내수공급으로 $MR_H(x)$를 얻으며, 상품공급량이 x_H보다 많은 경우에는 수출을 선택하여 한계수익 MR_F를 얻을 것이다.

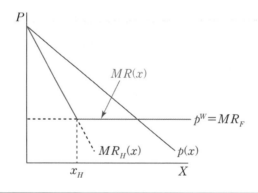

그림 5 덤핑기업의 한계수익

이제 자국 내 독점기업의 생산비용을 생각해 보자. 해당 기업은 일반적인 U자 형태의 한계비용과 평균비용을 가진다고 하자. <그림 6>는 독점기업의 비용곡선과 한계수익곡선을 하나의 그림에 함께 그린 것이다. 이윤극대화 기업의 최적선택은 $MR = MC$이므로 독점기업이 선택하는 이윤극대화 생산량은 x^*이다. 그런데 $x^* > x_H$이므로 독점기업은 더 높은 한계수익을 올리기 위해 생산량 중 x_H만큼은 자국에 공급하고 나머지 $x^* - x_H$만큼을 수출할 것이다.

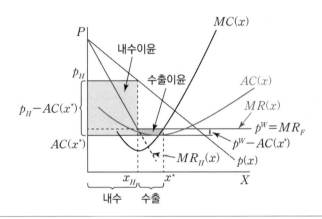

그림 6 덤핑

다음으로 자국과 해외시장의 공급가격을 살펴보자. 가정한 바와 같이 해외 시장은 완전경쟁시장이므로 수출할 때의 가격은 완전경쟁가격인 p^W이다. 따라서 수출이윤은 $[p^W - AC(x^*)](x^* - x_H)$이다. 이에 반해 해당 기업은 자국시장에서 독점이므로 자국 내 공급량 x_H에 대응하는 자국 수요곡선 위의 가격 p_H로 국내에 공급하게 된다. 따라서 내수이윤은 $[p_H - AC(x^*)]x_H$이며, 자국 내 독점기업의 덤핑 총이윤은 다음과 같다.

$$\pi^{dumping} = [p_H - AC(x^*)]x_H + [p^W - AC(x^*)](x^* - x_H) \quad\cdots\cdots\cdots\cdots (11)$$

여기서 자국 내 내수가격이 해외 수출가격보다 높다는 점$(p_H > p^W)$을 유념하자. 즉, 덤핑은 내수시장과 수출시장을 구분할 수 있는 자국 독점기업이 선택하는 가격차별화의 일종이다.

나아가 때로는 독점기업이 해외시장에 적자를 감수하면서 덤핑하는 경우도 발생할 수 있으며, <그림 7-a>가 그 경우를 보여주고 있다. <그림 7-a>에서 $MR = MC$인 생산량 x^*에서 평균비용은 국제가격 p^W보다 높다. 따라서 자국 내 독점기업이 수출을 하게 되면 수출이윤은 적자가 된다. 그렇다면 해당 기업은 수출을 해야 할까 아니면 내수시장에서 독점기업으로 남아야 할까? 만일 이 기업이 수출을 중단하고 자국 내에서 독점기업으로 남는다면 독점균형은 <그림 7-b>와 같을 것이다. 그러나 적자를 감내하고 수출을 한다면, 이 기업의 덤핑이윤은 <그림 7-a>의 내수이윤에서 수출적자를 제외한 것과 같다. 그리고 그림에서 볼 수 있는 것처럼 적자를 감내해도 덤핑이윤이 독점이윤보다 클 수 있다. 이처럼 기업이 적자수출을 하는 이유는 수출을 함으로써 대량생산이 가능하며, 대량생산을 통해 규모의 경제로부터 평균비용을 낮출 수 있기 때문이다. <그림 7>에서 볼 수 있는 것처럼 독점기업이 적자 수출을 함으로써 평균생산비용을 크게 낮출 수 있으며, 이를 통해 비록 수출시장에서 적자를 보더라도 이를 통해 국내시장의 이윤을 크게 늘릴 수 있다.

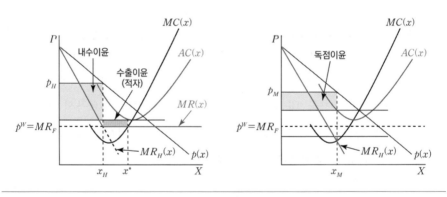

그림 7-a 적자 수출   그림 7-b 내수 독점

지금까지 살펴본 것처럼 덤핑은 가격차별화의 일종이면서, 자국의 독과점기업이 해외시장에 지나치게 낮은 가격으로 수출하면서 불공정경쟁을 가져올 수 있는 수출행태이다. <그림 7-a>의 적자 수출을 하는 덤핑의 경우를 생각해 보면, 자국 내에서 독점력을 가지고 있는 자국기업은 평균비용 이하의 적자 수

출이 가능하지만, 그렇지 못한 기업은 동일한 가격에 경쟁할 수 없다. 따라서 지나친 덤핑은 불공정행위로 간주되며, 수입당국의 규제를 받을 수 있다. 대표적인 규제가 반덤핑관세이며, 수입국이 판단하는 정상가격과 덤핑가격과의 차액에 해당하는 관세를 부과하여 덤핑을 바로 잡는 관세이다. 그러나 현실에서 덤핑의 판정이 불명확한 측면이 있어서 반덤핑규제가 남용되는 경향이 있다.

2) 쌍방 덤핑(reciprocal dumping)

우리가 앞에서 살펴본 덤핑 모형은 한 국가 내에 독과점 기업이 존재하고 다른 국가는 완전경쟁에 가까운 상황을 염두에 둔 모형이었다. 그런데 두 국가 모두에서 독과점적인 기업들이 존재하는 시장에서는 어떤 현상이 발생할까? 예를 들어 규모수익 체증의 생산기술로 인하여 자국에도 독점기업이 존재하고 외국에도 독점기업이 존재하는 경우를 생각해 보자. 각 국가 내에서는 규모수익 체증의 생산기술로 인하여 자연독점이 형성되지만, 양국의 독점기업들은 서로 경쟁할 수 있을 것이다. 이 경우 각 독점기업은 상대국가의 독점시장에 낮은 가격으로 진입할 유인이 존재하는 데 이를 쌍방 덤핑(reciprocal dumping)이라고 한다. 여기에서는 간단한 선형 수요함수와 규모수익 체증의 생산기술을 가진 독점기업들을 이용하여 쌍방 덤핑을 살펴보도록 한다.

자국과 외국의 두 국가로 이루어진 세계를 생각하자. 두 국가는 동일하게 (6)에서 살펴본 것과 같은 X재에 대한 선형 수요함수를 가지고 있다고 하자.

$$p = a - bX \quad \text{……………………………………………………………………………… (12)}$$

여기서 $a > 0$와 $b > 0$는 상수이며 X는 각국의 총수요량이다. 그리고 각국에는 동일한 생산기술을 가진 독점적 공급자가 존재한다고 하자. 각 독점기업들은 앞에서 살펴본 (1)의 규모수익 불변의 생산기술(또는 생산비용)을 가지고 있다고 하자.

먼저 두 국가간 무역이 발생하기 전 자급자족 균형을 생각해 보자. 자급자족 균형에서 각국에는 독점시장이 형성되어 있으므로 독점균형이 곧 자급자족 균형이 된다. 앞에서 이미 살펴본 바와 같이 선형 수요함수와 불변 한계비용 하에서 각 독점기업의 독점생산량, 독점가격, 독점이윤은 (8)~(10)와 같다. 두 국가의 수요와 생산기술이 동일하므로 <그림 8>과 같이 두 국가의 자급자족 균형도 동일하다.

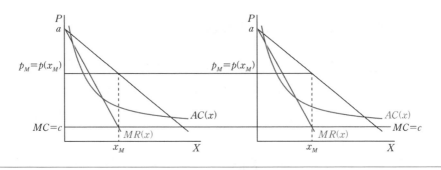

그림 8-a 자국의 자급자족 균형   **그림 8-b** 외국의 자급자족 균형

이제 두 국가간에 무역이 자유화되었다고 하자. 그리고 자국의 독점기업이 외국에다가 $\triangle x$만큼 수출한다고 생각해 보자. <그림 9>에서 볼 수 있는 것처럼, 외국에서는 외국 독점기업의 공급량에다가 자국기업의 수출량이 추가로 공급되면서 원래 독점가격 p_M보다 다소 낮은 가격인 p_1으로 외국 내 가격이 하락할 것이다. 하지만, 자국의 독점기업은 자국의 독점이윤에다 (외국시장의 가격하락에도 불구하고) 외국의 수출이윤을 추가로 획득할 수 있으며, $\triangle x$만큼 생산이 늘어나면서 발생하는 규모의 경제로 인하여 자국 내 독점이윤도 추가로 증가하므로 총이윤이 증가한다. 따라서 자국의 독점기업은 외국시장에 진출할 유인이 존재함을 알 수 있다. 그런데 외국의 독점기업도 동일한 상황에 놓여 있으므로 자국시장에 수출할 유인을 가진다. 따라서 두 기업 모두 상대국가에 수출을 할 유인이 있으며, 결국 독점이 아닌 과점시장을 형성하게 될 것이다.

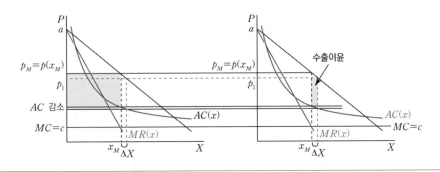

그림 9 자국 독점기업의 외국시장 침투

그렇다면 두 기업의 수출로 형성되는 과점시장을 살펴보자. 수출은 여러 부가적인 수출비용을 수반하기 때문에 추가적인 한계비용의 증가가 발생한다고 하자. 구체적으로 각 기업들이 본국에 공급하는 한계비용은 c이지만, 수출할 때의 한계비용은 수출비용 t가 추가되어 $c+t$가 된다고 하자.

그리고 자국기업의 내수공급량을 x_H^d, 수출량을 x_H^e라고 하고, 외국기업의 내수공급량을 x_F^d, 수출량을 x_F^e라고 하자. 자국 내 총공급량은 자국기업의 내수공급량과 외국기업의 수출량의 합이므로 $X_H = x_H^d + x_F^e$이며, 자국 내 가격은 수요함수로부터 $p_H = a - b(x_H^d + x_F^e)$이 된다. 유사하게 외국 내 총공급량과 가격은 각각 $X_F = x_H^e + x_F^d$과 $p_F = a - b(x_H^e + x_F^d)$이 된다. 나아가 수출비용을 고려할 때 자국기업과 외국기업의 총이윤은 다음과 같이 내수이윤과 수출이윤의 합이다.

자국기업의 총이윤: $\pi_H(x_H^d, x_H^e) = [p_H - c]x_H^d + [p_F - (c+t)]x_H^e - f$ ·· (13)

외국기업의 총이윤: $\pi_F(x_F^d, x_F^e) = [p_F - c]x_F^d + [p_H - (c+t)]x_F^e - f$ ···· (14)

위의 총이윤이 다소 복잡해 보이지만, 각 기업은 자국 내 이윤을 극대화하는 공급량과 외국 내 이윤을 극대화하는 공급량을 별개로 선택하는 형태이므로 자국시장에서의 이윤과 외국시장에서의 이윤을 분리해서 살펴볼 수 있다.

그리고 자국시장과 외국시장이 동일한 구조를 가진 시장이므로 자국시장만 살펴보면 외국시장의 균형도 함께 살펴볼 수 있다. 여기에서는 자국시장에서 두 기업의 공급량을 살펴보도록 하자.

자국기업의 내수시장 이윤은 $\pi_H^d = [p_H - c]x_H^d = [a - b(x_H^d + x_F^e) - c]x_H^d$이며, 외국기업의 수출시장 이윤은 $\pi_F^e = [p_H - (c+t)]x_F^e = [a - b(x_H^d + x_F^e) - (c+t)]x_F^e$ 이다. 그리고 자국기업은 내수시장 이윤을 극대화하는 내수공급량 x_H^d를 선택하며, 외국기업은 수출시장 이윤을 극대화하는 수출공급량 x_F^e를 선택한다. 이러한 과점시장은 일종의 쿠르노 과점시장이며, 자국기업의 내수 한계비용이 c이고 외국기업의 수출 한계비용이 $c+t$인 비대칭 쿠르노 과점시장이다.

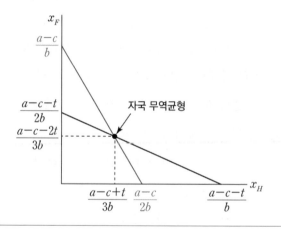

그림 10 자국시장의 무역균형

비대칭 쿠르노 과점시장도 일반적인 쿠르노 과점시장과 같이 각 기업의 최적 대응함수(best response function)의 연립방정식에서 균형이 도출되며, 최적 대응함수는 이윤극대화를 위한 1계 조건이다[4]. 즉, 자국기업이 내수이윤 극대화를 위해 선택하는 내수공급량 x_H^d와 외국기업이 수출이윤 극대화를 위해 선

---

4 자국기업의 내수시장 이윤함수(π_H^d)를 자국기업 내수생산량(x_H^d)에 대해 편미분하고 외국기업의 수출시장 이윤함수(π_F^e)를 외국기업 수출생산량(x_F^e)에 대해 편미분하면 된다.

택하는 수출공급량 x_F^e는 다음의 1계 조건을 만족하는 값들이다.

자국기업의 1계 조건: $a - c - b\big(2x_H^d + x_F^e\big) = 0$ .... (15)

외국기업의 1계 조건: $a - c - t - b\big(x_H^d + 2x_F^e\big) = 0$ .... (16)

그리고 <그림 10>이 보여주는 것처럼 (15)와 (16)을 연립하여 다음의 자국기업의 균형 내수공급량과 외국기업의 균형 수출량을 도출할 수 있다.

$$x_H^d = \frac{a - c + t}{3b} \;;\; x_F^e = \frac{a - c - 2t}{3b}$$ .... (17)

자국 내 총공급량과 가격도 각각 $X_H^T = x_H^d + x_F^e = (2a - 2c - t)/3b$와 $p^T = (a + 2c + t)/3$이 됨도 쉽게 확인할 수 있다. 여기서 주목해야 할 점은 무역균형에서 총공급량이 자급자족균형인 독점균형에서의 독점공급량보다 많다는 사실이다[5]. 그리고 무역균형에서 시장가격인 p^T도 자급자족균형에서의 가격인 독점가격보다 낮다.

나아가 자국기업의 내수이윤과 외국기업의 수출이윤도 각 기업의 생산량과 자국의 시장가격에서 구할 수 있다.

$$\pi_H^d = \big[p^T - c\big]x_H^d = \frac{(a - c + t)^2}{9b}$$ .... (18)

$$\pi_F^e = \big[p^T - c - t\big]x_F^e = \frac{(a - c - 2t)^2}{9b}$$ .... (19)

한편, 외국시장도 자국과 동일하기 때문에 외국기업과 자국기업의 처지만 바뀔 뿐 동일하다. 따라서, 외국기업의 내수공급량과 자국기업의 수출량 그리

---

5 $x_F^e \geq 0$이므로 $X_H^T - x_M = (a - c - 2t)/6b \geq 0$과 $p_M - p^T = (a - c - 2t)/6 \geq 0$임을 확인할 수 있다.

고 외국기업의 내수이윤과 자국기업의 수출이윤은 다음과 같다. 그리고 외국시장의 균형가격은 자국시장과 동일하게 p^T이다.

$$x_F^d = \frac{a-c+t}{3b} ; \ x_H^e = \frac{a-c-2t}{3b} ; \ \pi_H^e = \frac{(a-c-2t)^2}{9b} ; \ \pi_F^d = \frac{(a-c+t)^2}{9b}$$
.... (20)

따라서 두 기업의 내수이윤과 수출이윤의 합인 총이윤은 다음과 같다.

$$\pi^\tau = \pi_H + \pi_F = \frac{(a-c+t)^2}{9b} + \frac{(a-c-2t)^2}{9b} - f$$ .... (21)

이제 무역균형의 특징을 살펴보도록 하자. 첫째, 기업의 내수공급가격과 수출공급가격을 살펴보자. 무역균형에서 두 국가의 시장가격은 동일하게 p^T이다. 그런데 수출비용이 없는 본국기업과 달리 수출기업은 수출과정에서 t만큼의 수출비용이 추가로 부담하여야 한다. 따라서 내수공급가격과 수출공급가격과의 가격차이가 존재하게 된다. 주어진 예에서 자국기업은 자국에서 판매할 때는 시장가격인 p^T로 상품을 공급하면 되지만, 외국으로 수출하기 위해서는 $p^T - t$의 수출가격으로 상품을 선적해야 한다. 즉, 자국기업은 자국시장에 공급할 물량에 대해서는 단위당 가격 p^T를 책정하지만, 외국시장에 공급될 물량에 대해서는 $p^T - t$의 수출가격을 책정한다. 외국시장에 판매할 수입업자의 입장에서는 자국기업이 생산한 재화를 $p^T - t$의 가격으로 구입할 수 있어야 이를 외국시장으로 들여올 때 추가되는 수송비를 고려하여 외국시장에는 단위당 p^T으로 판매할 수 있게 되는 것이다. 이처럼 자국기업이 $p^T - t$의 가격으로 수출해야만 수출과정에서 t의 수출비용이 추가된 후 외국시장에서 p^T의 가격으로 판매되므로 자국기업과 외국기업은 본국공급 가격보다 낮은 공급가격으로 수출하게 되는데, 이는 일종의 덤핑 행위이다.

둘째, 각 기업은 자급자족균형의 독점이윤이 무역균형에서의 비대칭 쿠르노 이윤보다 높지만, 무역 자유화 하에서 유일한 균형은 쌍방 덤핑균형이다. 이는 독점이윤 (10)와 무역균형에서의 이윤 (21)을 비교하면 쉽게 확인할 수 있다[6]. 따라서 무역자유화는 자연독점과 같은 독점시장을 상대적으로 더 경쟁적인 (비대칭적) 과점시장으로 변화시킬 수 있다.

셋째, 독점균형에 비해 (비대칭적) 과점균형에서 시장가격은 더 낮고 공급량은 더 많으므로 무역자유화는 소비자 후생을 개선한다. <그림 11>은 자급자족균형과 무역균형에서 자국의 소비자 후생을 비교하여 보여준다.

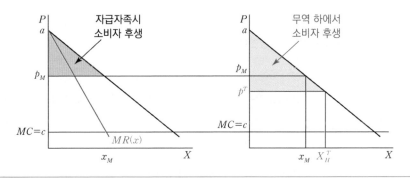

그림 11 쌍방 덤핑으로 인한 소비자 후생의 변화

넷째, 각국의 사회후생은 무역자유화로 인하여 개선되는 부분도 있지만 후생의 손실이 발생하는 부분도 있다. <그림 12>는 자급자족균형에서의 사회후생과 무역균형에서의 사회후생을 비교하여 보여주고 있다. 여기서 사회후생은 소비자 후생과 기업 이윤의 합으로 정의하도록 하자. 자급자족 균형과 비교할 때 무역균형에서 증가한 사회후생은 사다리꼴 ABCD이다. 이는 두 국가간 무역으로 인한 공급량 증가 때문에 늘어난 후생이다. 그런데 무역으로 인하여 영구히 상실되는 후생도 존재하는 데 사각형 DEFG가 그에 해당한다. 사중손실에 해당하는 사각형 DEFG의 후생이 사라지는 이유는 무역 이전에는 c의 한계비용으로 효율적으로 공급되던 것이 무역 하에서는 무역비용이 반영된 $c+t$의 한계비용으로 공급되기 때문이다. 따라서 수출시 발생하는 무역비용 t가 충

---

6 $\pi(x_M) - \pi^T = (a-c-2t)(a-c+10t)/36b > 0$

분히 크다면, 무역으로 인한 후생의 순손실이 발생할 수도 있다.

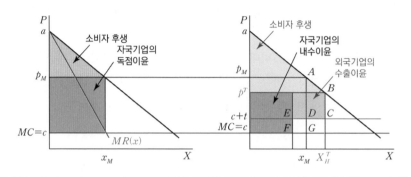

그림 12 쌍방 덤핑으로 인한 후생변화

쌍방 덤핑 모형이 흥미로운 것은 국가간의 생산요소나 생산비용의 차이가 없이도 무역이 발생하기 때문이다. 쌍방 덤핑 모형은 순전히 기업의 전략적 요인에 의해서도 무역이 발생할 수 있음을 보여준다. 한편, 우리가 독점을 도입하기 위해서 규모수익 체증의 생산기술을 가정하기는 했지만, 규모수익 체증의 생산기술이 아니더라도 불완전경쟁시장에서 기업의 전략적 유인에 의해서 무역은 생겨날 수 있다.

다. 결론

본 장에서 우리는 불완전경쟁이 생겨날 수 있는 원인 중 하나인 규모수익 체증의 생산기술을 살펴보았다. 그런 후 불완전경쟁시장에서 발생하는 덤핑과 쌍방 덤핑을 살펴보았다.

덤핑은 본국과 외국을 분리할 수 있는 독과점 기업이 이윤극대화로써 내수가격과 수출가격을 선택하는 가격차별화의 일종이며, 본국의 독과점기업은 본국에서 높은 가격으로 상품을 공급하는 반면 수출시에는 낮은 가격으로 공급하는 행태를 보인다. 이러한 덤핑은 기업의 입장에서는 이윤극대화를 위한 가격전략이기는 하지만, 세계시장에서 불공정경쟁의 요인이 될 수 있는 전략이기도 함을 살펴보았다.

　마지막으로 우리가 살펴본 무역 모형은 쌍방 덤핑 모형이었다. 쌍방 덤핑 모형을 통해 우리는 국가간의 생산요소나 생산비용의 차이가 없이 순전히 기업의 전략적 요인만으로도 무역이 발생할 수 있음을 확인할 수 있었다.

01 K국에는 x재화를 독점적으로 생산하는 기업이 존재한다. 이 기업의 총
생산비용함수는 $C(x) = \dfrac{1}{80}x^2$이고 K국 소비자들의 x재화에 대한 수요
는 $D(x) = 200 - 20P_x$라고 하자. 그런데 이 재화에 대한 글로벌 가격은
$P_x^w = 10$이며 이 재화에 대한 세계수요는 이 가격에서 완전탄력적이다.
이 재화에 대한 자유무역이 개시되면, 이 나라의 소비자 후생과 독점기
업의 후생에 어떤 변화가 발생할지 설명하라.

02 A국에 A라는 독점기업이 존재한다고 하자. 이 기업은 국내시장에서는 독점기업이지만 해외시장에서는 완전경쟁적 상황에 놓여 있다고 하자. 한편 이 기업의 한계비용은 다음과 같이 주어져 있다.

$$MC = Q_A$$

여기서 Q_A는 기업 A의 생산량이다. 한편 A가 생산하는 제품에 대한 국내 수요는 다음과 같다고 하자.

$$P = 130 - Q_A$$

마지막으로 해외시장에서 기업 A의 생산품 가격은 50($)라고 하자.

(1) 기업 A가 국내에 공급하는 가격 및 공급량을 구하라.

(2) 기업 A의 수출가격과 수출량을 구하라.

(3) 기업 A의 수출행위가 왜 덤핑에 해당하는지 설명하라.

03 A와 B 두 나라에는 각각 동질적인 재화를 생산하는 독점기업이 존재한 다. 각국의 두 독점기업 기업이 무역을 하는 경우 각국의 총후생수준에 어떤 영향을 미치게 될지 1) 수송비용이 전무한 경우, 2) 일정한 수송비 용이 존재하는 경우를 나누어서 간략히 설명하라.

04 자국과 외국의 두 국가만 존재하는 세계를 생각해 보자. 각 국가에는 X 재를 생산하는 동일한 독점기업이 존재한다고 하자. 양 국에 위치한 독 점기업의 비용함수는 다음과 같다.

$$TC = 20q + 100$$

그리고 양국의 소비자는 X재에 대한 다음과 같은 동일한 수요함수를 가 지고 있다고 하자.

$$P = 100 - Q$$

양 국가간 교역이 발생할 때, 수출시 무역비용이 10이라고 하자.

(1) 양국간 무역이 발생하기 전, 자급자족균형에서 시장공급량과 가격 을 구하라.

(2) 양 국가간 무역이 발생할 때, 무역균형에서 각 기업의 내수공급량 과 수출량을 구하라.

(3) 무역균형에서 각 기업이 국내 및 해외시장에 출하하는 가격은 얼마 인가?

(4) 두 기업의 수출행위를 덤핑으로 간주할 수 있는 이유를 설명하시오.

06 | 규모의 경제와 국제무역 II: 신무역이론(산업내 무역이론)

　지금까지 살펴본 전통적인 무역이론은 국가간 상품의 교역을 국가간 비교우위의 결과로써 설명하여 왔으며, 이러한 비교우위의 발생 요인을 국가간 상이성에서 찾았다. 예를 들어, 리카르도의 무역이론은 국가간 생산성의 격차로 인하여 국가간 비교우위가 발생한다고 설명하고 있으며, 헥셔-오린 무역이론은 국가별 생산요소 부존량의 차이에서 비교우위의 발생 요인을 찾고 있다. 오랜 기간 주류 무역이론으로 인정받아온 이와 같은 전통적인 무역이론은 국가 사이에서 발생하는 산업간 무역(inter-industry trade) 패턴을 이해하는 데 큰 기여를 한 것으로 평가되고 있다.

　전통 무역이론에 의하면 개별 국가는 다른 국가에 비해 저렴한 비용으로 생산이 가능한 산업의 생산에 특화하여 해당 산업의 생산품을 수출하거나(리카르도 이론), 자국이 상대적으로 풍부하게 가지고 있는 생산요소를 집약적으로 사용하는 산업에 비교우위를 가지므로 해당 산업이 수출산업이 된다(헥셔-오린 이론). 이에 더하여 전통적인 무역이론은 무역으로 인한 산업별 생산요소 투입량의 변화 및 생산요소의 가격변화를 이해하고 설명하는 데에도 큰 공헌을 하였다.

　하지만 현실의 무역통계로부터 확인할 수 있는 주요한 현상들은 전통적인 무역이론들과 상당한 괴리를 보이고 있다. 전통 무역이론들의 이론적 예측에 따르면 국가별 특성의 차이가 큰 두 국가의 무역규모는 유사한 두 국가의 무역규모보다 클 것이다. 즉, 생산성이나 부존자원이 상이할수록 무역규모는 커진다. 그러나 실제 현실의 무역에서는 유사성이 높은 국가간 무역량이 오히려 더 큰 경우가 많다.

또한 현실의 국가간 무역에서는 전통 무역이론이 예측하는 산업간 무역에 비해 동일한 산업 내에서 양국간 교역인 산업내 무역(intra-industry Trade)의 비중이 더 크다. 즉, 전통적인 무역이론에 의하면 각 국가는 서로 다른 산업을 수출산업으로 선택하게 되므로 산업내 무역이 발생할 가능성이 낮으며 서로 상이한 국가간의 무역활동이 활발해야만 한다. 하지만 이러한 전통 무역이론의 예측은 현실의 무역 현상과 큰 차이를 보이고 있다.

따라서 전통적인 무역이론은 현실 무역의 큰 부분을 차지하고 있는 산업내 무역을 설명하는 데에도 실패하였으며 유사한 국가간에서 무역이 활발하게 일어나는 현상을 설명하는 데에도 실패하였다는 비판을 받아 왔다. 이에 1980년 대에 이르러 크루그만(Krugman, 1980), 헬프만(Helpman, 1981), 에티어(Ethier, 1982) 등은 전통 무역이론에서 설명하지 못하는 산업내 무역과 유사국가간의 무역을 설명하기 위해 소위 신무역이론(new trade theory)으로 지칭되는 새로운 무역이론을 도입하였다. 크루그만(1980)이 처음으로 제시한 신무역이론은 왜 동일한 산업 내에서 두 국가가 쌍방향 무역을 하는가에 대한 해법을 제시하여 주목을 받았다. 위에서 언급한 바와 같이 전통 무역이론은 각 국가는 서로 상이한 산업에 비교우위를 가지게 되기 때문에 개별 국가는 서로 다른 수출산업을 가질 것을 예측하지만, 이는 산업내 무역현상과 상충되는 결과이다. 이러한 산업내 무역의 존재를 설명하기 위해, 크루그만은 전통 무역이론에서 간과하고 있는 규모의 경제(economies of scale)의 존재와 차별화된 제품의 존재에 주목하였다. 그리고 그는 차별화된 제품을 생산·판매하는 기업과 차별화된 제품을 구매하려는 제품다양성을 선호하는 소비자의 존재가 산업내 무역의 요인이 될 수 있음을 보였다. 즉, 크루그만의 신무역이론은 다양한 제품을 소비하려는 소비자가 존재하는 한 서로 다른 국가가 동일한 수출산업을 가질 수 있으며 동일 산업 내 차별화된 제품의 쌍방향 무역이 발생할 수 있음을 이론적으로 설명하였다.

신무역이론의 또 다른 기여는 국제무역 이론의 초점을 국가와 산업 수준에서 기업의 수준으로 낮추는 계기가 되었다는 점이다. 비록 신무역이론 자체는 개별기업의 특성을 무시하고 있지만, 신무역이론에서 무역 현상의 주체는 국가나 산업이 아닌 독점적 이윤을 추구하는 기업이 되었다는 점은 평가할 필요가 있다. 이는 신무역이론이 개별기업이 가지는 규모의 경제에 기초한 무역이론이기 때문이다.

본 장에서는 산업내 무역에 대해 살펴본 후, 신무역이론의 대표적인 모형인 크루그만 모형(1980)을 간략히 살펴볼 것이다. 그리고 크루그만 모형에 기업들의 생산성을 추가한 메리츠 모형(2003)의 개요도 살펴보도록 한다.

가. 산업내 무역

1) 산업내 무역의 중요성

신무역이론은 전통적인 무역이론에서 간과하고 있는 산업내 무역의 중요성에서 출발한다. 아래의 표는 1996－2000년에 걸친 기간동안 주요국에서 산업내 무역이 차지하는 비중을 보여준다.

표 1 산업내 무역 비중(%, 1996-2000년 평균)

국가	산업내 무역 비중
France	77.5
Germany	72.0
Spain	71.2
Netherlands	68.9
US	68.5
Sweden	66.6
Japan	47.6
Norway	37.1
Australia	29.8

출처: OECD(2002)

위의 표가 보여주는 것처럼 많은 국가에서 산업내 무역의 비중은 산업간 무역의 비중을 넘어서고 있다. 하지만, 전통적인 헥셔－오린 모형은 산업내 무역을 설명하지 못하는 치명적인 한계를 가지고 있다.

산업내 무역의 존재와 함께 전통적인 헥셔-오린 모형을 괴롭혀온 현상 중 하나는 유사한 국가간에 발생하는 무역이다. 전통적인 헥셔-오린 모형에서 무역의 발생 요인은 국가간의 상이성임에 반해, 현실에서 발생하는 무역의 상당 부분은 유사한 국가간에 발생하는 무역이다. 이를 살펴보기 위해 다음의 표를 살펴보자. 아래의 <표 2>는 2005년에 발생한 북미, 유럽, 일본, 그리고 기타 세계간의 무역구조를 보여준다.

표 2 제조업의 지역간 수출구조(10억 달러, 2005년)

출발\도착	북미	유럽	일본	기타 세계
북미	824	238	88	1.478
유럽	398	3,201	77	4.372
일본	152	94	0	595
기타 세계	2,093	4,398	515	10,159

출처: WTO(2006)

미국, 캐나다, 멕시코를 포함하는 북미대륙의 국가들과 유럽 및 일본은 경제 수준이 유사하다고 볼 수 있다. 따라서 위의 표는 이들 유사한 경제 수준의 국가 및 지역간의 무역규모가 크다는 것을 보여준다.

2) 산업내 무역의 측정

산업내 무역을 측정하기 위한 지수는 여러 가지가 있으나, 가장 널리 사용되는 지수가 그루벨-로이드 지수(Grubel-Lloyd index, 이하 GL 지수)이다. GL 지수는 특정 상품의 산업내 무역의 규모를 측정하기 위하여 고안된 지표이다 (Grubel and Lloyd, 1971). 한 국가 내에서 상품 i의 수출량과 수입량을 각각 X_i 와 M_i라고 할 때, GL 지수는 다음과 같이 정의된다.

$$GL_i = \frac{(X_i + M_i) - |X_i - M_i|}{X_i + M_i} = 1 - \frac{|X_i - M_i|}{X_i + M_i}; \ 0 \leq GL_i \leq 1 \ \cdots\cdots\cdots (1)$$

이 지표는 해당 국가의 상품 i 총교역량에서 양방향 교역의 비중을 의미한다. 이를 이해하기 위해 $GL_i = 0$과 $GL_i = 1$인 극단의 경우를 생각해 보자. 만일 $GL_i = 0$라면, $X_i = 0$이거나 $M_i = 0$인 경우에 해당한다. 즉, $GL_i = 0$는 해당 국가가 상품 i를 수출만 하거나($M_i = 0$), 수입만 하는($X_i = 0$) 국가이며, 해당 상품은 순수하게 산업간 무역을 하는 경우임을 의미한다. 반면, $GL_i = 1$은 $X_i = M_i$인 경우이며, 해당 국가가 상품 i를 수출하는 만큼 수입함을 의미한다. 즉, 산업내 무역의 규모가 가장 큰 경우에 해당한다.

아래의 표는 2009년 OECD국가들의 GL 지수를 보여주고 있다. 대부분 선진국인 OECD국가들은 대체로 높은 수준의 산업내 무역을 하고 있으며, 우리나라는 70정도의 산업내 무역을 기록하고 있음을 알 수 있다.

표 3 국가별 제조업의 산업내 무역규모(2009년)

국가	GL 지수
Belgium	91.1
Austria	86.7
France	86.7
Netherlands	86.4
Hungary	86.1
Estonia	83.5
Spain	83
Czech Republic	82
Mexico	80.4
Sweden	79.8
Slovenia	79.2
Germany	78
Denmark	77.6
United States	74.8
Italy	73.6
Korea	69.6

국가	GL 지수
Finland	68.6
Norway	66.9
Luxembourg	64.8
Japan	54.4
Ireland	45.9
Greece	44.8
Iceland	40.7

주 1) GL 지수가 공개된 국가만 수록
　2) 식 (1)의 GL 지수에 100을 곱한 값
자료: OECD STAN Indicators Database

한편, GL 지수는 특정 상품과 산업의 산업내 무역을 측정하여 산업별 교역의 특징을 살펴보는데 활용되기도 한다. <표 4>는 10개 산업에서 한중일의 GL 지수를 보여준다. 우리나라는 화학공업제품, 섬유, 철강, 일반기계, 전기전자, 광학기기의 6개 산업에서 50을 초과하는 GL 지수를 보이고 있어 해당 산업의 산업내 무역이 활발함을 알 수 있다. 우리나라와 달리 중국은 화학공업제품, 플라스틱제품, 일반기계, 전기전자, 자동차 5개 산업에서 산업내 무역이 상대적으로 활발하며, 일본은 화학공업제품, 플라스틱제품, 일반기계, 전기전자, 광학기기에서 산업내 무역이 상대적으로 활발하다.

표 4 한중일의 산업별 GL 지수(10개 산업, 2014년)

산업	한국	중국	일본
광물성연료 및 제품	45	19	11
화학공업제품	100	93	99
플라스틱제품	50	94	76
섬유	95	22	36
철강	91	44	50
일반기계	87	62	66
전기전자	70	85	98
자동차	31	84	26
선박	9	10	8
광학기기	66	52	78

주: 식 (1)의 GL 지수에 100을 곱한 값

출처: 윤기관 · 박상길(2015) "한중일 3국의 무역구조 및 국제분업구조에 관한 연구"

나. 비동질적 재화시장에서의 규모의 경제: 크루그만 모형

이처럼 현실 경제에서 산업내 무역의 중요성이 높음에도 불구하고 고전무역이론으로는 이러한 무역행태를 제대로 설명하지 못한다. 이에 크루그만은 규모의 경제(economies of scale)와 제품차별화를 독점적 경쟁 시장과 결합하여 산업내 무역을 설명하는 무역모형을 제시하였다. 본 절에서는 먼저 크루그만 모형의 기초를 이루는 독점적 경쟁시장을 살펴본 후 간략화된 크루그만 모형을 살펴보도록 한다.

1) 독점적 경쟁 시장

크루그만 모형을 살펴보기에 앞서 먼저 독점적 경쟁 균형에 대해서 살펴보기로 한다. 서로 차별화된 상품을 생산하는 n개의 기업이 경쟁하는 상황을 생각해 보자. 각 기업들이 생산하는 차별화된 상품은 동일한 상품군에 속해있으나, 각기 차별성을 가지고 있다. 각기 다른 차별화된 상품에 대한 소비자의 수요가 균등하게 배분되어 있다고 가정할 때, 각 기업의 상품에 대한 수요는 n−1개 경쟁기업의 상품수요를 제외한 나머지 수요이다. 이와 같이 개별 기업에 남겨진 수요를 잔여 수요함수(residual demand function)라고 부른다. 만일 동질적인 상품을 생산하여 공통의 수요를 놓고 경쟁하는 경우라면, 베르뜨랑 (Bertrand) 모형으로 잘 알려진 것처럼 각 기업은 시장지배력을 상실하게 되어 경쟁기업보다 높은 가격을 유지하는 것이 불가능하다. 하지만 차별화된 상품을 생산하는 상황에서 각 기업은 자신의 잔여 수요함수에 대해서는 항상 시장지배력을 가지게 되며, 경쟁기업과 다른 자신만의 가격을 선택할 수 있다. 즉, 차별화된 상품시장에서는 경쟁상황에서도 불구하고 각 기업은 자신의 상품에 대한 여전히 우하향하는 수요함수를 직면하게 되며, 자신의 상품수요에 대해서는 가격설정자이다. 그러나 완전한 독점시장과 달리 차별화된 상품시장 내 잔여 수요함수는 시장 내에서 경쟁상황의 변화에 영향을 받을 수밖에 없는데, 이를 다음에서 살펴보도록 하자.

먼저 시장 내 경쟁기업의 수에 변화가 없고, 한 기업이 다른 경쟁기업의 가격과 다른 가격을 선택하는 상황을 생각해 보자. 해당 기업이 (다른 경쟁기업의 가격을 기준으로) 낮은 가격을 선택한다면, 이 기업은 자신을 제외한 n−1개 기업의 수요 중 일부를 가져올 수 있을 것이다[7]. 반면 해당 기업이 가격을 인상한다면, 시장을 모두 잃지는 않겠지만 n−1개의 기업에게 자신의 잔여 수요를 일부 빼앗기게 된다. 이처럼 차별화된 상품시장에서 개별기업이 직면하게 되는 잔여수요는 완전한 독점시장 하의 수요에 비해 상대적으로 더 가격탄력적일 것이다. 이를 <그림 1>을 통해 살펴보도록 하자.

---

[7] 그러나 동질적인 상품시장이 아니므로 다른 기업의 수요를 모두 빼앗을 수는 없다.

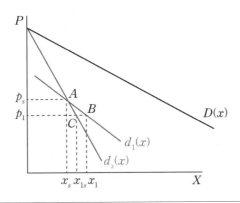

그림 1 개별 수요함수와 대칭 수요함수

<그림 1>에서 나타난 것처럼 현재 모든 기업이 동일한 가격 p_s에 동일한 생산량 x_s를 선택하고 있다고 하자. 이 점 A를 지나는 수요함수 $d_s(x)$는 모든 기업이 동일한 생산량을 선택하는 경우에 있어서 각 기업에 할당되는 대칭 잔여수요함수이며, 전체 수요를 n으로 나눈 수요이다. 그런데 개별 기업은 다른 기업의 생산량(또는 가격) 선택에 영향을 미칠 수 없으므로 자신의 생산량(또는 가격) 선택에 따른 수요에만 직면하게 되는데 점 A를 지나며 더 탄력적인 수요함수인 $d_1(x)$가 개별기업의 잔여수요함수이다. 위에서 설명한 것처럼 다른 기업의 생산량(또는 가격)이 주어진 것으로 생각하고 자신의 생산량(또는 가격) 선택으로 인한 수요의 변화를 고려하는 수요함수이므로 대칭 잔여수요함수보다 더 탄력적이다.

한편, 개별기업의 잔여수요는 시장 내 기업의 수에도 영향을 받는다. 예를 들어 시장 내 새로운 기업이 새로운 차별화된 상품을 가지고 진입하여 기업의 수가 n+1개로 증가하였다고 하자. 이 경우 각 기업의 차별화된 상품에 대한 잔여수요는 자신을 제외한 n개의 기업 상품에 대한 수요를 제외한 나머지 수요로 축소될 것이다. 하지만 이제는 n개의 경쟁기업 수요를 잠식할 수 있으므로 새로운 잔여수요함수는 과거보다 더 탄력적이 된다.

각 기업은 자신의 생산량과 독점가격만 선택할 수 있다. 따라서 경쟁기업의 가격선택과 시장진입은 각 기업이 선택할 수 있는 사항이 아니며, 외부로부터 주어지는 외생적 요인이다. 즉, 각 기업은 현 상황에서 자신에게 주어진 잔여수요함수 $d_1(x)$에 대해 이윤극대화 독점가격을 선택하는 것이 최선의 이윤극대화 선택이다. 그러나 실제 시장균형은 (한 기업만의 선택이 아닌) 모든 기업의 개별적인 이윤극대화 선택의 결과로 얻어지기 때문에 실제 수요변화는 대칭 잔여수요함수 $d_s(x)$를 따라 일어나게 된다. 따라서 개별기업이 기대한 시장이윤과 시장균형에서 실제로 얻게 되는 이윤과는 서로 다르다.

개별기업의 독점생산량 선택을 구체적으로 살펴보도록 하자. 개별 기업은 자신의 개별 수요함수인 $d_1(x)$에 대해 독점적인 지위를 가지며 이윤극대화 선택을 한다. 개별 수요함수 $d_1(x)$에 대응되는 한계수익을 $MR_1(x)$이라고 하면, 독점기업의 독점조건은 $MR_1(x_M) = MC = c$이다. <그림 2>는 양(+)의 독점이윤을 얻고 있는 개별 기업의 독점균형을 보여준다.

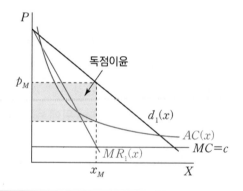

그림 2 독점균형과 독점이윤

이제 독점적 경쟁 시장의 두 번째 속성인 경쟁시장으로서의 속성을 살펴보자. 해당 시장에 이미 진입해 있는 개별 독점기업은 <그림 2>와 같이 흑자를 얻고 있으며, 기존기업이 올리고 있는 흑자는 새로운 기업이 새로운 차별화된 상품을 가지고 시장에 진입할 유인이 된다. 그런데 <그림 3-a>에서 볼 수 있는 것처럼 새로운 기업의 진입은 개별기업의 잔여수요를 $d_1(x)$에서 $d_2(x)$로 감소시킴과 동시에 더 탄력적으로 만든다. 그리고 새로운 잔여수요 $d_2(x)$ 하에서 개별 기업은 새로운 독점생산량 x_{M2}와 독점가격 p_{M2}를 선택할 것이다. 만일 <그림 3-a>와 같이 여전히 개별기업이 양(+)의 독점이윤을 얻는다면 계속해서 신규기업이 시장에 진입할 것이며, 이와 같은 과정은 시장 내 개별 독점기업의 이윤이 정상이윤이 되어 신규기업이 시장에 진입할 유인이 사라질 때까지 반복될 것이다. 이처럼 시장 내 기업의 이윤이 정상이윤이 되어 신규기업의 진입이 발생하지 않는 조건을 자유진입조건(free entry condition)이라고 부른다. 자유진입조건은 개별 기업의 독점이윤이 정상이윤일 조건이며, $p = AC(x)$를 만족하는 조건이다.

이처럼 차별화된 독점기업들이 독점가격을 선택하는 동시에 신규기업이 더 이상 시장에 진입하지 않을 조건을 만족하고 있는 균형을 독점적 경쟁 균형(monopolistic competitive equilibrium)이라고 한다. <그림 3-b>는 독점조건과 자유진입조건을 모두 만족하는 독점적 경쟁 균형을 보여주고 있다. 그림에서 살펴볼 수 있는 것처럼 독점적 경쟁 균형에서 개별기업은 독점가격을 선택하고는 있지만, 잔여수요의 감소로 인하여 흑자를 올릴 수 없기 때문에 신규기업의 추가 진입이 발생하지 않는다. 즉, 독점적 경쟁 균형은 독점적 성격을 반영하는 독점조건과 경쟁적 성격을 반영하는 자유진입 조건을 모두 만족하는 시장균형이다.

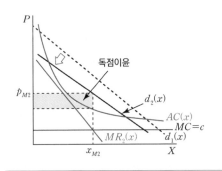

그림 3-a 신규기업의 진입과 독점이윤

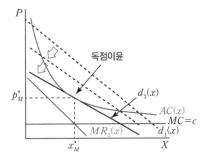

그림 3-b 독점적 경쟁 균형

2) 크루그만 모형의 기본 가정

이제 산업내 무역을 설명하기 위한 간략화한 크루그만 무형을 살펴보기로 한다. 다른 무역 모형들과 마찬가지로 자국(H)과 외국(F)의 두 국가가 존재하는 세계를 생각한다. 두 국가에 거주하는 소비자들은 1인당 1단위의 노동을 보유하고 있으며, 자국과 외국의 소비자 수를 각각 L_H와 L_F라고 하자. 그리고 각 국가의 소비자들은 차별화된 상품을 소비하여 효용을 얻고 있으며, 각국의 대표소비자는 다음과 같은 동일한 효용함수를 가진다고 하자.

$$u\left(x_1, x_2, \cdots, x_{n_i}; n_i\right) = \left[x_1^\alpha + x_2^\alpha + \cdots + x_{n_i}^\alpha\right]^{1/\alpha}, \ 0 < \alpha < 1 \quad\cdots\cdots\cdots (2)$$

여기서 n_i는 국가 i 내의 소비가능한 차별화된 상품의 수이다($i = H, F$). 주어진 효용함수는 대체탄력성 불변(constant elasticity of substitution, CES)의 효용함수라고 불리는 효용함수이며, 지수 α는 각 차별화된 상품간의 대체탄력성이다. 이 효용함수는 불완전경쟁시장을 고려하는 무역 모형에서 가장 일반적으로 사용되는 함수이며, 다양성을 선호하는 소비자를 반영하는 효용함수라는 특징을 가진다. 이를 살펴보기 위해 각 국가 내 모든 차별화된 싱품이 상품의 상표만 다를 뿐 사실상 동일한 특징을 가진 상품이라고 생각해 보자. 따라서 소비자들은 (상표만 차별화 되어있을 뿐) 사실상 동일한 모든 차별화된 상품을 동일한 수량만큼 소비할 것이다. 소비자가 소비하는 각 차별화된 상품의 수량을 x라고 한다면, 대표소비자의 CES 효용함수는 다음과 같이 나타낼 수 있다.

$$u(x, n) = \left[x^\alpha + x^\alpha + \cdots + x^\alpha\right]^{1/\alpha} = n^{1/\alpha} x \quad\cdots\cdots\cdots\cdots (3)$$

이처럼 CES 효용함수를 가진 소비자의 효용은 각 차별화된 상품의 소비량 x가 늘어나면 커지며, 차별화된 상품의 종류 n이 늘어나도 소비자의 효용은 증가한다. 이와 같은 소비자의 선호를 다양성 선호(love−of−variety)라고 한다.

한편, CES 효용함수가 가지는 또 다른 이점은 소비자의 효용극대화를 통해 얻는 상품의 수요함수가 매우 간단하다는 점이다. CES 효용함수의 효용극대화 문제를 풀어서 얻을 수 있는, 상표만 차별화된 상품에 대한 개별 수요함수는 다음의 형태를 가진다.

$$x = \frac{A(\overline{P})}{p^\epsilon}, \ \epsilon > 1 \quad \text{...} \ (4)$$

위의 수요함수는 CES 효용함수에서 얻어지는 수요함수이기 때문에 흔히 CES 수요함수라고 불린다. CES 수요함수의 가장 큰 특징은 가격탄력성이 ϵ로 일정한 특징을 가진다는 점이다[8][9]. 뒤이어 살펴보겠지만 독점기업의 독점가격 은 수요의 가격탄력성에 의해 결정되므로 CES 수요함수를 이용하면 매우 간편 하게 독점균형을 나타낼 수 있는 장점을 가진다. 여기서 $A(\overline{P})$는 각 차별화된 상품에 대한 수요의 크기를 나타내는 값이며, 전체 차별화된 상품시장의 평균 적인 가격 $\overline{P}$에 영향을 받는다[10].

두 국가에 존재하는 기업들은 유일한 생산요소인 노동을 이용하여 차별화된 상품을 생산하고 있다고 하자. 구체적으로 각 기업들은 1단위 차별화된 상품을 생산하기 위해 c 단위의 노동이 필요하다고 하자. 또한 생산은 고정비용을 수반 하며, 고정비용은 f단위 노동으로 지불한다고 생각하자[11]. 그리고 편의상 노동 의 가격을 1이라고 정규화하자. 즉, 각 기업들은 동일하게 $TC = cx + f$의 규모 수익 체증의 생산기술을 가진다. 각 차별화된 상품이 규모수익 체증의 생산기술 에 의해 생산되기 때문에 각 차별화된 상품은 한 기업에 의해서만 생산되는 자

---

8 $\epsilon \equiv \dfrac{1}{1-\alpha}$

9 $\epsilon(p) = -\dfrac{d\log x(p)}{d\log p} = \epsilon$

10 정확히는 각 소비자의 소득 R에도 영향을 받으며, 다음과 같은 형태를 가진다.

$$A(\overline{P}) = \frac{R}{\overline{P}^{1-\epsilon}}$$

여기서 $\overline{P}$는 CES 자격지수라고 불리며, 각 차별화된 상품 가격의 일종의 평균이다.

11 많은 국제무역 이론들에서 비용을 노동의 단위로 평가한다. 그러나 편의상 '노동'이라고 생 각하는 것이며 다른 생산요소라고 생각해도 무방하다. 예를 들어 노동 대신 생산에 필요한 자금이라고 생각해도 무방하다.

연독점이 형성된다. 그리고 차별화된 상품시장은 기업의 진입과 이탈이 자유롭다고 하자. 따라서 양국에는 차별화 상품을 생산하는 독점기업들이 경쟁을 하는 독점적 경쟁시장이 형성된다.

〈크루그만 모형을 위한 기본 가정〉
① 자국과 외국의 두 국가가 존재한다.
② 각국은 차별화된 상품시장을 가지고 있다.
③ 차별화된 상품의 생산자들은 동일한 규모수익 체증의 생산기술을 가진다.
④ 차별화된 상품시장은 기업들의 자유로운 진입과 이탈이 가능한 독점적 경쟁 시장이다.
⑤ 양국 소비자들은 동일한 다양성 선호 효용함수를 가진다.

3) 자급자족 균형

이제 두 국가가 무역을 하지 않는 자급자족 경제를 생각해 보자. 차별화된 상품시장은 독점적 경쟁 시장이므로 자급자족 균형도 독점적 경쟁 균형일 것이다. 그리고 앞에서 언급한 것처럼 독점저 경쟁 시장은 독점조건과 자유진입 조건을 모두 만족하는 시장균형이다.

먼저 독점조건을 살펴보자. 차별화된 상품을 생산하는 개별기업의 독점조건은 $MR = MC$이다. 앞장의 독점에 대한 설명에서 보인 것처럼 독점기업의 한계수익은 다음과 같이 정리하여 나타낼 수 있다.

$$MR(x) = x\frac{dp(x)}{dx} + p(x) = p(x)\left(\frac{\epsilon - 1}{\epsilon}\right) \quad \cdots\cdots\cdots (5)$$

주어진 비용함수에서 한계비용이 c이므로 개별 기업의 독점조건은 다음과 같다.

독점조건: $p^*\left(\dfrac{\epsilon-1}{\epsilon}\right)=c \Rightarrow p^*=\left(\dfrac{\epsilon}{\epsilon-1}\right)c$ ······················· (6)

여기서 CES 수요함수가 일정한 가격탄력성을 가지고 있기 때문에 독점가격도 수요의 크기에 무관하게 항상 일정한 값임을 알자. 그리고 모든 기업들의 수요함수가 동일한 가격탄력성을 가지므로 위의 독점조건은 모든 기업에게 동일하다.

한편, 독점적 경쟁 시장에서는 독점조건을 만족하는 개별 기업의 이윤이 정상이윤이 될 때까지 신규기업이 자유로이 진입하거나 기존기업이 이탈할 수 있다. 이처럼 자유로운 기업의 진입과 이탈을 통해 기업의 이윤이 정상이윤이 될 조건을 자유진입조건이라고 한다. 기업의 이윤이 정상이윤이 되기 위해서는 $p=AC(x)$를 만족해야 하며, 주어진 비용함수 하에서 자유진입 조건은 다음과 같다.

자유진입조건: $p=c+\dfrac{f}{x}$ ······································· (7)

위의 자유진입조건은 기업의 생산기술—즉, 평균비용—에 관계되며 모든 기업이 동일한 생산기술을 가지고 있기 때문에 자유진입조건도 모든 기업에게 동일하게 적용되는 조건이다. 또한 CES 수요함수 하에서 자유진입조건은 시장의 규모에 무관함에 유의하자.

독점적 경쟁 균형은 모든 개별기업들이 독점조건과 자유진입조건을 동시에 만족하는 균형이므로 <그림 4>와 같이 두 조건을 연립하여 풀면 독점적 경쟁 균형에서의 균형 가격과 개별 기업의 균형생산량을 얻을 수 있다.

$p^*=\left(\dfrac{\epsilon}{\epsilon-1}\right)c;\ x^*=(\epsilon-1)\dfrac{f}{c}$ ······································· (8)

균형가격은 독점조건에서 도출한 가격이며, 균형생산량은 독점가격을 자유진입조건에 대입하여 얻은 생산량이다. 여기서 주목할 점은 독점적 경쟁 균형에서 각 기업의 생산량과 시장가격은 시장의 규모에 무관하다는 점이다. 이는 모든 기업의 수요가 동일하면서 불변의 가격탄력성을 가지는 CES 수요함수의 가정에서 얻는 편리함이다.

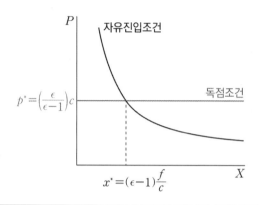

그림 4 독점적 경쟁 균형

마지막으로 고려해야 할 조건은 생산요소시장의 청산조건이다. 즉, 국가 i의 총 노동공급량은 L_i이므로 해당 국가의 총 노동투입량은 공급량과 같아야 한다. 개별 기업이 x단위의 차별화된 상품을 생산하기 위해서 cx 단위의 노동을 가변비용으로 이용하며 고정비용으로 f 단위의 노동을 이용함을 기억하자. 따라서 시장에 존재하는 n개의 동일한 기업이 각자 균형생산량인 x^*를 생산하기 위해 필요로 하는 총 노동수요는 $n(cx^* + f)$이다. 그리고 노동수요와 공급의 청산조건에서 시장 내에서 조업하는 기업의 수를 얻을 수 있다.

생산요소시장 청산조건: $n_i^*(cx^* + f) = L_i \Rightarrow n_i^* = \dfrac{L_i}{\epsilon f}$, $i = H, F$ ·············· (9)

이제 자급자족균형 하에서 각국의 독점적 경쟁 균형을 정리해 보자. 각국에는 n_i^*의 기업들이 p^*의 시장가격에 각자 x^* 단위의 차별화된 상품을 생산하는 것이 자급자족균형이다. 그리고 자급자족균형서 양 국가의 시장가격과 개별기업의 생산량은 동일하며 단지 각 국가 내 기업의 수만 다르다.

마지막으로 자급자족균형에서 각국의 후생을 생각해 보자. 사회후생은 소비자 후생과 생산자 후생의 합이며, 독점적 경쟁 균형에서 생산자의 이윤은 정상이윤이므로 이 경우 사회후생은 소비자 후생과 동일하다. 대표소비자의 효용은 효용함수 (3)에 균형 기업의 수와 차별화된 상품의 종류당 소비량 x^*를 대입하여 얻을 수 있으며, 다음과 같다.

$$u_i^A = \left(n_i^*\right)^{\frac{1}{\alpha}} x^* = \left(L_i\right)^{\frac{1}{\alpha}} (\epsilon f)^{-\frac{1}{\alpha}} x^* \quad \text{..} \quad (10)$$

여기서 소비자의 효용은 각국의 경제규모 L_i에 비례한다. 즉, 한 국가의 경제규모가 크면 더 많은 종류의 상품이 시장에 존재하며, 이로 인한 소비자 효용의 증가를 규모 효과(scale effect)라고 한다. 한편, 각국에는 L_i명의 동일한 개별 소비자가 존재하므로 개별소비자의 효용은 $u(x^*,\ n^*)/L_i$이다.

4) 무역 균형

이제 자국과 외국의 두 국가간에 무역이 이루어진다고 생각해 보자. 두 국가간의 무역은 아무런 비용을 수반하지 않는 자유무역이며, 무역을 통해 각 국 소비자는 타국의 차별화된 상품도 자유롭게 소비할 수 있다.

개별 기업의 입장에서는 두 국가의 상품시장이 통합된 것이므로 무역으로 인하여 각 기업의 상품에 대한 수요가 증가할 것이다. 그런데, 앞에서 살펴본 바와 같이 기업의 독점조건과 자유진입조건은 각 기업의 생산기술에만 영향을 받으며 수요의 크기와 무관하기 때문에 무역 하에서도 개별기업의 독점조건과 자유진입조건은 변하지 않는다. 따라서 각 기업의 균형 생산량과 시장의 균형가격도 변하지 않으며 여전히 (8)로 동일하다.

그렇다면 무역으로 인하여 달라지는 점은 무엇일까? 무엇보다도 양국 소비자들이 소비할 수 있는 차별화된 상품의 수가 달라진다. 자국 소비자들은 자급자족 하에서는 n_H가지의 상품을 소비할 수 있었으나, 무역을 통해 $n^T = n_H + n_F$ 가지의 상품을 소비할 수 있다. 마찬가지로 외국소비자들의 소비가능 상품종류도 n_F가지에서 n^T가지로 증가한다. 또 다른 변화는 소비자들이 구매하는 각 차별화된 상품의 수량이 감소한다는 점이다. 즉, 각 기업이 생산하는 생산량은 무역 여하에 상관없이 x^*로 일정하지만, 개별기업의 생산량을 양국 소비자들이 나누어 소비하기 때문에 각 소비자들의 차별화된 상품당 소비량이 감소한다. 따라서 국가간 무역이 발생하면, 상품의 다양성 증가로 인한 각국 대표 소비자의 효용이 증가하는 동시에 차별화된 상품당 소비량 감소로 인한 대표 소비자의 효용 감소도 발생한다.

무역으로 인한 소비자 후생의 순변화를 살펴보도록 하자. 각 차별화된 상품은 각국의 경제 규모에 비례하여 소비된다고 한다면, 각 차별화된 상품의 생산량 중 국가 i의 소비비중은 $L_i/(L_H + L_F)$이다. 따라서 무역하에서 국가 i 대표 소비자의 효용은 다음과 같다.

$$u_i^T = \left(\frac{L_H + L_F}{\epsilon f}\right)^{\frac{1}{\alpha}}\left(\frac{L_i}{L_H + L_F}\right)x^* \quad\text{... (11)}$$

무역으로 인한 사회후생의 변화를 살펴보기 위해 무역 전후 소비자 효용의 크기를 비교하여 보자. 소비자 효용식이 복잡해 보이지만, u_i^T와 u_i^A의 비율을 살펴보면 매우 간단하게 크기를 비교할 수 있다.

$$\frac{u^T}{u^A} = \left(\frac{L_H + L_F}{L_i}\right)^{\frac{1}{\alpha}}\frac{L_i}{L_H + L_F} = \left(\frac{L_H + L_F}{L_i}\right)^{\frac{1-\alpha}{\alpha}} > 1 \quad\text{............................. (12)}$$

위에서 볼 수 있는 것처럼 무역 후 국가 i의 소비자 후생은 증가하는 데, 이는 두 국가간 무역으로 인하여 발생하는 상품 수가 L_i에서 $L_H + L_F$로 증가했기 때문이다. 이처럼 독점적 경쟁시장에서 차별화된 상품의 무역은 소비자 선택의 다양성을 확대함으로서 양국에서 무역이익이 발생한다.

다음으로 각 국가의 수출량과 수입량을 살펴보자. 자국의 개별기업은 생산량 중 $L_F/(L_H+L_F)$의 비율을 외국으로 수출하며, 외국기업은 자신의 생산량 중 $L_H/(L_H+L_F)$의 비율을 자국으로 수출한다. 따라서 자국과 외국의 수출량과 수입량은 다음과 같다.

$$X_H^{export} = n_H\left(\frac{L_F}{L_H+L_F}\right)x^* = \frac{L_H L_F}{L_H+L_F}\frac{x^*}{\epsilon f} = X_F^{import} \quad\text{.............................(13)}$$

$$X_H^{import} = n_F\left(\frac{L_H}{L_H+L_F}\right)x^* = \frac{L_H L_F}{L_H+L_F}\frac{x^*}{\epsilon f} = X_F^{export} \quad\text{.............................(14)}$$

따라서 각국의 수출량과 수입량은 동일한 규모이며, 산업내 무역은 쌍방향으로 발생한다. 즉, 자국과 외국은 차별화된 상품을 수출하는 동시에 수입한다. 또한 양국의 경제규모—즉, L_H와 L_F가 크고 유사할수록 수출입량이 증가한다는 사실도 보여준다.

마지막으로 우리가 살펴본 크루그만 모형에서의 주요 결과를 정리해 보자. 첫째, 교역을 하면 두 국가간에 차별화된 상품의 쌍방향 교역이 발생한다, 즉, 크루그만 모형에서 국가간의 무역은 산업내 무역을 반영한다. 둘째, 두 국가간에 발생하는 무역은 순전히 다양성을 선호하는 소비자들의 선호 때문이다. 즉, 무역으로 인한 시장 확대에도 불구하고 CES 수요함수의 가정으로 인하여 개별 기업의 균형선택은 변화가 없으며, 무역여부와 무관하게 개별 기업의 이윤은 항상 정상이윤이기 때문에 무역은 개별 기업에게는 별 다른 이득을 가져오지 않는다. 그러나 소비자들이 상품의 다양성에 대한 선호를 가지고 있기 때문에 무역이 발생한다. 셋째, 이와 같이 다양성 선호로 인한 무역이 발생할 수 있는 이유는 기업들의 상품이 서로 차별화되어 있으며, 규모의 경제로 인한 독점적 경쟁 시장이 형성되어 있기 때문이다.

다. 독점적 경쟁 시장 무역 모형과 무역의 패턴

지금까지 살펴보았던 규모의 경제에 기반한 독점적 경쟁 시장 무역모형은 국가간 무역패턴에 대한 설명은 결여되어 있으며, 단지 양 국가의 시장규모가 클수록 교역되는 차별화된 상품의 종류가 늘어남을 설명하고 있다. 즉, 두 국가 모형은 양 국가의 시장규모가 크면 무역의 규모가 증가한다는 결과를 보여주는 데 그치고 있으며[12], 어떤 국가가 어떤 상품을 수출하고 수입하는지에 대한 설명은 하지 못한다. 이는 독점적 경쟁 시장 무역모형이 기본적으로 한 종류의 상품인 차별화된 상품시장만 고려하고 있기 때문이다. 하지만, 독점적 경쟁 시장 무역모형은 헥셔-오린 모형과 결합하여 두 국가, 두 산업, 두 생산요소 모형으로 확장할 수 있으며, 이를 통해 국가간 교역의 패턴도 예측할 수 있다[13].

1) 요소부존량과 규모의 경제

자국과 외국의 두 국가가 X재와 Y재라는 두 상품을 교역하는 상황을 생각해 보자. 두 상품은 모두 노동과 자본의 두 생산요소를 이용하여 생산한다고

---

[12] 규모의 경제를 고려하게 된다면 우리는 국가간 무역량의 증가가 이제는 두 종류의 요인에 의한 것으로 구분할 수 있음을 알자. 만일 국가간 교역량이 증가하면, 교역량은 수출기업의 수출량이 증가하기 때문일 수도 있고 수출하는 상품의 종류(또는 수출기업의 수)가 증가하기 때문일 수도 있다. 이를 구분하기 위해 전자를 내연적 확장(intensive margin), 후자를 외연적 확장(extensive margin)이라고 한다.
[13] Helpman(1981)

하자. 전통적인 무역이론인 리카도 모형과 헥셔-오린 모형의 설명에 의하면, 양 국간 X재와 Y재의 무역패턴은 각국이 가지는 각 상품 생산기술의 상대적 효율성(리카도 모형), 각 상품의 요소집약도에 대응하는 각국의 상대적 요소부존량(헥셔-오린 모형)에 따라 결정된다. 그리고 두 국가간의 교역은 산업간 교역의 형태를 가질 것이다.

그렇다면 두 상품 중 하나가 차별화된 상품군이라면 무역의 형태는 어떻게 될까? 편의상 자국을 자본풍부국, 외국을 노동풍부국이라고 하자. 그리고 X재를 자본집약적, Y재를 노동집약적 상품이라고 하자. X재는 차별화된 상품군이며 Y재는 동질적인 상품이라고 한다면, X재 시장은 독점적 경쟁 시장이며 Y재 시장은 완전경쟁시장이라고 생각할 수 있을 것이다. 따라서 X재 교역은 산업내 무역의 형태를 가지며, Y재 교역은 산업간 무역의 형태를 가진다.

이제 두 국가간 교역을 생각해 보자. 자국은 자본풍부국이며 외국은 노동풍부국이므로 헥셔-오린 모형의 예측에 따르면 자국은 자본집약적 상품인 X재에 외국은 노동집약적 상품인 Y재에 비교우위를 가질 것이다. 하지만, X재는 차별화된 상품군이므로 양 국간의 산업내 무역이 발생하는 상품군이다. 따라서 외국은 노동집약적 상품인 Y재를 수출하는 산업간 무역을 하며, 차별화된 상품인 X재는 쌍방향 무역을 하게 된다. 하지만 외국은 노동풍부국이기 때문에 X재에 비교열위를 가지고 있어서 X재 수출량보다 X재 수입량이 많은 형태의 무역패턴을 보일 것이다. 반면, 자국은 자본풍부국이기 때문에 노동집약적 상품인 Y재를 산업간 무역의 형태로 수입하는 한편, 차별화된 상품인 X재는 쌍방향 무역의 형태로 교역할 것이다. 그런데, 자국은 자본집약적 상품인 X재에 비교우위를 가지고 있기 때문에 X재의 수출이 수입보다 많은 무역형태를 가지게 된다.

2) 시장의 규모: 자국시장 효과

앞서 언급한 바와 같이 독점적 경쟁 무역 모형은 양 국의 시장규모가 산업내 무역의 규모에 영향을 미침을 보여준다. 그렇다면, 두 국가의 시장규모가 상이하다면 각 국가 내 기업의 수에 어떤 영향을 미칠까? 앞에서 우리가 살펴본 모형과 같이 두 국가간에 완전한 자유무역-즉, 무역비용이 없는 경우-이 이루어진다면, 자유무역하에서 기업은 자국이나 외국 중 어디에 위치하던 상관이 없을 것이다. 따라서 우리가 살펴본 모형은 폐쇄균형에서 자국과 외국의 기업 수는 알려주고 있지만, 자유무역 하에서 각 국가 내의 기업 수에 대해서는 알려주고 있지 않다. 단지 자유무역 하에서 양 국가 내 기업의 총 수만 보여줄 뿐이다.

그렇다면 두 국가간 교역이 완전한 자유무역은 아니며, 교역시 무역비용이 발생한다고 생각해 보자. 이 경우 기업들은 더 큰 수요가 존재하는 시장에서 무역비용 부담없이 차별화된 상품을 공급하는 것을 선택할 것이다. 즉, 수요가 큰 시장에 더 많은 수의 기업이 위치하게 되고, 수요가 작은 시장에 더 적은 수의 기업이 위치하게 될 것임을 쉽게 예측할 수 있다. 이처럼 시장이 더 큰 국가에 더 많은 수의 기업들이 위치하게 되는 현상을 자국시장 효과(home market effect)라고 부른다.

자국시장 효과는 교역국간의 무역비용이 높을수록 시장규모가 작은 국가 내에 적은 수의 기업이 위치하며, 반대로 무역비용이 낮을수록 시장규모가 작은 국가 내에서도 (상대적으로) 많은 수의 기업이 위치할 수 있음을 암시한다. 나아가서 만일 국가간 무역비용이 교역상대국과의 물리적 거리가 멀수록 증가한다면, 동일한 특성을 가진 국가라도 시장규모가 큰 국가에 인접한 국가일수록 더 많은 기업이 존재할 수 있으며 해당국가의 GDP도 클 것이다. 예를 들어 우리나라가 지금의 지리적 위치가 아닌 남태평양 한 가운데에 위치하고 있다고 가정해 보자. 그리고 중국이나 일본과의 물리적 거리가 멀어진 만큼 중국이나 일본과의 무역비용이 크게 늘어날 것이다. 자국시장 효과는 중국이나 일본과 교역하는 상당수의 기업은 (남태평양에 위치한) 우리나라에 남아있는 대신 중국이나 일본에 위치하는 것을 선택할 것임을 암시한다. 그리고 당연히 남태평양에 위치한 우리나라의 국내생산은 감소할 것이다. 물론 남태평양의 대한민국에서 살아가는 국민의 삶의 만족도가 높아지는 효과는 무시하도록 하자. 반대로 현재는 막혀있는 중국과의 육로가 개방되어 중국과 무역비용이 감소하는 경우도 생각해볼 수 있을 것이다. 무역비용의 감소는 우리나라 내의 기업 수를 늘리는 효과를 가져올 수 있으며, 이로 인한 GDP 증가도 기대할 수 있을 것이다.

3) 시장의 규모와 무역량: 중력모형

지금까지 살펴본 바와 같이 규모의 경제가 존재하는 경우의 독점적 경쟁 무역 모형은 무역량이 교역국의 시장규모가 클수록 늘어날 것임을 보여준다. 반면 시장규모가 작은 국가의 무역량은 상대적으로 규모가 작을 것이다. 이러한 특징을 반영하고 있으며, 국가간 교역량의 분석에 널리 활용되고 있는 실증분석 모형이 중력모형(gravity equation)[14]인데, 본 소절에서는 중력모형에 대해 간략히 논의해보도록 한다.

간략한 형태의 중력모형을 도출해보기 위해 m개의 국가가 존재하는 세계를 생각해 보자. 그리고 각 국가 내에는 n개의 기업이 존재한다고 가정하자. 국가 i의 국내총생산(GDP) G_i는 해당국가 내 n개 기업 생산량의 총합이며, 세계총생산은 각국 GDP의 합인 $G_W = \sum_i G_i$이라고 하자. 국가 i가 세계 소비시장에서 차지하는 비중은 세계총생산 대비 해당국가의 국내총생산이며 G_i / G_W이된다. 나아가 다른 국가의 생산량 중 국가 i에서 소비되는 비중은 국가 i의 세계 소비시장 비중에 비례한다고 가정하자. 즉, 우리나라의 세계 소비시장 비중이 1%라면, 중국의 총생산량 중 1%는 우리나라에서 소비된다고 생각한다. 따라서 국가 i가 다른 국가 j로부터 수입하는 수입량은 국가 j의 생산량 중 국가 i의 세계 소비시장 비중에 해당하는 양이다. 마지막으로 두 국가의 무역량은 양 국간의 물리적(또는 심리적[15]) 거리($dist_{ij}$)의 n승에 반비례한다고 가정하자. 즉, 어떤 두 국가의 거리가 멀어진다면, 양 국간의 교역은 감소한다. 따라서 국가 i가 국가 j로부터 수입하는 수입량은 다음과 같이 양 국 GDP의 곱에

---

14 Tim Tinbergen(1962). Tinbergen은 무역이 전개되는 모습을 설명하기 위하여 물리학의 중력방정식 개념을 도입하였다. 이에 따라 무역 당사국들의 무역량은 각 당사국들의 국민총생산(GDP)의 크기에 비례하지만 이들 국가 사이의 물리적 거리에 따라 반비례하게 된다. 이와 유사하게 다양한 유형의 관세장벽의 존재는 당사국간의 물리적 거리와 마찬가지로 무역의 흐름을 역행하는 요인으로 분류될 수 있다.

15 국가간에 발생하는 무역비용은 단순한 물리적 거리뿐 아니라, 양 국간의 제도적 문화적 차이에 따라서도 영향을 받는다. 예를 들어 두 국가가 매우 다른 경제 및 법률 제도를 가지고 있다고 한다면, 그로 인하여 양국의 수출기업은 수출시 여러 가지 추가적인 부담이 발생할 것이다. 이와 같이 비물리적 요인을 반영한 두 국가간의 거리를 심리적 거리(psychological distance)라고 하는데, 심리학에서 차용한 용어이다.

비례하고 두 국가간 거리의 n승에 반비례하는 관계로 나타낼 수 있다.

$$X^{ij} = \left(\frac{G_i}{G_w} \right) \frac{G_j}{dist_{ij}^n} = \left(\frac{1}{G_w} \right) \frac{G_i G_j}{dist_{ij}^n} \quad \text{................................} \quad (15)$$

(15)의 관계식은 우리가 크루그만 모형에서 도출한 수출입량 (13)과 (14)와 기본적으로 동일한 형태임에 주목하자.

한편, 두 국가간 쌍방향 무역의 총규모 V^{ij}는 $X^{ij} + X^{ji}$이므로 다음의 관계식으로 표현할 수 있는데, 물리학의 고전역학에서 만날 수 있는 중력방정식[16]과 유사한 형태를 가지고 있기 때문에 중력방정식(gravity equation)으로 불린다.

$$V^{ij} = X^{ij} + X^{ji} = \left(\frac{2}{G_w} \right) \frac{G_i G_j}{dist_{ij}^n} = k \frac{G_i G_j}{dist_{ij}^n} \quad \text{...............................} \quad (16)$$

이러한 중력방정식은 경제규모가 큰 국가간의 무역량이 많고 경제규모가 유사한 국가간의 무역량이 많음을 보여주며, 독섬석 경쟁 부역 모형의 결과인 식 (13) 및 (14)와 일치한다.

중력방정식 모형의 장점은 이론적인 면이 아니라, 높은 현실 예측성과 활용의 편리성에 있다. <그림 5>는 중력방정식의 주요 변수인 교역상대국의 GDP 곱 및 양국간 물리적 거리와 두 국가간의 교역량의 관계를 2013년 자료를 이용하여 살펴본 결과이다. <그림 5-a>의 수평축과 수직축은 각각 두 교역국 GDP의 곱을 log 변환한 값과 두 교역국간 교역량의 log 변환한 값이다. <그림 5-a>은 중력방정식의 예측과 같이 $G_i G_j$와 V_{ij}간에 정(+)의 관

---

16 물리학의 중력방정식은 다음과 같은 방정식이다.

$$F_g = G \frac{M_i M_j}{d^2}$$

여기서 G는 중력계수, M_i는 물체 i의 질량, 그리고 d는 두 물체 i와 j의 질량중심간의 거리이다.

계가 존재함을 보여준다. 그리고 <그림 5-b>는 두 교역국간의 물리적인 거리의 log 변환값과 교역량의 log 변환값간의 관계를 보여주는데, 역시 중력방정식의 예측과 같이 $dist_{ij}$와 V_{ij}간에 부(-)의 관계가 존재한다.

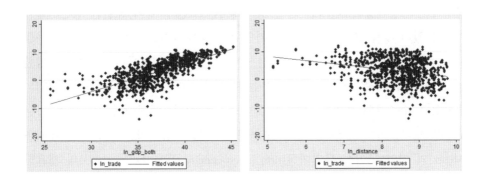

출처: Witada (2015), "The gravity models for trade research"

그림 5-a $GDP_i \, GDP_j$ vs 교역량(2013년)   **그림 5-b** 물리적 거리 vs 교역량(2013년)

그리고, 중력방정식 모형의 높은 편의성을 살펴보기 위해 위의 방정식 (16)을 log(자연로그) 변환하여 보자. 그러면 다음과 같은 간단한 선형방정식을 도출할 수 있는데, 간단한 선형회귀분석으로도 국가간 무역량을 추정할 수 있음을 보여준다.

$$\log V^{ij} = \alpha + \beta_1 \log G_i + \beta_2 \log G_j + n log(dist_{ij}) \quad \cdots\cdots\cdots\cdots\cdots\cdots\cdots\cdots\cdots\cdots\cdots\cdots\cdots (17)$$

위 (17)을 계량경제모형으로 추정할 경우, <그림 5>에서 살펴본 것과 같이 $\ln G_i$ 및 $\ln G_j$ 앞 파라미터 부호는 플러스(+), 그리고 $\ln(dist_{ij})$ 앞의 파라미터 부호는 마이너스(-)가 붙는 것이 일반적이다.

라. 기업의 생산성과 국제무역

앞에서 우리가 살펴본 크루그만 모형은 다양성을 선호하는 소비자로 인하여 두 국가간 쌍방향 산업내 무역이 발생함을 보여주었다. 그리고 크루그만 모형에서는 모든 기업들이 동일한 생산기술을 가지고 있으며, 내수공급과 수출을 병행하는 기업이었다. 하지만 현실 경제에서는 모든 기업이 동일한 생산기술을 가지고 있지 않을 뿐 아니라, 모든 기업이 수출을 하지도 않는다. 많은 연구들이 보여주는 것처럼 현실에서는 생산성이 높은 일부 기업들만 수출하며, 생산성이 낮은 기업들은 내수공급에 머무는 경향이 있다. 이에 본 절에서는 기업의 생산성과 수출과의 관계를 간략히 살펴보기로 한다. 여기에서 보이고자 하는 모형은 크루그만의 신무역이론에 생산성의 기업간 상이성을 결합시킨 메리츠(Melitz)의 기업 상이성 무역이론(firm heterogeneity trade theory, 2003)의 개요만 간추린 것이다.

1) CES 수요함수와 독점이윤

앞에서 살펴본 차별화된 상품을 생산하는 기업 j를 생각해 보자. 논의를 간단히 하기 위해서 기업간 경쟁은 일단 무시하고 해당 기업은 자신의 상품에 대해 독점이라고만 생각하자. 그리고 기업 j의 상품에 대한 수요는 (4)와 동일한 CES 수요함수라고 하자.

$$x_j = \frac{A_j}{p_j^\epsilon}, \quad \epsilon > 1 \quad \dots\dots\dots (4')$$

이미 알고 있는 것처럼 A_j는 기업 j의 차별화된 상품에 대한 수요의 크기를 나타내는 값이다. (4')은 (4)와 달리 기업 j에 대한 수요라는 것을 명확히 하기 위해 아래첨자 j를 이용하였으며, 일단 다른 기업과의 경쟁을 배제하기 위해 CES 가격지표도 생략하였다.

그리고 기업 j의 생산성을 반영하기 위해 기업 j는 다음과 같은 규모수익 체증의 비용함수를 가진다고 하자.

$$TC_j = \frac{x}{\phi_j} + f \quad \text{...} \quad (18)$$

위의 비용함수는 크루그만 모형의 불변한계비용 c를 $1/\phi_j$로 대체한 것이다. 이는 1단위 차별화된 상품을 생산하기 위해 $1/\phi_j$ 단위의 생산요소-여기서는 노동-이 필요함을 의미하므로 ϕ_j는 기업 j의 생산성을 반영한다.

이제 기업 j의 독점균형과 독점이윤을 도출해 보자. 기업 j의 독점조건과 독점가격은 (6)에서 c를 $1/\phi_j$로 대체한 것이며 다음과 같다.

$$p = \left(\frac{\epsilon}{\epsilon - 1}\right)\frac{1}{\phi_j} \quad \text{...} \quad (19)$$

그리고 독점가격 (19)와 수요함수 (4′)를 이용하면 기업 j의 독점이윤은 다음과 같이 나타낼 수 있다[17].

$$\pi = \frac{A_j}{\epsilon}\left(\frac{\epsilon - 1}{\epsilon}\right)^{\epsilon - 1} \phi_j^{\epsilon - 1} - f = B_j \phi_j^{\epsilon - 1} - f \quad \text{.....................................} \quad (20)$$

(20)의 이윤식이 복잡해 보이지만, $(A_j/\epsilon)((\epsilon - 1)/\epsilon)^{\epsilon - 1}$는 주어진 탄력성 ϵ 하에서 단순한 상수이다. 따라서 이를 B_j로 바꾼다면 이윤식 (20)은 매우 간단한 형태의 함수이다.

2) 생산성과 수출선택

앞에서 우리가 살펴본 간략화된 크루그만 모형에서는 수출과 내수공급의 비용이 동일하다고 가정하여 무역을 단순히 시장통합으로 간주하였다. 그러나 수출비용과 내수공급 비용은 다르며 수출비용이 더 높은 것이 현실적일 것이

---

17 $\pi = \left(p - \dfrac{1}{\phi_j}\right)x - f = \dfrac{1}{\epsilon - 1}\dfrac{1}{\phi_j}x - f = \dfrac{p}{\epsilon}x - f = \dfrac{A}{\epsilon}\dfrac{1}{p^{\epsilon - 1}} - f = \dfrac{A}{\epsilon}\left(\dfrac{\epsilon - 1}{\epsilon}\right)^{\epsilon - 1}\phi_j^{\epsilon - 1} - f$

다. 이를 고려하여, 수출은 무역비용을 수반한다고 하자. 구체적으로 내수공급 시 한계비용이 $1/\phi_j$임에 반해 수출 시 한계비용은 τ/ϕ_j라고 하자. 여기서 $\tau > 1$이며 수출로 인한 한계비용의 증가를 반영하고 있다. 그리고 고정비용 f 도 각 기업이 공급하는 시장의 범위에 따라 다르다고 하자. 만일 해당 기업이 본국시장에만 공급한다고 하면 고정비용 f_d가 발생하지만, 이 기업이 본국시장 공급 외에 해외시장에 수출을 병행한다면 f_e의 고정비용이 발생한다고 하자. 해외시장에로의 수출은 내수공급에 비해 해외시장 조사 등과 같은 추가적인 고정비용이 요구되므로 $f_e > f_d$라고 하자.

편의상 자국시장과 외국시장의 규모가 동일하다고 가정하자. 따라서 자국과 외국시장에서 B_j는 동일하다. 내수공급과 수출공급의 비용의 차이를 고려하여, 기업 j가 내수공급만 하는 경우와 수출하는 경우의 이윤을 도출하여 보면 다음과 같다.

내수공급: $\Pi_j^d = \pi_j^H = B\phi_j^{\epsilon-1} - f_d$ ··· (21)

수출병행: $\Pi_j^{ex} = \pi_j^H + \pi_j^F = B_j(1 + 1/\tau^{\epsilon-1})\phi_j^{\epsilon-1} - f_e$ ···················· (22)

여기서 위의 기업 j 이윤은 $\phi_j^{\epsilon-1}$에 대한 일차함수의 형태임을 알자. 즉, $\phi_j^{\epsilon-1}$을 수평축에 이윤을 수직축에 대응시키면, 이윤식 (21)과 (22)는 우상향하는 직선의 형태로 나타낼 수 있다. 그리고 $(1 + 1/\tau^{\epsilon-1}) > 1$이므로 Π_j^{ex}의 기울기가 Π_j^d보다 가파르며, $f_e > f_d$이므로 Π_j^{ex}의 절편이 Π_j^d의 절편보다 더 아래쪽에 위치하고 있다. <그림 6>은 기업 j의 내수공급 이윤과 수출병행 이윤을 $(\phi_j^{\epsilon-1}, \Pi)$ 평면에 나타낸 것이다.

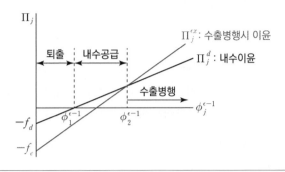

그림 6 기업 j의 생산성과 수출선택

<그림 6>은 두 가지 경계생산성이 존재함을 보여주고 있는데, ϕ_1은 내수이윤이 손익분기점이 되는 생산성이며 이 생산성을 넘어서야 내수시장에서 이윤을 올릴 수 있는 생산성이다. 이를 정상이윤 생산성이라고 하자. ϕ_2는 수출이윤이 손익분기점이 되는 생산성이며 이 생산성을 넘어서야 수출시장에서 이윤이 발생하기 때문에 기업 j는 내수와 수출을 병행하게 된다. 이를 수출경계 생산성이라고 하자.

생산성과 기업 j의 생산범위를 정리해 보자. <그림 6>에서 볼 수 있는 것처럼 만일 기업 j의 생산성이 ϕ_1보다 낮다면, $\phi_j^{\epsilon-1} < \phi_1^{\epsilon-1}$이며 내수이윤과 수출병행이윤이 모두 적자이다. 따라서 기업 j는 초기 매몰비용의 손실을 감내하고 시장에서 이탈하는 것이 최선의 선택이다. 만일 기업 j의 생산성이 ϕ_1보다는 높고 ϕ_2보다는 낮다면, 기업 j는 내수시장에서는 이윤을 올리지만 수출시장에서는 적자를 보게 된다. 즉, 기업 j의 생산성이 내수시장에서의 고정비용을 회수할 만큼은 높아서 흑자를 얻을 수 있지만 수출시 운송비용과 고정비용을 감당할 만큼은 높지 않다면, 기업 j는 내수공급만 하는 기업이 된다. 마지막으로 기업 j의 생산성이 충분히 높아서 ϕ_2를 넘어선다면, 기업 j는 내수시장뿐 아니라 수출시장에서의 모든 비용을 감당할 수 있으며 수출과 내수를 병행하는 수출기업이 된다.

3) 시장균형과 기업의 분포

지금까지는 독점기업 j의 생산성과 수출선택을 살펴보았다. 이제는 기업간의 경쟁을 고려해 본다. 시장에는 기업 j와 유사한 차별화된 상품을 생산하는 다른 기업들도 존재한다고 하자. 기업 j를 포함한 시장 내 기업들은 서로 다른 생산성을 가지고 있다고 하자. 기업들의 생산성이 0에서 ∞ 사이의 구간에 연속적으로 분포하고 있다고 하자.

우리가 앞에서 기업 j의 수출선택에서 살펴본 결과를 여기에 그대로 적용하여보면, 시장 내 기업의 생산성과 수출기업의 분포를 도출할 수 있다. 생산성이 매우 낮아서 정상이윤 생산성을 넘어서지 못하는 기업들은 시장에서 퇴출될 것이다. 이들 기업은 시장진입 과정에서 발생하는 초기비용만큼 손실을 보고 시장에서 이탈하며, 시장에서는 관찰되지 않는 기업들이다. 생산성이 정상이윤 생산성은 넘어서지만 수출경계 생산성에는 미치지 못하는 기업들은 내수공급만 하는 기업이 된다. 생산성이 충분히 높아 수출경계 생산성을 넘어서는 기업은 내수공급과 수출을 병행하는 기업이 된다. 이처럼 기업의 상이한 생산성을 고려한 모형은 시장의 모든 기업이 수출기업이 될 수 있는 것은 아니며, 일부 생산성이 높은 기업만이 수출기업이 될 수 있음을 보여준다.

기업상이성 무역 모형의 주요 결과
① 시장 내에는 내수기업과 수출기업이 혼재한다.
② 수출기업은 수출만 하는 것이 아니라 내수공급과 수출공급을 병행한다.
③ 모든 기업이 수출기업이 되는 것은 아니며, 일부 기업만 수출을 한다.
④ 수출기업은 생산성이 높은 기업들이다.

마지막으로는 우리가 살펴보지 않았던 자유진입조건을 생각해 보자. 모든 기업이 동일한 생산성을 가지고 있었던 크루그만 모형과 달리 기업 상이성 무역 모형에서는 기업들이 서로 다른 생산성을 가지고 있다. 따라서 모든 기업의 이윤이 정상이윤이 되는, 크루그만 모형에서 살펴본 형태의 자유진입조건은 존

재하지 않는다. 대신 기업 상이성 무역 이론에서 자유진입조건은 기업들의 기대이윤이 0이 되는 조건을 의미한다. 즉, 시장에 진입하려고 하는 기업들은 자신의 생산성이 낮아서 시장에서 실패할지, 생산성이 높아서 수출기업이 될 수 있을지, 아니면 내수기업으로 자리잡을지를 정확히 알지는 못한다. 각 기업이 어떤 기업이 될지는 일단 시장에 진입한 후에 알 수 있으므로 시장에 진입하려는 잠재적 진입기업은 자신들의 '기대'이윤이 0보다 큰지 작은지를 보고 진입 여부를 판단할 것이다. 자세한 자유진입조건의 유도는 본 교재의 수준을 넘어서기 때문에 생략하도록 한다.

마. 결론 및 요약

전통적인 무역이론은 산업간 무역을 이해하는 데는 큰 기여를 하였지만, 또 다른 중요한 무역형태인 산업내 무역을 설명하는데는 실패하였다. 이에 크루그만을 위시한 여러 경제학자들은 규모의 경제와 불완전경쟁에 바탕을 둔 소위 신무역이론을 통해 산업내 무역을 설명하려는 노력을 기울여 왔다. 본 장에서는 대표적인 신무역이론인 크루그만 모형과 그 뒤를 잇는 메리츠 모형을 살펴보았다.

우리가 살펴본 신무역이론들은 국가간 생산요소나 기술의 차이가 존재하지 않아도, 규모의 경제와 소비자들의 다양성 선호로 인하여 산업내 무역이 발생할 수 있음을 보여 주었다. 그리고 수출은 생산성이 높은 기업에 의해 행해질 가능성이 높음도 보여 주었다.

01 규모의 경제가 국제무역발생의 원인이 될 수 있는 이유와 사례를 설명해 보자.

02 식 (4)를 자세히 도출해 보자.

03 본 장에서 다룬 Krugman 모형, Helpman 모형, Melitz 모형을 서로 비교하여 각 모형의 주요 논점을 설명해 보자.

04 자국과 외국의 두 동일한 국가로 이루어진 세계를 생각하자. 각 국가는 차별화된 상품시장을 가지며, 각각의 차별화된 상품에 대한 수요는 다음과 같다.

$$x = \frac{A}{p^2}$$

그리고 차별화된 상품의 수를 n이라고 할 때, 각 국 대표소비자의 효용은 다음과 같다고 하자.

$$u = n^2 x$$

한편, 양국에는 차별화된 상품을 생산하는 동일한 기업들이 독점적 경쟁시장을 형성하고 있으며, 각 기업의 비용함수는 다음과 같다.

$$TC = 10x + 100$$

여기서 각 기업의 한계비용과 고정비용은 노동력으로 지불된다고 하자. 따라서 x단위 차별화된 상품을 생산할 때 각 기업의 노동수요는 $10x+100$이다. 그리고 각 국가는 1,000단위의 노동력을 가지고 있다고 하자.

(1) 자급자족균형에서 각국의 시장가격과 개별기업의 균형생산량을 구하라.

(2) '노동수요＝노동공급'을 이용하여 자급자족균형에서 균형기업의 수 (즉, 차별화된 상품의 종류 수)를 구하라.

(3) 폐쇄경제 균형에서 각국 대표소비자의 효용수준은 얼마인가?

05 문제 4의 두 국가가 서로 자유로이 무역을 한다고 하자. 자유무역하에서 각 국의 대표소비자는 개별 기업 생산량의 절반씩을 나누어 소비한다. 즉, 각 기업의 생산량이 x일 때, 각 국 대표소비자의 소비량은 $x/2$이다.

(1) 자유무역 하에서 각국의 시장가격과 개별 기업의 균형생산량을 구하라.

(2) 자유무역 하에서 각국 대표 소비자들이 소비할 수 있는 차별화된 상품의 종류는 몇 종류인가?

(3) 자유무역하에서 각국 대표소비자의 효용수준은 얼마인가?

무역정책과
해외직접투자

INTERNATIONAL TRADE THEORY

07 | 완전경쟁 하의 관세정책

　우리가 앞에서 살펴본 다양한 무역이론들은 무역의 자유화가 전 세계 생산량을 늘리고 각국의 후생을 개선함을 보여주었다. 그러나 현실 경제에서는 어느 국가도 완전한 자유무역을 하고 있지는 않으며, 정도의 차이는 있지만 무역정책(trade policy)을 통하여 정부가 무역에 개입하고 있다.

　각국 정부가 선택하는 무역정책에는 다양한 형태가 있을 수 있으며, 크게는 관세와 비관세 정책으로 구분된다. 그리고 가장 대표적인 무역정책이 바로 본 장에서 살펴볼 관세정책이다. 관세정책은 수출입 상품에 관세를 새로이 부과하거나, 폐지 또는 관세율을 변화시키는 일련의 정책을 의미한다. 일반적으로 관세라고 하면 수입품에 부과하는 수입관세를 떠올리지만, 수출품에 부과하는 수출관세도 존재한다. 하지만, 본 장에서는 일반적으로 이용되는 관세인 수입관세를 대상으로 논의를 전개할 것이다.

　한편, 관세는 종량관세(specific tariff), 종가관세(ad valorem tariff) 및 복합관세(compound tariff)로 구분할 수 있다. 종량관세란 특정 상품의 수량, 무게 혹은 부피 단위에 일정한 액수로 부과되는 관세를 지칭하며, 종가관세는 상품의 가격에 일정 비율로 부과되는 관세를 지칭한다. 그리고 복합관세란 종량 및 종가관세의 성격을 모두 보유한 것으로 상품 개당(혹은 무게 및 부피당) 일정액의 종량관세를 부과하고 가격에 따라 추가적인 종가관세를 부과하는 형태의 관세이다.

　본 장에서는 세 가지 관세 중 가장 분석이 용이한 종량관세에 초점을 맞추도록 한다. 그리고 종량관세가 무역량 및 사회후생에 미치는 영향을 살펴볼 것이다. 분석의 전제로써 고전적인 무역이론들과 마찬가지로 상품시장은 완전경쟁시장이라고 가정하도록 하자. 그리고 역시 분석의 편의를 위해 여러 산업을 동시에 살펴보는 일반균형분석(general equilibrium analysis)이 아닌 특정한 산업만 분석 대상으로 하는 부분균형분석(partial equilibrium analysis)을 이용하여 무역정책의 효과를 살펴보도록 한다[1].

가. 부분균형분석

1) 부분균형분석에서 사회후생

무역정책에 대한 부분균형분석은 해당 정책이 적용되는 재화시장의 수요와 공급을 따로 분리하여 분석하는 방법이다. 여기서는 앞으로 무역정책 분석에 이용될 부분균형분석에 대해 간략히 살펴보기로 한다.

미시경제학에서 이미 배운 바 있는 것처럼 수요함수는 소비자의 효용극대화에서 도출되며, 일반적으로 수평축에 소비량을 수직축에 가격을 대응시킨 공간에서 우하향하는 곡선의 형태를 가진다. 그리고 수요함수는 효용극대화를 하는 소비자가 특정 소비량을 소비할 때 지불할 용의가 있는 최대 가격을 연결한 집합이기도 하다.

반면, 완전경쟁 하에서 공급함수는 개별기업의 한계비용의 수평합이며, 우상향하는 형태를 가진다. 그리고 공급함수는 기업들이 특정 생산량을 공급하기 위해 최소한으로 받아야하는 가격을 연결한 집합이기도 하다. <그림 1>은 X재에 대한 부분균형분석에서 수요함수(곡선)과 공급함수(곡선)의 전형적인 형태를 보여준다. 그림에서 볼 수 있는 것처럼 시장에서의 균형 가격과 균형 거래량은 각각 p^*와 x^*이다.

---

1 일반균형분석은 우리가 무역모형을 살펴볼 때 이용한 것처럼 소비자의 효용함수, 공급자의 생산함수를 모두 고려하여 여러 재화 시장을 동시에 분석하는 방법이다. 한 재화시장의 수요－공급만 고려하는 부분균형분석에 비해 한 국가의 전반적인 영향을 살펴볼 수 있는 장점이 있지만 분석이 다소 복잡하다는 단점이 있다.

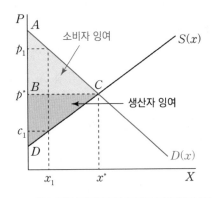

그림 1 부분균형분석과 사회후생

다음으로 부분균형분석에서 시장에서 교환의 이익을 살펴보기로 하자. 먼저 소비량 x_1을 소비하는 소비자를 생각해 보자, 이 소비자가 x_1만큼을 소비하기 위해 기꺼이 지불할 용의가 있는 최대 가격은 p_1이다. 그러나 시장에서 거래되는 X재의 가격은 p^*이므로 $p_1 - p^*$는 해당 소비자가 시장거래를 통해 절약할 수 있는 가격을 의미한다. 따라서 수요함수와 균형시장가격 사이의 면적 ABC는 소비자들이 시장거래를 통해 절약할 수 있었던 총액을 의미하며, 이를 소비자 잉여(comsumer surplus)라고 부르고 흔히 소비자 후생의 지표로 삼는다.

유사하게 생산자가 생산량 x_1를 생산하기 위해 소요되는 한계비용이 c_1이며, 기업들은 c_1의 가격에 x_1의 공급량을 시장에 공급할 의사가 있다. 그러나, 실제로 시장에서 받을 수 있는 가격은 p^*이므로 기업들은 $p^* - c_1$만큼을 더 받을 수 있다. 따라서 균형시장가격과 공급함수 사이의 면적 BCD는 기업들이 시장거래를 통해 더 받을 수 있는 총액을 의미하며, 이를 생산자 잉여(producer surplus)라고 부르고 생산자 후생의 지표로 삼는다. 여기서 유의할 것은 생산자 잉여에는 고정비용이 반영되어 있지 않기 때문에 생산자 잉여가 기업들의 이윤은 아니라는 점이다, 생산자 잉여는 상품을 생산할 때 소요된 사회적 기회비용과 균형가격과의 차이를 반영한다[2].

---

2 미시경제학에서 배운 바와 같이 완전경쟁시장에서 장기공급곡선은 개별 기업들의 이윤이 정상이윤인 생산점들의 수평합이다. 따라서 이 경우 모든 공급곡선 위에서 기업의 이윤은

부분균형분석에서 사회후생을 소비자 후생과 생산자 후생, 그리고 정부 후생의 합으로 정의하자. 따라서 사회후생은 소비자 잉여, 생산자 잉여, 그리고 과세수입과 같은 정부 잉여의 합이다. <그림 1>에서는 정부의 잉여가 없으므로 생산자 잉여와 소비자 잉여의 합인 삼각형 ACD가 사회후생이 된다.

2) 부분균형분석에서 무역의 이익

이제 부분균형분석에서 국제무역을 어떻게 나타낼 수 있는지 살펴보자. 먼저 분석하고자 하는 국가 — 편의상, 자국이라고 하자 — 가 소국(small country)이라고 하자. 소국은 다양한 의미로 해석될 수 있는데, 일반적으로 경제규모가 작거나 특정 상품시장에서 차지하는 비중이 낮아서 국제가격에 영향을 미치지 않는 국가를 지칭한다. 따라서 소국은 미시경제학에서 볼 수 있는 가격수용자(price-taker)와 같은 국가이며, 무역자유화 하에서는 외생적으로 주어진 불변의 국제가격으로 원하는 만큼 수입하거나(수입상품) 수출할 수 있다(수출상품). 따라서 소국의 국제공급곡선(수입상품)과 국제수요곡선(수출상품)은 수량-가격평면에서 수평선의 형태로 나타난다. <그림 2-a>와 <그림 2-b>는 각각 수입상품시장과 수출상품시장을 보여준다.

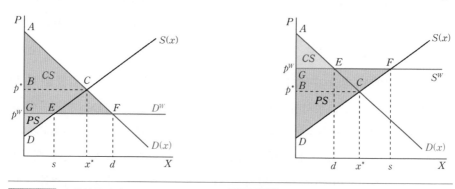

그림 2-a 수입상품시장   **그림 2-b** 수출상품시장

0이지만, 생산의 사회적 기회비용과 균형가격과의 차이를 나타내는 생산자 잉여는 존재할 수 있다.

먼저 <그림 2-a>의 수입상품시장을 살펴보자. 우리가 이미 알고 있는 것처럼 p^*와 x^*는 각각 소국인 자국의 자급자족 균형가격과 균형 거래량이다. 그런데, 해당 국가가 무역자유화를 했을 때 국제가격이 자급자족 균형가격보다 낮은 수준이라고 하자. 이때, <그림 2-a>의 국제공급곡선 D^W는 자급자족 균형가격 아래에 위치한 수평선이다. 그리고 무역자유화 하에서 소국의 국내가격은 국제가격 p^W이다.

그림에서 볼 수 있는 것처럼 국내기업이 국제가격보다 낮은 한계비용을 가지는 공급량에 대해서는 국내공급이 이루어지지만, 그 이상은 국제공급이 이루어지게 된다. 따라서 해당 시장의 국내외를 통합한 공급곡선은 DEF를 잇는 꺾인 직선이 될 것이다. 그리고 소비자는 공급곡선과 수요곡선이 만나는 점인 F에서 소비할 수 있으므로 총 소비량은 d가 된다. 총 소비량 중 국내기업은 국제가격 이하로 공급가능한 수량만을 공급하게 되므로 국내공급량은 s이며, 수입량은 $d-s$이다.

수입으로 인한 사회후생의 변화를 <그림 1>과 비교하여 살펴보자. 수입으로 인하여 소비자의 소비점은 F가 되며, 국제가격 p^W로 d만큼을 소비할 수 있다. 따라서 수입상품시장에서 소비자 잉여는 삼각형 AGF이며, 자급자족하의 소비자 잉여 ABC보다 더 증가한다. 이는 수입으로 인하여 소비자들이 더 저렴한 가격으로 더 많은 수량을 소비할 수 있기 때문이며, 소비자 잉여의 증가분은 사다리꼴 BCFG이다. 한편, 수입으로 인하여 국내공급자들은 국제가격 p^W로 s만큼만 공급할 수 있으므로 생산자 잉여는 자급자족 하의 삼각형 BCD에서 삼각형 GED로 감소하게 된다. 여기서 눈여겨 볼 부분은 소비자 잉여의 증가분 중 사다리꼴 BCEG인데, 이 부분은 감소한 생산자 잉여가 소비자 잉여로 전환된 부분이다.

그리고 자급자족 하에서 소비자 잉여와 생산자 잉여의 총합인 사회후생은 삼각형 ACD였으나, 수입으로 인하여 사회후생은 다각형 ADEF로 증가하였다. 즉, 사회후생은 무역으로 인하여 삼각형 CEF만큼 증가하였으며, 이것이 수입으로 인한 무역이익에 해당한다. 이 무역이익은 소비자들이 더 효율적으로 생산하는 해외의 생산자들로부터 더 저렴하고 더 많이 소비할 수 있으며, 해외 생산자보다 더 비효율적이던 국내 생산자들이 생산을 줄이면서 생산면에서 효율성이 개선되어 발생하는 이익이다.

　수입상품시장과 동일한 방법으로 <그림 2-b>의 수출상품시장도 살펴보자. 이 경우는 무역을 자유화했을 때 소국인 자국의 자급자족 가격보다 국제가격이 높은 경우에 해당한다. 이제 자국의 공급자들은 국내의 자급자족 균형가격보다 높은 국제가격에 상품을 소비하려는 해외수요를 가지게 된다. 따라서 (기업 입장에서) 수요곡선은 AEF를 잇는 꺾인 직선이 된다. 국내기업들은 더 이상 낮은 자급자족 가격에 국내공급을 할 이유가 없으므로 국제가격 p^W에 s만큼 생산하여 국내외에 공급하려 할 것이다. 반면, 국내 소비자는 더 이상 낮은 자급자족 가격으로 소비할 수 없으며, 국제가격 p^W만큼을 지불해야 상품을 구매할 수 있다. 따라서 국내가격은 국제가격 수준인 p^W로 상승하며 소비량도 d로 감소하여, 소비자의 소비점은 E가 된다. 그리고 국내 생산자들의 공급량에서 국내 소비량을 제외한 $s-d$가 국내 생산자들의 수출량이다.

　수출로 인한 후생변화를 살펴보면, 국내 소비자는 수출로 인하여 더 높은 수출가격-즉, 국제가격에 더 적은 수량만 소비할 수 있으므로 소비자 잉여는 삼각형 ABC에서 삼각형 AGE로 감소한다. 반면, 생산자는 더 높은 가격에 해외에 공급할 수 있으므로 생산자 잉여는 삼각형 BCD에서 삼각형 GFD로 증가한다. 여기서 사다리꼴 BCEG는 국내 소비자 잉여의 감소가 생산자 잉여로 전환된 부분이다. 한편, 수출로 인한 순이익은 삼각형 EFC이며, 외국의 공급자와 비교할 때 충분히 효율적이지만 자급자족 체계로 인하여 공급하지 못하던 국내 공급자들이 수출을 통해 공급할 수 있게 되면서 발생하는 효율성의 개선으로 인한 무역이익으로 볼 수 있다.

3) 수입수요곡선과 수출공급곡선

　앞으로 우리는 지금까지 살펴본 수요-공급곡선 및 사회후생을 이용하여 무역정책을 분석할 것이다. 하지만, 무역정책은 수출입에 대한 정책이므로 수출량과 수입량만 따로 살펴보는 것이 유용하다. 따라서 여기에서는 수입수요곡선(import demand curve)과 수출공급곡선(export supply curve)의 개념을 살펴보기로 하자. 수입수요곡선이란 특정 상품의 가격에 따라 수입하고자 하는 수요의 변화를 반영한 곡선이며 수출공급곡선이란 특정 상품의 가격에 따라 수출을 하려는 공급의 변화를 반영한 곡선이다. <그림 3>과 <그림 4>는 각각 수입수요곡선과 수출공급곡선의 도출과정을 보여준다.

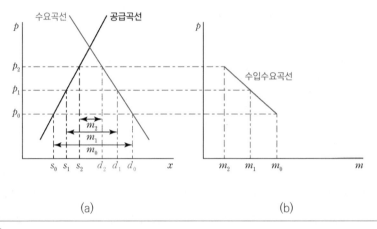

그림 3 수입수요곡선

먼저 수입수요곡선을 도출하여 보도록 한다. <그림 3-a>는 특정 상품에 대한 국내의 수요 및 공급곡선을 보여준다. 시장가격 p_0에서 국내의 수요량과 공급량은 각각 d_0와 s_0이며, m_0만큼의 초과수요가 존재한다. 그리고 초과수요가 해소되기 위해서는 m_0만큼의 수입이 이루어져야 하므로 m_0는 가격 p_0에서 수입수요량이다. 유사하게 $p_1 > p_0$인 가격 p_1에서 발생하는 초과수요-즉, 수입수요는 m_1이며, $p_2 > p_1$인 가격 p_2에서의 수입수요는 m_2이다. 그리고 <그림 3-b>에서 확인할 수 있는 것처럼 가격이 인상될수록 수입수요는 감소하기 때문에 수입수요곡선은 일반적인 수요곡선과 유사하게 우하향하는 형태를 가진다.

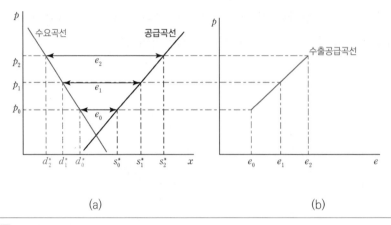

(a)   (b)

그림 4 수출공급곡선

유사하게 수출공급곡선을 도출하여 보자. <그림 4-a>는 특정 상품에 대한 국내의 수요 및 공급곡선을 보여준다. 시장가격 p_0에서 국내의 수요량과 공급량은 각각 d_0^*와 s_0^*이며, e_0만큼의 초과공급이 발생한다. 그리고 초과공급은 국내에서 소비되지 못하고 수출을 통해 해소되어야 하므로 e_0는 가격 p_0에서 수출공급량이다. 유사하게 $p_1 > p_0$인 가격 p_1에서 발생하는 초과공급－즉, 수출공급은 e_1이며, $p_2 > p_1$인 가격 p_2에서의 수출공급은 e_2이다. <그림 3-a>에서 확인할 수 있는 것처럼 가격이 인상될수록 수출공급은 증가하기 때문에 수출공급곡선은 일반적인 공급곡선과 유사하게 우상향하는 형태를 가진다.

나. 소국의 관세부과 효과

1) 관세부과로 인한 소국의 소비량과 생산량 변화

소국인 자국의 정부가 외국에서 수입되는 상품의 국제가격이 너무 낮아서 수입량이 지나치게 많다고 판단하는 경우를 생각해 보자. 이 경우 자국 정부가 도입할 수 있는 정책 중 하나가 관세이다.

소국 정부가 수입품에 대해 t의 종량관세를 부과한 경우를 생각해 보자. <그림 5>는 소국인 자국이 종량관세를 부과했을 때 자국의 변화를 보여준다. 수입품의 원래 국제가격은 p^W이며, 공급자들은 국제가격 p^W의 변화없이 소국인 자국으로 얼마든지 상품을 공급할 수 있으므로 <그림 5-a>의 국제공급곡선과 <그림 5-b>의 수출공급곡선(E)는 모두 국제가격 p^W을 유지하는 수평선이다. 그런데, 관세가 부과되면, 본국에 수입되는 과정에서 관세가 더해져서 자국의 소비자들은 p^W+t의 가격에 수입품을 소비할 수 있다. 그리고 관세 하에서도 관세만큼 가격만 오를 뿐 외국의 공급자들은 p^W+t의 가격으로 얼마든지 상품이 공급할 수 있으므로 국제공급곡선과 수출공급곡선은 여전히 수평선이다.

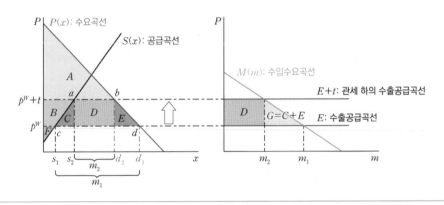

그림 5-a 자국시장(소국)　　　　**그림 5-b** 수입시장(소국)

관세부과로 인한 수요량과 생산량 및 수입량의 변화를 살펴보자. 관세부과 이전 국제가격 p^W에서 자국 생산자들의 공급량과 자국 소비자들의 수요량은 각각 s_1과 d_1이다. 따라서 초과수요량 $m_1 = d_1 - s_1$이 관세부과 이전의 수입량에 해당한다. 그런데 종량관세가 부과되면 자국 소비자들이 직면하는 가격은 p^W+t가 되며, 자국 생산자들의 공급량과 자국 소비자들의 수요량은 각각 s_2와 d_2가 된다. 즉, 자국 생산자들은 과거보다 높은 가격인 p^W+t에 상품을 판매할 수 있으므로 자국의 국내공급량은 s_1에서 s_2로 증가한다. 이에 반해 자국 소비자들은 과거보다 더 높은 가격에 상품을 구매해야 하므로 소비량을 d_1에서 d_2로 줄인다. 따라서 관세 하에서 자국의 수입량은 초과수요량인 $m_2 = d_2 - s_2$이며, 관세로 인하여 수입량이 감소한다.

한편, 관세의 부과는 정부의 관세수입을 발생시킨다. 종량관세 하에서 정부는 상품 한 단위당 t만큼을 관세수입으로 징수하며 수입량은 m_2이므로 정부의 관세수입은 $t \cdot m_2$이다.

> **수입관세로 인한 소국의 소비량과 생산량 변화**
> (1) 국내 소비량은 감소하지만, 국내 생산량은 증가한다.
> (2) 수입량은 감소한다.
> (3) 정부의 관세수입이 발생한다.

2) 관세부과로 인한 소국의 후생변화

이제 관세부과로 인한 자국의 후생변화를 살펴보자. 자국 소비자는 더 높은 가격 $p^W + t$에 직면하여 소비량이 줄지만, 자국 기업들은 인상된 가격으로 인해 자국 공급량을 늘린다. 그로 인하여 자국 소비자의 후생은 감소하고, 자국 생산자의 후생은 증가할 것이다. 그리고 관세수입으로 인하여 자국 정부의 후생도 증가할 것으로 예상할 수 있다. 이러한 경제주체별 후생의 변화를 <그림 5-a>를 통해 좀 더 명확하게 살펴보도록 하자.

관세부과 전 자국 소비자의 소비점은 점 d이므로 소비자 잉여는 면적 A+B+C+D+E이다. 그런데, 관세로 인하여 자국 소비자의 소비점은 점 b로 변화하였으며, 소비자 잉여는 면적 A로 감소한다. 따라서 관세부과로 인해 자국 소비자의 후생감소분은 면적 B+C+D+E이다. 반면, 관세로 인하여 자국 생산자들의 생산점은 점 c에서 점 a로 이동하였다. 따라서 생산자잉여는 관세부과 전 면적 F에서 관세부과 후 면적 B+F로 증가하였으며, 증가분은 면적 B이다. 여기서 눈여겨볼 것은 생산자의 잉여증가분 B는 소비자의 잉여 감소분 중 일부라는 점이다. 이로부터 관세부과로 인하여 소비자의 후생 중 일부가 생산자의 후생으로 재분배됨을 알 수 있다. 한편, 정부의 관세수입은 $t \cdot m_2$이며, 이는 면적 D에 해당한다. 그리고 정부의 관세수입도 관세부과 전 소비자 잉여의 일부였던 것이 정부수입으로 전환된 것이다.

관세부과로 인한 자국 후생의 순변화를 살펴보자. 소비자 잉여는 면적 B＋C＋D＋E만큼 감소하였으며, 이 중 일부인 면적 B는 생산자 잉여로 전환되었다. 그리고 감소한 소비자 잉여의 다른 일부인 면적 D는 정부수입으로 전환되었다. 그러나 소비자 잉여 감소분 중 면적 C와 E는 다른 경제주체의 후생으로 전환되지 못하고 사라지며, 이는 관세부과로 인한 사중손실(deadweight loss)이다. 이처럼 소국인 자국이 관세를 부과하게 되면 자국 전체의 후생은 감소하게 된다.

사중손실 중 면적 C는 관세부과로 인해 자국 내 가격이 상승하여 자국 내의 비효율적인 기업들의 생산에 참여하면서 발생한 사중손실이며 생산왜곡손실(production distortion loss)에 해당한다. 또한 면적 E는 관세부과로 인해 자국 내 소비자 가격이 상승하여 관세부과 전에는 소비할 수 있었던 일부 소비자들이 소비하지 못하게 되는 손실이며, 소비왜곡손실(consumption distortion loss)에 해당한다.

관세부과로 인한 수입량 감소 및 자국의 사중손실과 자국 정부의 관세수입은 <그림 5-b>의 수입시장을 통해서도 살펴볼 수 있다. 관세부과 이전에는 수입수요곡선과 수출공급곡선이 일치하는 균형가격 p^W에서 자국의 수입량이 결정되며 수입량은 m_1이다. 그런데 앞에서 설명한 바와 같이 소국의 관세부과로 인해 수평인 수출공급곡선이 t만큼 위로 이동하며 자국 소비자가격은 $p^W + t$가 된다. 따라서 관세로 인하여 수입량은 m_2로 감소한다. 자국의 관세수입은 $t \cdot m_2$이며, 이는 <그림 5-b>의 면적 D에 해당하며, <그림 5-a>의 면적 D와 동일한 크기이다. 한편, 관세로 인한 자국의 사중손실은 면적 G이며, 이는 <그림 5-a>의 사중손실인 면적 C와 E의 합과 일치한다.

표 1 수입관세로 인한 소국의 후생 변화

경제주체별 후생	후생 변화
소비자 후생	-(B+C+D+E)
생산자 후생	+B
정부 후생	+D
후생 순손실	-(C+E)

> 수입관세로 인한 소국의 후생 변화
> (1) 소비자 후생은 감소하며 생산자 후생은 증가한다.
> (2) 자국의 후생 순손실을 초래한다.

다. 대국의 관세부과 효과

1) 관세부과로 인한 대국의 변화

지금까지는 소국이 관세를 도입하게 되면, 소국의 후생손실이 발생할 수 있음을 살펴보았다. 그런데 만약 대국(large country)이 관세를 부과하면 어떤 효과가 발생할까? 여기서 대국은 소국과 반대로 경제 규모가 매우 크거나 특정 상품시장에서 차지하는 비중이 매우 높아서 국제가격에 직접적인 영향을 미치는 국가를 지칭한다. 소국의 경우와 달리 대국의 관세부과는 수입수요를 감소시킴으로써 국제가격의 하락을 가져오게 되는데 이를 '교역조건 효과(terms of trade effect)'라고 부른다. 즉, 대국이 관세를 부과하게 되면 대국의 소비자가격이 인상되어 수입수요가 감소하게 된다. 그런데 대국의 수입수요 감소는 전세계 상품 수요 감소로 이어지기 때문에 세계시장의 균형가격을 하락시킨다. 이와 같이 관세부과로 인한 교역조건 효과는 소국과 차별되는 대국만의 효과이다. <그림 6>은 관세로 인한 대국의 변화를 보여준다.

위에서 언급한 것처럼 대국인 자국의 관세도입으로 인하여 국제가격이 변하기 때문에 <그림 6-b>의 수입시장에서 국제가격 결정과정을 먼저 살펴볼 필요가 있다. 대국은 소국과 달리 외국의 공급자들이 가격 변화없이 상품을 공급하지 못한다. 즉, 소국은 시장규모가 작기 때문에 별다른 비용증가 없이도 얼마든지 외국의 공급자가 상품을 공급할 수 있었지만, 시장규모가 매우 큰 대국에 추가적인 공급량을 늘리려면 비용증가가 발생하며, 대국으로의 수출공급곡선은 일반적인 공급곡선과 마찬가지로 우상향하는 형태가 된다. 따라서 대국의 경우는 소국과 달리 국제가격이 일정한 값으로 주어지는 것이 아니라 대국의 수입수요와 대국에 대한 수출공급에 의해 국제가격이 결정된다. <그림 6-b>를 통해 자세히 살펴보자.

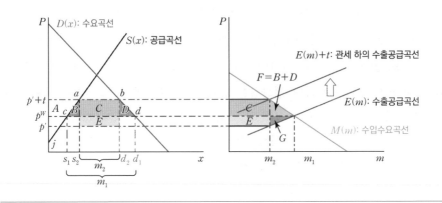

그림 6-a 자국시장(대국)　　　　그림 6-b 수입시장(대국)

관세부과 이전 대국으로의 수출공급곡선을 $E(m)$라고 하자. 국제가격은 수출공급곡선 $E(m)$와 대국의 수입수요곡선 $M(m)$이 만나는 점에서 p^W로 결정되며, 자국 내 소비와 공급은 이 국제가격 p^W에 의해 결정된다. 그리고 결정된 국제가격 하에서 자국의 수입량은 m_1이다. 다음으로 대국이 종량관세 t를 부과한 경우를 생각해 보자. 관세가 부과되면, 자국 내 소비자와 생산자들이 직면하는 가격은 원래 국제공급가격보다 t만큼 인상된 가격이다. 따라서 자국으로 공급되는 관세부과 후 수출공급곡선은 관세부과 전 수출공급곡선 $E(m)$을 관세율 t만큼 위로 평행이동시킨 것과 같다. 여기서 유의할 점은 관세부과 후 수출공급곡선은 자국 내의 소비자와 생산자들이 직면하는 관세 후 수출공급곡선이며, 외국 수출업자의 수출공급은 여전히 관세부과 전 수출공급곡선 위에서 이루어지고 있다는 점이다. 따라서 자국 내의 관세부과 후 가격은 관세 하의 수출공급과 수입수요가 만나는 점의 가격인 $p' + t$이지만, 실제 외국 수출업자의 선적가격은 p'이다. 즉, 외국의 수출업자는 p'로 공급하지만, 관세가 부과되면서 자국 내에 공급되는 가격은 $p' + t$가 된다.

이제 관세 전후의 국내 소비량과 국내 생산량 변화를 <그림 6-a>를 이용하여 살펴보자. 관세부과 이전 국내가격은 국제가격인 p^W이고, 소비자들은 이 가격에 소비점 d에서 소비한다. 따라서 국내 소비량은 d_1이다. 그런데 관세가 부과되면 국내가격은 $p' + t$로 인상되고, 소비자들의 소비점은 b로 이동하게 된다. 즉, 관세로 인하여 국내 소비량은 d_2로 감소한다. 반면, 관세부과로 인하여 국내 생산자들의 생산점은 c에서 a로 이동하게 되며, 국내 생산량은 s_1에서 s_2로 증가하게 된다. 이처럼 소국과 마찬가지로 대국도 관세로 인하여 국내 소비량은 감소하고 국내 생산량은 증가한다. 그런데 소국과 비교할 때 관세로 인한 대국의 국내소비량 감소와 국내생산량 증가는 상대적으로 작음에 유의하자. 이는 관세로 인한 가격 인상이 모두 국내가격에 반영되는 것이 아니라 국제가격의 하락으로 일부 상쇄되기 때문이다.

2) 관세부과로 인한 대국의 후생변화

다음으로 관세로 인한 대국의 후생변화를 살펴보자. 자국 내 소비자들은 관세부과로 인하여 인상된 가격에 더 적게 소비하게 되므로 소비자 잉여는 감소한다. 그리고 감소한 소비자 잉여는 면적 A+B+C+D이다. 이에 반해 국내생산자들은 더 높은 가격에 더 많이 공급할 수 있으므로 생산자 잉여는 증가하며, 증가분은 면적 A이다. 그리고 정부는 관세 후 수입량 m_2에 대해 t의 관세를 부과하므로 관세수입 $t \cdot m_2$를 얻을 수 있으며 면적 C와 E의 합이 정부의 관세수입이다. 여기서 면적 C는 관세로 인하여 자국 내 가격의 인상폭에 따른 관세수입이며, 자국 소비자들이 부담하는 관세로 해석할 수 있다. 반면, 면적 D는 관세로 인하여 국제가격이 인하되는 교역조건 효과에 따른 관세수입이며, 외국이 부담하는 관세의 성격을 가진다.

대국의 총후생은 소비자와 생산자 잉여에 정부의 관세수입을 더한 것이므로 관세부과로 인한 대국인 자국의 순 후생손실은 B+D−E이다. 여기서 면적 B와 D의 후생손실은 이미 소국에서도 살펴보았던 사중손실이다. 즉, 면적 B는 자국 내의 비효율적인 기업들이 생산에 참여하면서 발생한 사중손실이자 생산왜곡손실이며, 또한 면적 D는 관세부과로 인해 자국 내 소비자 가격이 상승하여 일부 소비자들이 소비하지 못하면서 발생하는 소비왜곡손실이다. 그에 반해, 면적 E는 소국에서는 관찰되지 않았던, 대국이 얻는 교역조건 개선효과이다. 면적 E는 관세부과 전의 자국의 후생에 포함되지 않았던 영역이며, 관세로 인하여 국제가격이 인하되어 −또는 교역조건이 개선되어− 대국인 자국이 더 저렴하게 상품을 공급받을 수 있기 때문에 얻는 이익이다.

나아가 대국의 순손실 B+D−E는 대국이 관세부과를 통해 후생이익을 증가할 수 있음을 보여준다. 만일 대국의 교역조건 개선효과(E)가 충분히 커서 사중손실인 B+D보다 크다면 관세부과로 인하여 대국의 후생은 증가할 수 있다. 이에 반해 대국의 교역조건 개선효과(E)가 크지 않다면, 소국과 마찬가지로 관세는 대국의 후생을 감소시킨다. 정리하면 다음과 같다.

$E > B+D$: 관세로 인하여 대국의 후생 증가

$E < B+D$: 관세로 인하여 대국의 후생 감소

관세부과로 인한 수입량 감소 및 자국의 사중손실과 자국 정부의 관세수입은 <그림 6−b>의 수입시장을 통해서도 살펴볼 수 있다. 관세부과로 발생한 사중손실 B+D는 <그림 6−b>의 F에 해당한다. 그리고 정부의 관세수입은 C+E이다. 이 중 C는 국내 소비자 후생이 정부의 관세수입으로 전환된 것이므로 후생의 손실은 아니다. 따라서 관세로 인한 대국의 후생 순손실은 F−E(=B+D−E)이다.

이제 외국의 후생 변화를 생각해 보자. 외국의 공급자들은 관세로 인하여 더 낮은 국제가격에 공급하면서 관세의 일부인 E를 떠안는다. 그리고 대국인 자국의 관세부과로 인하여 자유무역 시 국제가격보다 낮아지면서 외국의 소비자와 생산자들에게도 사중손실이 발생하는데 <그림 6−b>의 G가 이에 해당한다. 따라서 외국의 후생 손실은 E+G이며, 이 중 E는 외국의 후생이 자국의 후생으로 전환된 것이다. 이처럼 대국의 관세부과는 외국의 후생 손실을 통해 자국의 후생을 증대시키는 정책이며, 이와 같은 정책을 근린궁핍화 정책(beggar thy neighbor policy)이라고 한다.

마지막으로 대국의 관세부과로 인한 세계 순손실을 살펴보자. <그림 6-b>에서 대국인 자국의 후생 순손실은 F−E이며 외국의 후생 순손실은 E+G이다. 따라서 자국과 외국으로 이루어진 세계의 후생 순손실은 F+G이다. 이 후생 손실은 관세로 인하여 자국과 외국에서 발생하는 생산 및 소비 왜곡손실의 합에 해당한다.

표 2 수입관세로 인한 대국의 후생 변화

경제주체별 후생	후생 변화
소비자 후생	−(A+B+C+D)
생산자 후생	+A
정부 후생	+(C+E)
자국의 후생 변화	+E−(B+D)
외국의 후생 변화	−(E+G)
세계 후생 변화	−(B+D)−G

대국의 수입관세

(1) 수입관세로 인하여 국제가격이 인하되면서 교역조건 효과가 발생한다.
(2) 교역조건 효과가 충분히 크면 자국의 후생 순이익이 발생할 수 있다.
(3) 대국의 수입관세는 근린궁핍화 정책이다.

3) 최적관세(optimal tariff)

앞에서 살펴본 것처럼 대국은 수입관세의 부과로 후생 순이익을 얻을 수 있다. 이는 관세가 대국이 자국의 후생을 극대화시키는 정책 수단이 될 수 있음을 의미하며, 이와 같이 후생을 극대화시키는 대국의 관세율을 최적관세라고 한다. 물론 최적관세라는 표현은 대국의 입장에서 최적이라는 의미이며, 근린 궁핍화 정책이기 때문에 교역 상대국 및 전세계의 입장에서는 최적이 아니다.

대국에서 최적관세가 존재할 수 있음을 간략하게 그림으로 살펴 보자. 앞에서 설명한 것처럼 관세로 인하여 소비자 잉여 CS는 감소한다. <그림 6-a>에서 살펴본 바와 같이 관세로 인한 소비자 잉여의 감소폭은 A+B+C+D이며, 관세율이 증가할수록 감소폭도 증가할 것이다. 즉, 관세율이 증가하면 소비자 영여는 더욱 감소한다. 이에 반해, 관세가 부과되면 생산자 잉여는 증가하며 증가폭은 A이다. 그리고 관세율이 증가하면 생산자 잉여의 증가는 더욱 커질 것이다. 하지만 생산자 잉여의 증가는 소비자 잉여 감소의 일부를 획득한 것이므로 항상 생산자 잉여의 증가폭은 소비자 잉여의 감소폭보다 작다. 한편, 대국인 정부의 관세수입도 관세율이 변함에 따라 달라진다. 관세수입은 관세율과 수입량의 곱이며, 관세율이 증가하면 수입량이 감소하기 때문에 관세수입은 관세율에 대한 2차 함수와 유사한 형태를 가진다. <그림 7>은 이러한 성질을 가진 소비자 잉여(CS), 생산자 잉여(PS), 관세수입(TR)의 합으로 대국의 총 후

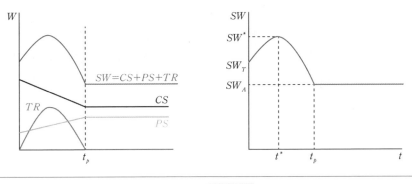

그림 7-a 대국 총 후생곡선의 도출   **그림 7-b** 대국의 최적관세

생을 도출하는 과정을 보여준다.

<그림 7>에서 관세율 t_p는 수입이 전면 금지되는 관세율이며, 수입금지관세(prohibitive tariff)라고 부르는 관세율이다. 즉, t_p는 관세부과 후 국내가격이 자급자족가격과 같아지는 관세율이며, t_p에서는 수입이 이루어지지 않으므로 정부의 관세수입이 존재하지 않는다. 그리고 t_p를 넘어서는 관세율에 대해서는 (수입이 이루어지지 않으므로) 소비자 잉여와 생산자 잉여는 자급자족상태와 동일하며 추가적인 변화는 발생하지 않는다.

<그림 7-b>에서 볼 수 있는 것처럼 대국의 총 후생은 무관세와 수입금지관세 사이에서 극대화되는 지점이 존재하며, 이에 해당하는 관세가 최적 관세이다. 최적관세 하에서 대국인 자국의 후생은 SW^*이며 자유무역 하의 후생 SW_T와 자급자족시 후생 SW_A보다 높다. 일반적으로 최적관세는 수출공급 가격탄력성의 역수로 알려져 있다.

$$최적관세의\ 공식:\ t^* = \frac{1}{\epsilon_E} \dotfill (1)$$

여기서 $\epsilon_E = (p^W/m)(dm/dp^W)$이며 국제가격변화에 따라 자국이 수입(m)하는 외국의 수출공급 탄력성이다.

최적관세의 공식을 도출하는 엄밀한 과정은 다소 복잡하지만, 대략적으로 보이는 것은 가능하다. 최적관세의 공식을 살펴보기 위해, 관세를 종가관세라고 생각하자. 즉, 관세부과 후 자국 내 가격은 $p^C = p^W(1+t)$가 되는 경우를 고려해 보자. 그리고 관세가 매우 작은 폭으로 인상되는 경우를 생각해 보자. <그림 8>은 종가관세가 소폭 인상될 때 대국 수입시장에서의 후생변화를 나타낸 것이다. 종가관세이기 때문에 가격이 높을수록 동일 관세율이라도 관세액이 큼에 유의하자.

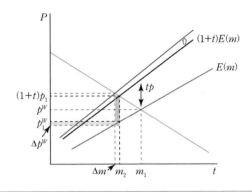

그림 8 최적관세의 도출

이와 같은 미세한 관세 인상으로 인한 대국인 수입량 감소(또는 외국의 수출량 감소)를 $\triangle m$이라고 하고, 교역조건 효과로 인한 국제가격 하락을 $\triangle p^W$라고 하자. 그리고 자국 사중손실의 증가를 $tp^W \triangle m$으로 근사하고(<그림 8>의 회색 사각형), 교역조건 효과로 인한 관세수입 증가를 $m \triangle p^W$로 근사하자(<그림 8>의 파란 사각형). 즉, 관세의 소폭 인상으로 인한 대국인 자국의 후생변화를 다음과 같이 근사하여 나타내도록 하자.

$$\triangle SW = -tp^W \triangle m + m \triangle p^W \quad \text{......................................} \quad (2)$$

그런데, 대국의 최적관세는 관세 인상으로 인한 사회후생의 추가 증가가 없는 관세이므로 $\triangle SW = 0$인 관세이다. 따라서 식(2)로부터 다음과 같은 최적관세 공식을 얻을 수 있다.

$$-tp^W \triangle m + m \triangle p^W = 0 \quad \text{...................................} \quad (3)$$
$$\Leftrightarrow t^* = \frac{m}{p^W} \frac{\triangle p^W}{\triangle m} = \frac{1}{\epsilon_E}$$

4) 관세전쟁

우리가 살펴본 것처럼 대국은 자국의 후생 극대화를 위해 관세를 도입할 유인이 존재한다. 그런데 대국의 최적관세는 교역상대국에 피해를 입히는 근린궁핍화 정책이므로, 교역상대국은 이에 대응하는 무역정책을 택하여 보복할 가능성이 있다. 이와 같이 교역국들이 서로 경쟁적으로 관세율을 올리는 현상이 발생할 수 있는데, 이를 관세전쟁(tariff war)라고 한다.

대표적인 관세전쟁으로는 세계 대공황 시기에 발생한 관세전쟁을 들 수 있다. 1922년 미국은 포드니 – 맥컴버 관세법(Fordney – McCumber Act)을 인준하며 관세율을 약 40%로 인상시키며 자국의 농업과 공업을 보호하려 하였다. 그런데 1929년 대공황이 발생하자, 이듬해인 1930년 미국은 스무트 – 홀리 관세법(Smoot – Hawley Tariff Act)을 통해 관세율을 더 높이면서 자국시장을 보호하려 하였다. 미국의 고율의 관세에 반발한 세계 각국도 수입관세를 인상하며 대응하였고, 1934년까지 세계무역이 약 66% 감소하는 결과로 이어졌다. 이러한 미국발 관세전쟁은 세계 대공황이 더욱 확장되고 심화되는 한 원인이 된 바 있다.

최근의 관세전쟁으로는 2018년부터 시작된 미중 무역분쟁을 들 수 있다. 2018년 7월 미국 트럼프 행정부는 중국의 불공정 무역관행으로 인하여 미국의 무역적자가 심화되고 있다고 판단하여 약 340억 달러 규모의 중국산 수입품 818개 품목에 대해 약 25%의 보복관세를 부과하였다. 중국도 이에 반발하여 동일한 액수의 미국산 농수산물 및 자동차 등에 약 25%의 보복관세를 부과하였다. 이후에도 미중 양국간의 무역전쟁은 계속되어 미국산 원유수입 일시적 금지, 화웨이 및 ZTE 관련 무역제재 등이 진행되었다. 이러한 양국간의 관세전쟁(무역분쟁)으로 인하여 양국은 모두 경제적인 피해를 입었는데 미국의 소비자물가 상승 및 중국의 산업생산 증가율 둔화 등을 겪었다.

이처럼 관세전쟁은 모든 국가에 피해를 입히지만, 규모를 달리하며 반복하여 나타난다. 그렇다면 쌍방에 손실을 입히는 관세전쟁이 왜 발생할까? 여기에서는 간단한 게임이론을 이용하여 이를 살펴보도록 하자.

대국인 자국과 역시 대국인 외국으로 이루어진 세계를 생각하자. 무역자유화 하에서 양국의 후생을 편의상 각각 10이라고 하자. 그런데 자국이나 외국이 근린궁핍화 정책인 최적관세를 도입하면, 후생을 13으로 끌어올릴 수 있지만 상대국의 후생이 6으로 감소한다고 하자[3]. 그런데, 양국 모두 관세를 도입하면, 두 국가의 후생은 각각 8이라고 하자. 주어진 게임을 보수행렬로 나타내면 <표 3>과 같다.

표 3 관세전쟁

자국 후생, 외국 후생		외국	
		자유무역	관세 도입
자국	자유무역	10, 10	6, 13
	관세 도입	13, 6	8, 8

<표 3>에 나타난 두 대국간의 관세 게임은 전형적인 죄수의 딜레마 게임이다. 즉, 두 국가 모두 자유무역을 선택하면 동일하게 10의 후생을 누릴 수 있지만, 주어진 게임의 유일한 내쉬균형은 두 국가가 모두 관세를 도입하는 균형이기 때문이다. 따라서 두 대국은 결국 서로에게 피해가 될 것을 알면서도 관세전쟁을 하게 될 것이다.

라. 결론 및 요약

각국 정부가 선택하는 무역정책 중 가장 대표적인 무역정책이 바로 관세정책이다. 본 장에서는 부분균형 분석을 이용하여 대국과 소국에서 수입관세의 효과를 살펴보았다.

소국의 경우 관세는 생산자를 보호할 수 있으나, 소비자의 후생을 감소시키며, 사회후생의 순손실을 초래한다. 이는 소국의 관세가 생산과 소비에서 왜곡을 일으키기 때문이다. 이에 반해 대국은 교역조건 효과를 통해 관세로 인한 후생의 순이익을 얻을 수 있다. 그러나 대국의 후생 순이익은 교역상대국의 손실에 기초한 것이며, 대국이 도입하는 관세정책은 자국에만 유리한 근린궁핍화 정책이다.

---

3 관세로 인하여 사중손실이 발생하므로 양국 후생의 합은 자유무역 시보다 관세 하에서 더 적다.

01 소국인 A국은 Y재에 대해 다음과 같은 수요함수 및 국내 공급함수를 가진다고 하자.

$$Y재의 \ 수요함수: \ p_Y = 100 - Y$$

$$Y재의 \ 국내공급함수: \ p_Y = 4y$$

Y재의 국제가격은 20원이라고 할 때, 자유무역 하에서 Y재의 국내 소비량, 국내 생산량, 수입량과 국내 가격을 구하라.

02 문제 1에서 A국 정부는 Y재의 수입량이 과도하다고 생각하여, Y재 1 단위낭 20원의 종량관세를 부과하기로 하였다.

(1) 종량관세 하에서 Y재의 국내 소비량, 국내 생산량, 수입량과 국내 가격을 구하라.

(2) 종량관세로 인해 발생하는 정부의 관세수입은 얼마인가?

(3) 종량관세로 발생하는 사중손실을 구하고, 사중손실이 발생하는 원인을 설명하라.

03 A국이 소국이 아니라 대국이며 Y재에 대한 A국의 수요 및 공급함수는 동일하다고 가정하자. Y재의 국제가격은 20원으로 동일하며 자유무역이 행해지고 있었다. 이때 A국 정부가 Y재 1단위에 20원의 종량관세를 부과하였는데 국제가격이 15원으로 하락하였다.

(1) 종량관세 하에서 Y재의 국내 소비량, 국내 생산량, 수입량과 국내 가격을 구하라.

(2) 종량관세로 인해 발생하는 정부의 관세수입은 얼마인가?

(3) 종량관세로 발생하는 사중손실을 구하고, 대국으로 인해 발생하는 교역조건 개선효과도 산정하시오. 또한 이로 인한 대국 A의 후생이 어떠한 변화가 발생하는 지도 설명하시오.

04 본국의 수요 및 공급곡선은 $D = 100 - P$ 와 $S = \frac{1}{4}P$ 이며 외국의 수요 및 공급곡선은 $D^* = 90 - P$ 와 $S^* = \frac{1}{2}P$ 이다.

(1) 국제무역이 존재하지 않을 때 본국과 외국의 균형수급량과 가격을 구하라.

(2) 본국이 수입국이고 외국이 수출국일 때 본국의 수입수요곡선과 외국의 수출공급곡선을 도출하시오.

(3) 국제(자유)무역이 존재할 때 이 상품의 세계균형가격과 균형수출(수입)량을 산정하시오.

08 | 완전경쟁 하의 비관세정책

앞장에서는 대표적인 무역정책인 관세정책에 대해 살펴보았다. 그러나 현대에는 관세 이외에도 다양한 무역정책들이 이용되고 있으며 이에 대한 이론과 정책효과를 살펴보는 것은 국제무역론의 중요한 주제이다. 대표적인 비관세정책으로는 수출보조금(export subsidies), 수입쿼터(import quota), 수출자율규제(voluntary export restraint, VER), 반덤핑 조치 등이 있다. 이러한 비관세정책을 비관세장벽(non-tariff barriers, NTB)이라고도 하는데 일부 학자들은 이러한 정책이 무역장벽이 아닐 수도 있다고 하여 비관세조치(non-tariff measures, NTM)이라고도 한다.

본 장에서는 이러한 비관세정책이 어떠한 메커니즘에서 운영되고, 그 효과가 어떠한지를 살펴볼 것이다. 관세의 분석과 마찬가지로 교역대상인 상품(혹은 서비스) 시장이 완전경쟁이라고 가정하며, 부분균형분석을 이용하여 살펴보도록 하자.

가. 수입쿼터

수입쿼터는 관세와 함께 전통적인 무역정책이며, 수입국이 외국으로부터 수입하는 수입량을 직접적으로 규제하는 정책을 말한다. 관세와 마찬가지로 먼저 소국의 경우를 살펴본 후 교역조건 개선효과를 수반하는 대국의 경우를 살펴보기로 하자.

1) 소국에서 수입쿼터의 효과

자국 정부가 소국인 경우를 생각해 보자. 자국 정부는 외국에서 수입되는 어떤 상품의 현재 수입량 m_1이 지나치게 많다고 판단하여 수입량을 최대 m_2만 허용하는 수입쿼터를 도입하였다고 하자. <그림 1>의 두 그림은 소국인 자국이 수입쿼터 m_2를 도입했을 때 자국시장과 수입시장의 변화를 보여준다.

먼저 자국시장에서의 공급곡선을 살펴보자. 만일 해당 상품의 자국 내 가격이 수입품의 국제가격 p^W보다 낮다면, 수입은 이루어지지 않으며 국내 생산자들이 상품을 공급할 것이다. 그런데 자국 내 가격과 국제가격이 동일하다면, 비로소 수입이 이루어지지만 최대 m_2까지만 수입할 수 있다. 수입쿼터를 다 채우고 나면, 다시 국내 공급자들에 의해 상품이 공급되며 자국 내 가격은 국제가격보다 높아질 것이다. 따라서 수입쿼터 하에서 수입과 국내공급을 포함한 자국 내 공급은 국제가격 p^W와 수입쿼터량 m_2을 채운 지점에서 꺾이는 파란색 공급곡선과 같다. 그리고 수입쿼터 하에서 자국에 대한 외국 공급자의 수출공급곡선은 <그림 1-b>의 수입시장에서 볼 수 있는 것처럼 더 이상 수평선이 아니라 m_2에서 단절되는 형태가 된다.

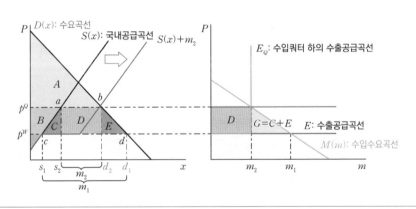

그림 1-a 자국시장(소국)　　　**그림 1-b** 수입시장(소국)

수입쿼터로 인한 수요량과 생산량 및 자국 내 가격의 변화를 살펴보자. 자국 소비자들은 수요곡선과 쿼터 하의 공급곡선이 만나는 소비점에서 소비할 수 있으므로 자국 내 수요량은 d_2이다. 그리고 국내가격은 국내 소비자의 수요와 공급이 만나서 시장이 청산되는 가격인 p^Q이다. 한편, 국내 생산자들은 국내 가격 p^Q 하에서 상품을 공급하므로 국내 생산량은 s_2가 된다. 수입쿼터가 부과되기 전 국내 소비량과 생산량이 각각 d_1과 s_1이었으므로, 수입쿼터로 인하여 국내소비는 감소하고 국내생산은 증가함을 알 수 있다. 그리고 수입쿼터 하에서 수입량은 당연히 쿼터량인 m_2이다.

다음으로 수입쿼터로 인한 자국의 후생변화를 생각해 보자. 자국 소비자는 수입쿼터 하에서 예전보다 더 높은 가격에 더 적게 소비하므로 소비자의 후생은 감소한다. <그림 1-a>에서 소비자 잉여의 감소분는 B+C+D+E이다. 반면, 국내 생산자들은 수입쿼터로 인하여 국제가격보다 더 높은 가격 p^Q으로 보호받으면서 s_2만큼 생산하므로 생산자 잉여는 B만큼 증가한다. 여기서 증가한 생산자 잉여 B는 소비자 잉여의 감소분 중 일부가 생산자의 후생으로 재분배된 것임에 유의하자. 한편, 면적 D는 쿼터수입량 m_2와 국내가격과 국제가격과의 가격차인 $p^Q - p^W$의 곱이다. 즉, D는 국제가격으로 수입해서 국내가격으로 판매하여 얻는 판매수입 또는 쿼터지대(quota rent)에 해당한다. 만일 수입업자가 자국 기업이라면, 쿼터지대는 국내 수입업자의 이윤이 되며 자국의 총후생에 포함될 것이다. 따라서 수입쿼터로 인한 소국인 자국의 후생 순손실은 관세의 경우와 마찬가지로 C+E이며, C와 E는 각각 생산왜곡손실과 소비왜곡손실이다.

표 1 수입쿼터로 인한 소국의 후생 변화

경제주체별 후생	후생 변화
소비자 후생	-(B+C+D+E)
생산자 후생	+B
쿼터 지대	+D
사회후생	-(C+E)

2) 대국에서 수입쿼터의 효과

다음으로 수입국인 자국이 대국인 경우를 고려해 보자. 대국의 관세에서 살펴본 것처럼 대국이 수입쿼터를 통해 수입량을 줄이게 되면, 국제가격이 하락하는 교역조건 개선효과가 발생한다. <그림 2>는 수입쿼터로 인한 수입국인 대국의 변화를 보여준다.

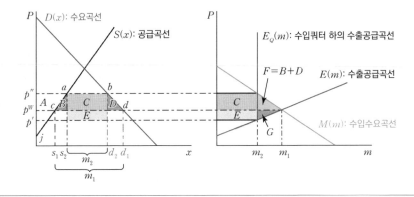

그림 2-a 자국시장(대국)   **그림 2-b** 수입시장(대국)

위에서 언급한 것처럼 대국인 자국이 수입쿼터를 도입하여 수입량을 줄이게 되면 국제가격이 변하기 때문에 <그림 2-b>의 수입시장에서 결정되는 국제가격의 변화를 먼저 살펴볼 필요가 있다. 시장규모가 매우 큰 대국에 대한 공급이 늘게 되면 비용증가가 발생하기 때문에 대국에 대한 수출공급곡선은 우상향하는 형태가 됨은 관세에서 이미 살펴본 바 있다. 그런데, 대국이 수입쿼터 m_2를 도입하게 되면, 수입량은 m_2에서 더 이상 증가하지 못하고 단절된다. 따라서 대국에 대한 수출공급곡선은 우상향하다가 수입쿼터량 m_2에서 수직선으로 꺾인 형태가 될 것이다. 수입품의 국내가격은 수입시장의 청산이 이루어지는 가격이며, 외국 공급자들의 수출공급곡선과 국내 소비자들의 수입수요곡선이 만나는 가격 p''이다. 그런데 이 가격은 수입쿼터가 적용된 자국 내의 가격이며, 국제가격은 아님에 유의하자. (완전경쟁시장에서) 국제가격은 자국의 수입량—즉, 수입쿼터량인 m_2를 생산하여 공급하는 비용이며, 수출공급곡선 상에서 m_2에 대응하는 가격 p'이다. <그림 2>에서 살펴볼 수 있는 것처럼 $p' < p^W$이므로 대국의 수입쿼터 도입으로 인하여 국제가격이 하락하는 교역조건 효과가 발생한다.

이제 수입쿼터 도입 전후의 국내 소비량과 국내 생산량의 변화를 <그림 2-a>를 이용하여 살펴보자. 수입쿼터 도입 이전 국내가격은 국제가격인 p^W이고, 소비자들의 소비량은 d_1이다. 그런데 수입량이 m_2로 규제되면, 국내가격은 p''로 인상되고 소비자들의 소비량은 d_2로 감소한다. 반면, 수입쿼터로 인하여 국내 생산자들의 생산점은 c에서 a로 이동하게 되며, 생산량은 s_1에서 s_2로 증가하게 된다. 이로 인하여 생산자 잉여는 A만큼 증가한다. 이처럼 소국과 마찬가지로 대국도 수입쿼터의 도입으로 국내 소비량은 감소하고 국내 생산량은 증가한다. 그러나 이러한 변화의 크기는 교역조건 개선효과로 인하여 소국에 비해 작다.

다음으로 수입쿼터로 인한 대국의 후생변화를 살펴보자. 자국 내 소비자들은 수입쿼터로 인하여 더 인상된 가격에 더 적게 소비하게 되므로 소비자 잉여는 감소한다. <그림 2-a>에서 나타난 소비자 잉여의 감소분은 A+B+C+D이다. 이에 반해 국내 생산자들은 더 높은 가격에 더 많이 공급할 수 있으므로 생산자 잉여는 증가하며, 증가분은 A이다. 그리고 자국 내 수입업자는 외국으로부터 p'의 가격으로 구매하여 p''으로 소비자에게 판매하면서 발생하는 가격차익을 통해 C+E의 이윤을 남긴다. 따라서 수입쿼터로 인한 자국의 후생 순손실은 B+D−E이다. 여기서 B와 D는 소국의 경우와 마찬가지로 각각 생산왜곡손실과 소비왜곡손실이다. 그리고 E는 수입쿼터로 인한 국제가격 하락에 기인한 교역조건 개선효과이다. 나아가 교역조건 개선효과가 생산 및 소비의 왜곡에서 발생한 사중손실보다 크다면, 관세와 마찬가지로 대국은 수입쿼터를 통해 후생의 순이익을 얻을 수 있다. 그리고 대국이 얻을 수 있는 후생 순이익은 관세와 동일하게 외국의 후생 손실을 수반하므로 수입쿼터 역시 근린궁핍화 정책의 성격을 가진다.

표 2 수입쿼터로 인한 대국의 후생 변화

경제주체별 후생	후생 변화
소비자 후생	$-(A+B+C+D)$
생산자 후생	$+A$
쿼터 지대	$+(C+E)$
자국의 후생	$+E-(B+D)$
외국의 후생	$-(E+G)$
세계 후생	$-(B+D)-G$

대국의 수입쿼터

(1) 수입쿼터로 인하여 국제가격이 인하되면서 교역조건 효과가 발생한다.
(2) 교역조건 효과가 충분히 크고, 쿼터지대가 자국에 온전히 귀속된다면 자국의 후생 순이익이 발생할 수 있다.
(3) 대국의 수입쿼터는 근린궁핍화 정책이다.

3) 수입쿼터 vs. 수입관세

지금까지 살펴본 수입쿼터의 효과는 앞 장에서 살펴본 관세의 효과와 동일함에 유의하자. 즉, 수입쿼터 하에서 국내가격과 국제가격 차이에 해당하는 관세와 비교한다면, 수입쿼터와 관세의 경제적 효과는 거의 동일하다. 유일한 차이는 관세에서는 관세부과 후 국내가격과 관세부과 전 국제가격과의 차이에서 발생하는 수익이 정부의 관세수입이 되지만, 수입쿼터에서는 두 가격차이에서 발생하는 수익이 민간 수입업자의 이윤이 된다는 점이다. 관세 하에서 정부의 관세수입이 되든지 수입쿼터 하에서 자국 수입업자의 이윤이 되든지 두 경우 모두 자국의 후생에 속하기 때문에 수입쿼터와 관세로 인한 사회 총 후생의 변화도 동일하다. 이처럼 수입쿼터와 동일한 효과를 창출하는 수입관세가 존재하며, 이를 수입쿼터 등가 관세(quota equivalent tariff, 이하 QET)라고 부른다.

그렇다면 수입쿼터와 이에 대응하는 QET는 항상 동일한 경제적 효과를 가질까? 만일 해당 수입품 시장에 별다른 변화가 없다면, 위에서 정의한 것처럼 수입쿼터와 QET가 국내 소비와 국내 생산에 미치는 영향은 동일하다. 그러나 수입품 시장에서 수요와 공급에 변화가 발생한다면, 수입쿼터와 QET의 영향은 달라진다. 이를 간략하게 이해하기 위해서 수입쿼터는 수입량에 대한 직접적인 규제임에 반해 QET는 수입품의 가격을 올려 수입량을 줄이는 정책임을 상기하자. 수입쿼터 하에서는 아무리 수요가 늘어난다 하더라도 수입이 늘지 못하지만, QET 하에서는 가격만 인상될 뿐 수입은 더 늘어날 수 있다는 차이가 있다. 따라서 수입에 대한 수요가 증가하는 변화가 발생한다면, 수입량을 규제하는 수입쿼터가 그에 대응하는 QET에 비해 더 강력한 수입규제 정책이다. 이에 반해 수입에 대한 수요가 감소하는 변화가 발생한다면, 국내 가격 인하에 제약이 있는 관세가 더 강력한 수입규제 정책이 될 수도 있다. 간단한 예를 통해 이를 살펴보도록 하자. 이어지는 분석에서는 편의를 위해 소국의 경우만 고려

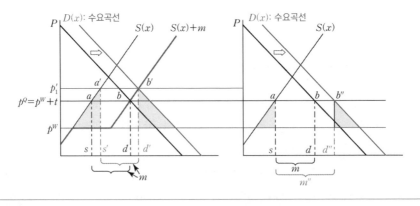

그림 3-a 수입쿼터 하에서 수요 증가   **그림 3-b** 관세 하에서 수요 증가

하도록 한다.

먼저 여러 가지 요인으로 인해 자국 내 상품 수요가 증가했다고 하자. <그림 3>은 수입쿼터와 QET 하에서 수요의 증가로 인한 변화를 보여준다. <그림 3-a>에서 볼 수 있는 것처럼 수입쿼터 하에서 수요의 증가가 발생하면, 수요의 증가를 수입확대로 충족시킬 수 없으므로 국내 가격이 p^Q에서 p_1'으로 인상된다. 또한, 수입쿼터 하에서는 증가한 수요를 국내 생산자들의 생산량 증가로 충족시켜야 하므로 국내 생산량이 s에서 s'으로 증가한다. 그러나 소비자들의 소비량은 국내 가격 인상으로 인하여 d에서 d'으로 증가하는데 그친다. 이에 반해 <그림 3-b>에서 볼 수 있는 것처럼 수입쿼터에 상응하는 QET 하에서는 관세만 부담하면 얼마든지 수입이 가능하므로 수요 확대로 인하여 국내 소비량이 d에서 d''으로 크게 증가한다. 하지만, 소비의 증가에도 불구하고 국제가격과 국내가격은 변하지 않으므로 국내 기업의 생산량은 변화가 없다. 즉, 증가한 수요는 모두 수입량 증가로 충족시킬 수 있다.

두 정책을 비교해 보면, 수요 증가가 발생했을 때 정부의 주된 정책 목적이 수입량 규제라면 수입쿼터가 더욱 강력한 무역정책임을 알 수 있다. 그러나 관세에 비해 수입쿼터는 소비자 후생의 감소 및 비효율적인 국내기업의 생산 확대로 인해 후생의 손실이 더 크다. 즉, 수요의 증가가 발생할 경우, 무역규제의 효과는 수입쿼터가 높지만, 사회후생의 손실은 관세가 더 적다.

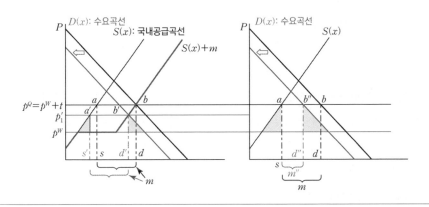

그림 4-a 수입쿼터 하에서 수요 감소   **그림 4-b** 관세 하에서 수요 감소

이제 여러 가지 요인으로 인해 자국 내 상품 수요가 감소한 경우를 생각해보자. <그림 4-a>에서 볼 수 있는 것처럼 수입쿼터 하에서는 수요가 감소하면 국내 가격이 p^Q에서 p'_1로 하락한다. 그리고 국내 생산량이 s에서 s'으로 감소한다. 이는 수입쿼터량을 초과한 공급분을 생산하던 국내 기업이 수요의 감소로 인하여 생산량을 줄일 수 밖에 없기 때문이다. 그리고 국내 소비자들은 수요의 감소로 인하여 소비량이 줄지만, 국내 가격 역시 인하되었으므로 소비량의 감소는 가격 인하 효과로 인하여 어느 정도는 상쇄된다. 이에 반해 <그림 4-b>에서 볼 수 있는 것처럼 QET 하에서는 수요의 감소에도 불구하고 자국 내 가격은 여전히 $p^W + t$로 변화가 없다. 따라서 국내 생산자들의 생산량에도 변화가 없고 국내 소비자의 소비량은 d에서 d''으로 크게 감소하며 이는 수입 감소량과 일치한다.

이처럼 수요 증가의 경우와 달리 수요가 감소할 때는 수입쿼터가 수입관세보다 후생면에서 우월하며, 수입규제면에서 더 유연한 정책이다. 이에 반해 수입관세는 후생손실이 더 크지만, 자국 생산자 보호와 수입규제에는 더 효과적인 정책이다.

4) 수입쿼터의 배분 방식

지금까지 우리는 자국 정부가 수입쿼터를 자국 내 수입업자에게 배분하여, 쿼터지대가 국내의 민간기업의 이윤이 되는 경우를 염두에 두고 수입쿼터를 분석하였다. 그런데 자국 정부는 어떤 방식으로 수입쿼터권을 배분할 수 있을까? 여기에서는 <그림 1>에서 살펴본 소국의 경우를 이용하여 몇 가지 수입쿼터의 배분 방식에 대해 잠시 생각해 보도록 하자.

먼저 자국 정부가 고려할 수 있는 수입쿼터의 배분 방식으로 쿼터권 경매를 생각할 수 있다. 즉, 자국 정부가 수입량 쿼터를 최고가 경매를 통해 최고액을 제시한 자국 내 수입업자에게 배분하는 방식이다. 자국 정부가 쿼터권 경매를 도입한다면, 이론적으로는 정부가 수입시 발생하는 쿼터 지대를 모두 경매수익으로 회수 가능하다. 따라서 <그림 1>의 쿼터 지대 C는 정부수입이 되므로 수입쿼터와 수입관세는 (다른 변화가 없다면) 완전히 동일한 후생효과를 가지게 된다.

두 번째 생각할 수 있는 방식은 임의로 선택된 기업들에게 쿼터권을 배분하는 방식이며, 앞의 논의에서 우리가 가정했던 수입쿼터가 여기에 해당한다. 그런데 수입쿼터권을 가지는 기업은 국내외 가격차이로 인한 차익이윤을 획득할 수 있으므로 수입쿼터권의 배분을 둘러싼 형평성과 공정성 문제가 대두될 가능성이 있다. 또한 황금알을 낳는 거위인 수입쿼터권을 획득하기 위한 불법행위(뇌물, 로비) 등이 발생할 가능성도 존재한다.

수입쿼터가 채워질 때까지 선착순으로 수입을 허용하는 방식도 생각볼 수 있는 쿼터권 배분 방식이다. 즉, 수입업자들은 수입쿼터가 채워질 때까지는 자유로이 수입하다가 수입쿼터가 채워지면 수입을 금지하는 방식이다. 만일 수입 후 즉시 국내시장에 상품이 공급된다면, 이 방식은 수입쿼터가 채워지기 전까지는 국제가격과 동일한 국내가격으로 상품이 공급되고 수입쿼터가 채워진 후에는 국내가격이 수입쿼터 후 가격으로 인상된다. 따라서 후생 C가 정부나 수입업자가 아닌 소비자 잉여로 배분될 수 있다. 하지만 현실적으로는 수입업자들은 수입품을 수입쿼터가 충족될 때까지 보유하고 있다가 수입쿼터 후 가격으로 판매할 수 있기 때문에 두 번째 공급방식과 동일할 가능성이 높다.

수입쿼터를 배분하는 또 다른 형태는 외국의 수출업자에게 배분하는 방식이다. 이 경우는 쿼터 지대 C가 국내 후생이 아닌 외국의 수출업자의 이윤이 된다. 따라서 수입국인 자국의 총 후생 손실은 <그림 1>의 B+C+D에 이르며 자국의 후생손실이 다른 수입쿼터 배분 방식보다 크다. 이러한 수입쿼터 배분 방식에 해당하는 것이 소위 수출자율규제이다. 수출자율규제는 수입국 정부가 쿼터 배분 의무를 수출국 정부나 외국의 수출업자에게 부여하는 형태의 무역규제이며, 쿼터지대 C가 외국에 귀속되는 수입쿼터의 형태로 생각할 수 있다.

표 3 수입쿼터 배분 방식에 따른 자국과 외국의 후생 변화

경제주체별 후생	쿼터권 경매	임의 할당	선착순	VER
소비자 후생	-(A+B+C+D)	-(A+B+C+D)	E-(A+B+D)	-(A+B+C+D)
생산자 후생	+A	+A	+A	+A
정부 후생	+(C+E)			
자국 수입업자		+(C+E)		
외국 수출업자				+(C+E)
자국의 후생	+E-(B+D)	+E-(B+D)	+E-(B+D)	-(B+C+D)
외국의 후생	-(E+G)	-(E+G)	-(E+G)	+C-G
세계 후생	-(B+D)-G	-(B+D)-G	-(B+D)-G	-(B+D)-G

나. 수출보조금

수출보조금이란 상품을 수출하는 기업에게 일정 금액을 보조금으로 지급하는 정책을 의미한다. 본국 정부가 본국의 수출기업에게 상품을 수출할 때 일정 액의 보조금을 지급함으로서 세계시장에서 수출기업의 가격경쟁력을 강화시켜 수출을 증대하려는 정책이다. 수출보조금은 종량(specific) 및 종가(ad valorem) 보조금으로 구분할 수 있으며, 직접적인 재정지원이나 간접적인 금융지원을 포함한다. 본 절에서는 수입쿼터와 마찬가지로 수출국을 소국 및 대국으로 구분하여 수출국의 수출보조금이 미치는 영향을 살펴보도록 한다.

1) 소국의 수출보조금

우선 소국인 자국이 자국 기업이 1단위 수출품을 외국으로 수출할 때 s단위 만큼의 종량보조금을 지급하는 경우를 생각해 보자. 그리고 해당 수출품의 국제가격은 p^W로 주어져 있다고 하자. <그림 5>는 수출보조금으로 인한 소국의 영향을 보여준다.

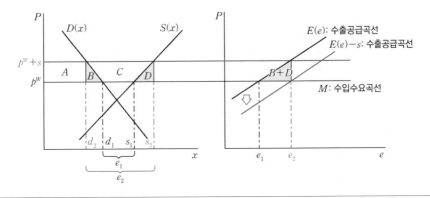

자국시장(소국)   수출시장(소국)

먼저 수출보조금 하에서 자국 기업이 1단위 상품을 수출하면 s단위의 보조금을 받으므로 해당 수출기업이 수취하는 수출품 1단위 당 수취액은 $p^W + s$라는 점을 이해하자. 그리고 완전경쟁 하에서 수출기업의 수출공급곡선은 수출품 가격과 수출품 생산의 한계비용간의 관계를 보여주는 곡선임을 상기하자. <그림 5-b>에서 $E(e)$은 수출보조금이 없을 때 자국의 수출공급곡선을 보여준다. 또한 수출보조금 하에서 1단위 수출시 수취액은 $p^W + s$이므로 수출보조금 하에서 자국의 수출공급곡선은 $p^W + s$와 한계비용간의 관계이다. 즉, 수출보조금 하에서 자국의 수출공급곡선은 자유무역 시 수출공급곡선 $E(e)$가 s만큼 하향 이동한 형태인 $E(e) - s$이다[4].

수출보조금이 없을 때 자국 수출기업들의 1단위 수출시 수취액은 p^W이므로 수출량은 $p^W = E(e_1)$를 만족하는 e_1이다. 그러나, 수출보조금 하에서 1단위 수출시 수취액은 $p^W + s$이므로 수출량은 $p^W + s = E(e_2) \Leftrightarrow p^W = E(e_2) - s$를 만족하는 e_2가 될 것이다. <그림 5>에서 확인할 수 있는 것처럼 $e_2 > e_1$이므로 수출보조금을 통해 국내 수출기업의 수출은 증가한다.

수출보조금 하에서 자국 기업이 수출할 때 수취하는 수취액 $p^W + s$ 중 s는 자국 정부로부터 받는 보조금이다. 따라서 외국의 소비자가 지불하는 가격은

---

4 가격이 종속변수인 역공급함수 형태를 가정하였다.

수출보조금 유무에 무관하게 국제가격인 p^W이다. 그런데 수출보조금은 수출품에만 지급하는 보조금이므로 국내 공급량에 대해서는 보조금이 지급되지 않는다. 때문에 수출기업들은 국내가격이 $p^W + s$보다 낮다면, 보조금 지원이 없는 내수공급 대신 수출을 통해 보조금 혜택을 보려고 할 것이다. 이와 같은 자국 내 공급감소는 결국 자국 내 가격의 인상을 가져오며, 결국 자국 내 가격은 $p^W + s$ 수준에 도달할 것이다. 즉, 자국 소비자들은 수출보조금이 포함된 가격인 $p^W + s$을 지불해야만 상품을 구매할 수 있다.

다음으로 수출보조금으로 인한 자국의 후생 변화를 살펴보자. <그림 5-a>를 보면, 수출보조금이 도입되기 전 자국 소비자들은 국제가격 p^W에 d_1의 수량을 소비할 수 있었다. 그러나 수출보조금으로 인하여 국내가격은 $p^W + s$로 인상되었으며, 국내 소비량은 d_2로 감소하였다. 이러한 소비변화로 인하여 소비자 잉여는 A+B만큼 감소한다. 한편, 수출보조금으로 인하여 생산자들의 단위 수취액은 p^W에서 $p^W + s$로 증가하며, 생산량도 s_1에서 s_2로 증가한다. 이로 인하여 수출보조금으로 생산자의 잉여는 A+B+C만큼 증가하게 된다. 자국 정부는 수출량 e_2에 대해 수출 1단위 당 s만큼의 보조금을 지급하므로 총 보조금지급액은 B+C+D이며, 이는 자국 정부의 재원누출액이자 후생 손실이다. 따라서 수출보조금으로 인한 소국인 자국의 후생 순손실은 B+D이다. 수입관세와 수입쿼터에서와 마찬가지로 B와 D는 각각 소비왜곡손실과 생산왜곡손실에 해당한다.

한편 소국의 수출보조금은 국제가격─즉, 수입국의 수입가격에 영향을 미치지 않으므로 수입국의 후생에는 영향을 미치지 않는다. 따라서 수입국와 자국의 후생을 합한 세계 후생의 순손실은 자국의 후생 순손실인 B+D이다.

표 4 수출보조금으로 인한 소국의 후생 변화	
경제주체별 후생	후생 변화
소비자 후생	-(A+B)
생산자 후생	+A+B+C
정부 후생	-(B+C+D)
자국의 후생	-(B+D)
외국의 후생	0
세계 후생	-(B+D)

2) 대국의 수출보조금

이제 대국인 자국 정부가 수출보조금을 도입한 경우를 생각해 보자. 구체적으로 자국 정부는 수출기업이 외국으로 1단위 수출할 때 s단위 만큼의 종량보조금을 지급한다고 하자. <그림 6>은 수출보조금으로 인한 대국의 변화를 보여준다. 소국과 달리 대국의 수출기업은 주어진 국제가격에 무한한 수요량 —즉, 수평선의 수입수요곡선—이 아니라 가격에 따라 감소하는 우하향하는 수입수요곡선에 직면하게 됨에 주의하자[5].

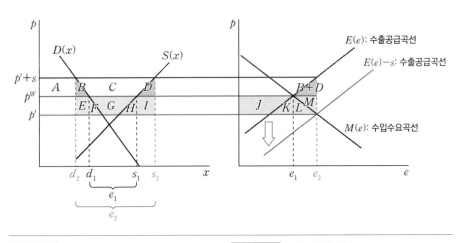

그림 6-a 자국시장(대국)　　　그림 6-b 수출시장(대국)

---

5 이는 불완전경쟁시장의 독과점 기업들이 직면하는 수요곡선이 우하향하는 것과 유사하다.

자유무역 상태에서 자국 수출기업의 수출공급곡선은 $E(e)$라고 하자. 자유무역 하에서 국제가격은 $E(e)$과 수입수요곡선 $M(e)$가 청산되는 가격 p^W가 된다. 그런데 소국의 경우에서 살펴본 것처럼 수출품 1단위 당 s단위의 수출보조금이 지급되면, 자국의 수출공급곡선은 $E(e) - s$가 될 것이다. 따라서 수출보조금 하에서 국제가격은 수출공급 $E(e) - s$와 수입수요가 청산되는 가격인 p'으로 변하게 된다. $p' < p^W$이므로 대국의 수출보조금으로 인하여 국제가격이 하락하는 교역조건 악화효과가 발생함을 알 수 있다. 그리고 수출보조금을 통해 자국 정부는 수출량은 e_1에서 e_2로 증가시킬 수 있다.

수출보조금 하에서 수출기업들이 e_2만큼 세계시장에 공급할 때 국제가격은 p'이지만, 해당 기업들이 실제로 수취하는 금액은 $p' + s$이다. 즉, 수출기업은 수출품 1단위당 수출가격에다 보조금을 더한 금액을 수취한다. 하지만, 소국에서 논의한 바와 같이 내수공급은 보조금 지원을 받을 수 없지만 국내 소비자들은 해당 상품을 구매하기 위해서 $p' + s$를 가격으로 직접 지불해야만 한다. 따라서 수출보조금 하의 국내 가격은 $p' + s$이다.

다음으로 수출보조금으로 인한 자국의 후생 변화를 살펴보자. <그림 6-a>를 보면, 수출보조금이 도입되기 전 자국 소비자들은 국제가격 p^W에 d_1의 수량을 소비할 수 있다. 그러나 수출보조금으로 인하여 국내가격은 $p' + s$로 인상되었으며, 국내 소비량은 d_2로 감소하였다. 이러한 소비변화로 인하여 소비자잉여는 A+B만큼 감소한다. 한편, 수출보조금으로 인하여 생산자들의 단위 수취액은 p^W에서 $p' + s$로 증가하며, 생산량도 s_1에서 s_2로 증가한다. 이로 인하여 수출보조금으로 생산자의 잉여는 A+B+C만큼 증가하게 된다. 자국 정부는 수출량 e_2에 대해 수출 1단위 당 s만큼의 보조금을 지급하므로 총 보조금지급액은 B+C+D+E+F+G+H+I이며, 이는 자국 정부의 재원누출액이자 후생 손실이다. 따라서 자국의 순 후생 손실은 B+D+E+F+G+H+I이다. 여기서 B와 D는 수입관세와 수입쿼터에서와 마찬가지로 각각 소비왜곡손실과 생산왜곡손실에 해당한다. 그리고 E+F+G+H+I는 수출보조금으로 인한 교역조건 악화 효과이며, 자국 정부의 수출보조금으로 인하여 국제가격이 인하되면서 발생하는 수출국의 후생 손실이다.

수출보조금으로 인한 후생 변화는 <그림 6-b>의 수출시장을 통해서도 살펴볼 수 있다. 수출시장에서는 자국의 수출보조금 지급으로 인해 국제가격 하락분($p^W - p'$)·수출량(e_2)에 해당하는 J+K+L+M 만큼의 교역조건 악화 효과가 존재하며, 위에서 언급한 바와 같이 이는 자국의 후생 손실분이다. 이 중 J+K+L는 국제가격 인하로 하여 외국의 후생이 증가한 부분이다. 하지만 M은 자국의 교역조건 악화 효과 중 외국의 후생으로 전환되지 못하는 부분이다. 따라서 수출보조금으로 인한 세계 후생의 순 손실은 자국의 순 손실 중 외국의 후생으로 전환된 부분을 제외한 B+D+M이다.

마지막으로 자국의 수출보조금이 수입국의 후생에 미치는 영향을 더 자세히 살펴보도록 하자. <그림 7>은 자국의 수출보조금으로 인한 자국과 수입국인 외국의 후생 변화를 보여준다. <그림 7-a>은 <그림 6-a>에서 살펴본 자국시장의 후생 변화와 동일하며, <그림 7-b>는 수출보조금으로 인한 외국시장의 후생 변화이다.

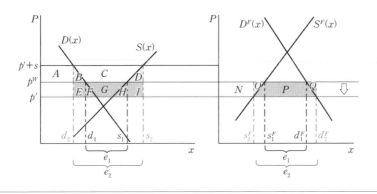

그림 7-a 자국시장(대국) **그림 7-b** 외국시장

<그림 7-b>에서 볼 수 있는 것처럼 자국의 수출보조금이 야기한 교역조건 효과로 인하여 외국의 수입품 국제가격이 p'로 하락한다. 외국의 소비자는 더 낮은 가격으로 더 많이 소비할 수 있으므로 소비자 잉여는 N+O+P만큼 증가할 것이다. 반면, 외국의 생산자들은 더 낮아진 가격의 수입품과 경쟁해야 하므로 생산자 잉여는 N+O만큼 감소한다. 따라서 외국의 후생 순증가는 P이다.

한편, <그림 7-b>에서 자국 정부의 수출보조금으로 인한 교역조건 악화 효과는 O+P+Q에 해당함을 알자. 이 중 P는 외국의 총 후생증가로 전환된 부분이며, <그림 6-b>의 J+K+L에 해당한다. 하지만 O+Q는 교역조건 악화 효과 중 외국의 후생으로 전환되지 않고 소멸되는 사중손실이며 <그림 6-b>의 M에 해당한다. 따라서 자국과 외국을 합한 세계 후생 순손실은 B+D+M(=O+Q)임을 알 수 있다.

표 5 수출보조금으로 인한 대국의 후생 변화

경제주체별 후생	후생 변화
소비자 후생	-(A+B)
생산자 후생	+A+B+C
정부 후생	-(B+C+D)-(E+F+G+H+I)
자국의 후생	-(B+D)-(E+F+G+H+I) = -(B+D)-(J+K+L+M)
외국의 후생	+(J+K+L)
세계 후생	-(B+D)-M

3) 상계관세(countervailing duties)

대국의 수출보조금에서 살펴본 것처럼 수출국이 수출보조금을 도입하면 (수입국의 순 후생은 증가할 수 있지만) 수입국 생산자의 손실을 수반한다. 이와 같은 수입국 내의 생산자 손실을 막기 위해서, 수입국은 수출보조금 효과를 상쇄할 수 있는 관세를 부과하는 경우가 있는데, 이를 상계관세라고 한다. 상계관세는 덤핑방지관세와 더불어 차별관세[6]의 일종으로서, 이에 따라 수입품의 경쟁력은 경감되고 수입국의 산업은 보호를 받는다. 여기에서는 대국이 도입한 수출보조금에 대응하는 상계관세의 효과를 간략히 살펴보도록 하자.

<그림 8>은 자국의 수출보조금에 대응하여 상계관세를 도입한 외국의 변화를 보여준다. 수입국인 외국이 자국의 수출보조금 s와 동일한 규모인 상계관세 $t(=s)$를 부과하면, 수출보조금에 의하여 $E(e)-s$로 하향 이동하였

---

6 특정 상품의 관세율이 다른 상품의 관세율과 다른 관세

던 수출공급곡선은 상계관세율 t만큼 다시 상향이동하게 될 것이다. 따라서 $E(e)-s+t=E(e)$인 수출보조금 부과 이전의 원래 수출공급곡선으로 회귀하게 된다. 이로 인하여 자유무역 하에서 p^W였다가 자국의 수출보조금으로 인하여 p'으로 낮아졌던 외국 내 소비자 가격은 상계관세 후 가격인 자유무역 하의 국제가격 p^W로 회귀하며, 수입량도 다시 자유무역 하의 수입량인 e_1으로 회귀한다. 결과적으로 상계관세를 통해 소비자와 생산자의 후생은 모두 자유무역 하의 후생수준으로 복귀하게 된다. 외국 정부는 상계관세를 통한 관세수입을 얻을 수 있으며, 관세수입의 규모는 A+B이다. 자유무역과 비교할 때, 자국의 수출보조금과 외국의 상계관세가 조합된 경우에 있어서 외국의 순 후생은 관세수입 A+B만큼 증가하게 된다. 한편, 국제가격은 상계관세가 부과되기 전 가격 p'에서 $p^W-t=p^W-s$로 하락한다.

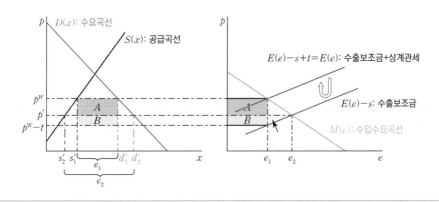

그림 8-a 외국시장(수입국)   그림 8-b 수입(수출)시장

다음으로 상계관세로 인한 수출국인 자국의 변화를 살펴보자. <그림 9>는 상계관세로 인하여 수출보조금을 지급하고 있는 자국의 변화를 보여준다. 외국의 상계관세로 인하여 국제가격이 p^W-s로 하락했지만, 자국 수출기업은 수출보조금을 포함한 p^W를 수취할 수 있다. 따라서 자국의 소비자는 p^W를 지불해야만 해당 상품을 구매할 수 있으며, 상계관세 하에서 자국 내 가격은 p^W가 된다. 자국 내 가격은 수출보조금 도입 이전 수준으로 회귀하기 때문에 소

비자와 생산자 후생도 모두 자유무역 하에서 후생 수준으로 돌아간다. 자국 정부의 수출보조금 규모는 A+B이며, <그림 7>에서 살펴본 것처럼 수출보조금은 모두 교역조건 악화 효과를 통해 수입국인 외국의 상계관세 수입으로 전환된다. 즉, 외국의 상계관세 도입으로 인하여 자국은 수출보조금을 통한 수출촉진 및 생산자 지원의 효과가 사라지며, 수출보조금으로 인한 후생손실만 발생하게 된다.

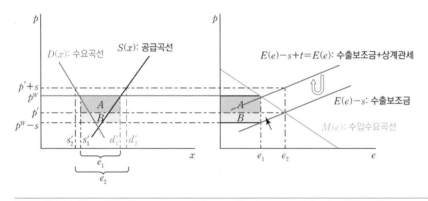

그림 9-a 자국시장(수출국)   그림 9-b 수입(수출)시장

표 6 자유무역과 비교한 수출보조금과 상계관세로 인한 후생 변화

경제주체별 후생	수출국(수출보조금)	수입국(상계관세)
소비자 후생	0	0
생산자 후생	0	0
정부 후생	-(A+B)	+(A+B)
사회후생	-(A+B)	+(A+B)
세계 후생	0	0

다. 국내 정책을 통한 무역정책: 생산보조금

지금까지 살펴본 수입쿼터와 수출보조금은 수입과 수출에 대한 정부의 직접적인 무역정책이었다. 그러나 각국 정부는 무역정책이 아닌 국내 정책을 이용해서도 무역정책에 상응한 효과를 얻을 수 있다. 예를 들어 생산보조금은 수출을 촉진하기 위한 수출보조금이나 수입쿼터 혹은 수입관세와 유사한 효과를 얻을 수 있는 국내 정책이다. 여기에서는 무역정책을 대신한 생산보조금의 효과를 살펴보기로 한다. 그리고 중복 설명을 피하기 위해 소국의 경우만 살펴보도록 한다.

1) 수출국의 생산보조금

소국인 자국이 자국 기업이 1단위 생산할 때 s단위 만큼의 종량보조금을 지급하는 경우를 생각해 보자. 그리고 해당 상품의 국제가격은 p^W로 주어져 있으며 p^W가 자급자족 가격보다 높아서 자국은 수출국이라고 하자. 수출품에 대해서만 보조금을 지급하는 것이 아니라 내수공급을 포함한 모든 생산량에 대해 보조금을 지급하므로 자국의 국내 공급곡선 $S(x)$는 보조금만큼 하향이동하여 $S(x) - s$가 된다. 자국 내 국내 공급곡선이 하향이동함으로써 주어진 국제가격에서의 수출공급도 증가하게 되어, 수출공급곡선도 $E(e)$에서 $E(e) - s$로

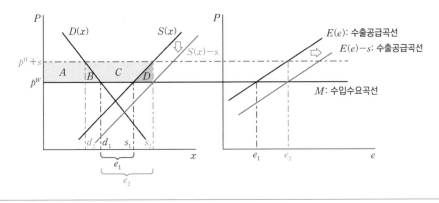

그림 10-a 자국시장(소국)   그림 10-b 수출시장(소국)

이동한다. <그림 10>은 생산보조금에 의한 자국과 수출시장의 변화를 보여 준다.

생산보조금으로 인하여 발생한 <그림 10-b> 수출시장의 변화는 수출보조금의 그것과 동일하다. 따라서 생산보조금 하에서 수출량은 동일한 보조금 지급률의 수출보조금 하에서 수출량과 같다. 수출보조금과 생산보조금의 차이는 내수 공급량에 대해서도 보조금이 지급되느냐의 차이며, 생산보조금 하에서는 자국 소비자들도 보조금 혜택을 받게 된다. 이로 인하여 자국 생산자들은 자국 소비자들에게도 국제가격인 p^W에 공급할 유인이 존재한다. 따라서 수출보조금 하에서 국내가격이 $p^W + s$인 것과 달리 생산보조금 하에서 자국 내 국내가격은 국제가격과 동일하다.

자유무역 시와 비교하면, 생산보조금 하에서 자국 내 가격의 변화가 없으므로 자국 소비자들의 소비량은 변화가 없으며 자국 소비자들의 소비자 잉여도 변화가 없다. 그러나 자국 기업의 생산량 증가는 생산보조금과 수출보조금 모두에서 동일하므로 생산보조금에 의한 자국 생산자들의 생산자 잉여 증가분은 A+B+C이다. 한편, 자국 내 기업에 대한 보조금은 수출량에 국한된 것이 아니라 모든 생산량에 대해서 지급되므로 자국 정부의 생산보조금 지급액이자 정부 후생 감소분은 A+B+C+D이다. 따라서 생산보조금으로 인한 자국의 순후생변화는 -D가 될 것이며, 이는 생산왜곡손실에 해당한다.

동일한 보조금 지급률을 가진 수출보조금과 비교하면, 생산보조금에는 소비 왜곡손실이 존재하지 않는다. 이는 생산보조금 하에서는 자국 내 소비자들도 외국의 소비자들과 동일하게 p^W의 가격으로 소비할 수 있기 때문이다. 이처럼 동일한 수출촉진 효과를 가지는 수출보조금보다 사중손실이 적기 때문에 생산보조금이 후생 손실면에서는 더 나은 정책이라고 볼 수 있다. 하지만, 수출보조금에 비해 생산보조금 하에서는 자국 정부의 재정누출 규모가 크기 때문에 생산보조금은 정부 부담이 큰 정책이기도 하다.

표 7	생산보조금으로 인한 수출국인 소국의 후생 변화	
경제주체별 후생	**후생 변화**	
소비자 후생	0	
생산자 후생	+A+B+C	
정부 후생	-(A+B+C+D)	
자국의 후생	-D	
외국의 후생	0	
세계 후생	-D	

2) 수입국의 생산보조금

소국인 자국이 수입시장의 자국 기업들에게 생산보조금을 지급하여 수입량의 일부를 국내 생산량으로 대체하는 정책을 생각해 보자. <그림 11>은 수입국인 소국의 생산보조금으로 인한 수입국의 변화를 보여준다.

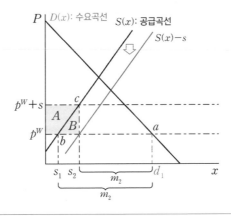

그림 11 수입국의 생산보조금(소국)

수출시장에서의 생산보조금과 마찬가지로 생산보조금은 자국의 국내 공급곡선 $S(x)$를 보조금만큼 하향이동시킨다. 그리고 소국의 생산보조금은 국제가격 p^W에는 아무런 영향을 미치지 못하므로 자국 소비자들은 여전히 p^W에서 수평선인 국제 공급곡선과 자국 내 수요곡선이 청산되는 소비점 a를 선택할 것이다. 따라서 생산보조금은 자국 내 소비자 후생에 영향을 미치지 않는다. 자국 내 생산자들은 생산보조금으로 인하여 국제가격이 p^W임에도 불구하고 $p^W + s$의 수취액을 보장받게 된다. 이로 인하여 국내 기업의 생산량은 s_1에서 s_2로 증가한다. 그리고, 국내 생산점은 b에서 c로 이동할 것이며, 생산자 잉여는 A만큼 증가하게 된다. 한편, 수입국 정부가 부담하는 생산보조금의 규모는 A+B이며, 정부의 재정누출액이자 후생 손실이다. 수입대체를 위한 자국 정부의 생산보조금으로 인한 후생 순손실은 −B이며, 이는 생산왜곡손실에 해당한다. 수출국에서 생산보조금과 마찬가지로 자국 내 소비자들의 후생 손실이 없으므로 생산보조금은 수입을 억제하기 위한 수입관세나 수입쿼터보다 후생 손실면에서는 더 나은 정책이라고 볼 수 있다. 하지만, 정부의 관세수입이 발생하는 수입관세나 정부의 재정부담이 없는 수입쿼터와 비교할 때 생산보조금을 통한 수입상품 대체는 정부의 재정부담이 발생하는 정책이다.

표 8 생산보조금으로 인한 수입국인 소국의 후생 변화

경제주체별 후생	후생 변화
소비자 후생	0
생산자 후생	+A
정부 후생	−(A+B)
자국의 후생	−B
외국의 후생	0
세계 후생	−B

라. 결론 및 요약

본 장에서는 각국 정부가 선택할 수 있는 다양한 비관세 무역정책 중 대표적인 정책인 수입쿼터와 수출보조금 및 수입보조금에 대해 살펴보았다.

수입쿼터는 수입관세와 유사한 효과를 얻을 수 있는 정책이지만, 수입관세와 달리 정부의 재정수입이 발생하지 않는 차이가 존재한다. 그리고 동일한 수

입억제 효과를 가지는 수입쿼터와 수입관세라 하더라도 시장의 변화가 발생하면, 두 정책의 효과는 서로 다를 수 있음도 살펴보았다.

수출보조금과 생산보조금은 수출국이 수출을 촉진하기 위해 생산자들에게 보조금을 제공하는 정책이다. 다른 무역정책과 마찬가지로 보조금 정책은 수출 촉진이라는 원하는 목적을 달성할 수는 있지만, 사중손실을 초래하여 각국 및 세계 후생의 순손실을 가져오는 정책임도 확인하여 보았다.

01 앞 장의 연습문제와 동일한 소국인 A국을 생각해 보자. 즉, 소국인 A국
    은 Y재에 대해 다음과 같은 수요함수 및 국내 공급함수를 가진다고 하
    자.

   Y재의 수요함수: $p_Y = 100 - Y$

   Y재의 국내공급함수: $p_Y = 4y$

그리고 Y재의 국제가격은 20원이라고 하자. 그런데 A국 정부는 Y재의
수입량이 과도하다고 생각하여, 수입량을 50단위로 규제하는 수입쿼터
를 도입하였다.

(1) 수입쿼터 하에서 Y재의 국내 소비량, 국내 생산량, 수입량과 국내
    가격을 구하라.

(2) 수입쿼터 하에서 상품수입에서 발생하는 잉여는 모두 국내 수입업
    자에게 귀속된다고 할 때, 쿼터로 인한 후생의 순손실을 계산하라.
    순손실 중 생산면의 비효율과 소비면의 비효율에서 발생하는 후생
    손실은 각각 얼마인가?

(3) A국의 수입쿼터가 무역상대국의 반발을 불러일으켜서, A국은 외국
    의 수출업자들이 자율적으로 수출량을 50단위로 묶도록 하는 소위
    수출자율규제를 도입하였다고 하자. 수출자율규제로 인한 후생의
    순손실은 얼마인가?

02 문제 1의 소국인 A국은 수입쿼터 대신 국내 정책인 생산보조금 정책을 도입했다고 하자. 구체적으로 A국 정부는 국내생산량 1단위당 20원씩 국내생산자들에게 생산보조금을 지급하기로 하였다.

(1) 정부의 생산보조금 정책이 도입된 후 A국의 X재 수입량과 A국의 국내가격을 구하라.

(2) 정부가 기업들에게 지급해야 하는 생산보조금의 총액은 얼마인가?

(3) 정부의 생산보조금 정책으로 인하여 발생한 사중손실은 얼마인가?

03 위의 두 문제를 바탕으로 생산보조금, 수입쿼터, 수출자율규제의 세 정책 중 후생면에서 우월한 정책이 무엇인지 기술하고, 그 이유를 설명하라.

04 A국이 소국이 아니라 대국이며 Y재에 대한 A국의 수요 및 공급함수는 문제 1과 동일하다고 가정하자. Y재의 국제가격은 20원으로 동일하며 자유무역이 행해지고 있었다. 이때 A국 정부가 Y재의 수입량이 과도하다고 생각하여, 수입량을 50단위로 규제하는 수입쿼터를 부과하였는데 국제가격이 15원으로 하락하였다.

(1) 수입쿼터 하에서 Y재의 국내 소비량, 국내 생산량, 수입량과 국내 가격을 구하라.

(2) 수입쿼터 하에서 상품수입에서 발생하는 잉여는 모두 국내 수입업자에게 귀속된다고 할 때, 대국인 본국의 쿼터로 인한 본국 후생 변화를 계산하라.

(3) 외국의 수요 및 공급곡선은 $D^* = 25 - p_y$와 $S^* = 4p_y$이다. 대국인 A국이 위와 같은 수입쿼터를 설정할 때 외국의 후생변화를 수입수요곡선과 수출공급곡선을 이용하여 산정하라(hint: <그림 2-b>를 참조할 것).

09 | 불완전경쟁 하의 무역정책 및 전략적 무역정책

지금까지 우리는 시장이 완전경쟁이라는 가정 하에서 관세 및 비관세 정책의 효과를 분석하였다. 그러나 현실 경제에서는 자국이나 외국이 완전경쟁시장이 아닌 불완전경쟁 시장—즉, 독점이나 과점 또는 독점적 경쟁시장인 경우가 흔히 존재한다. 불완전경쟁 시장은 시장의 왜곡을 가져오기 때문에 사회후생을 감소시킨다고 알려져 있다. 따라서 정부는 적절한 정책을 통해 불완전경쟁 시장의 후생손실을 줄이려고 노력할 유인이 있다.

그렇다면, 시장이 개방되어 있을 때 무역정책은 자국이나 외국의 불완전경쟁에 대한 정책이 될 수 있을까? 결론적으로 말하자면, 바그와티(Bhagwati, 1971)가 증명한 바와 같이 개방경제에서 무역정책은 시장왜곡으로 발생하는 후생 손실을 줄이는 수단이 될 수 있다. 하지만, 바그와티는 대부분의 경우에 있어서 무역정책은 최선의 정책(first-best policy)이 아니라 차선의 정책(second-best policy)이며, 최선의 정책은 불완전경쟁의 요인에 직접 개입하는 국내 정책이라고 밝히고 있다. 이에 본 장에서는 자국 또는 외국의 상품시장이 불완전경쟁시장인 경우 무역정책을 통해 후생을 개선시킬 수 있는지를 살펴본다. 또한 무역정책보다 더 나은 최선의 국내 정책이 존재하는지도 함께 살펴볼 것이다.

우리가 지금까지 살펴본 여러 무역정책들에 대한 분석은 각국의 무역정책이 자유무역과 비교하여 효율성을 해치고 세계 순이익을 감소시킴을 보여주었다. 이러한 인식에 따르면 세계 각국의 주요한 무역정책 흐름은 무역장벽의 완화와 자유무역의 확장이어야 할 것이다. 하지만 WTO를 중심으로 무역장벽의 완화를 추구하고 있는 오늘날에도 각국은 여전히 다양한 무역정책을 통해 무역에 개입하고 있다. 이와 같은 각국 정부의 정책적 개입에 대한 다양한 근거 중 하나는 자국 산업보호 및 육성에 대한 전략적 판단이다. 대표적인 자국 산업 보호의 근거는 유치산업 보호론이며, 또 다른 근거는 전략적 무역정책론이다. 우리는 본 장에서 이와 같은 정부의 정책적 개입에 대한 근거도 살펴본다.

가. 국내의 독점과 무역정책

1) 자급자족균형과 자유무역균형

소국인 자국의 상품시장에 독점기업이 존재하여 자급자족경제에서 독점시장이 형성되는 경우를 생각해 보자. 국제가격이 독점가격보다 낮으며, 세계시장에서는 완전경쟁이 이루어지고 있어서, 자국이 무역자유화를 하는 경우 완전경쟁시장으로 전환된다고 하자. 이러한 경우에는 자국 정부는 무역자유화를 통해 독점으로 인한 폐해를 줄일 수 있으며, 무역자유화는 반독점정책으로서 작용하게 된다. <그림 1>은 자급자족 하에서 독점균형과 무역자유화 하에서 자유무역균형을 보여준다.

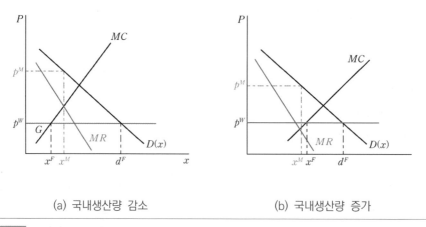

(a) 국내생산량 감소　　　　　(b) 국내생산량 증가

그림 1 독점시장과 무역자유화

먼저 자급자족경제에서 독점균형을 살펴보자. <그림 1>에서 볼 수 있는 것처럼 자급자족경제에서 국내의 독점기업은 한계수입과 한계비용이 일치하는 생산량인 x^M을 공급할 것이며, 이때의 독점가격은 p^M이 될 것이다. 독점시장의 후생손실에 대해서는 이미 미시경제학 등에서 배운 바 있으므로 여기서는 더 자세한 설명을 생략하기로 한다.

이제 자국이 무역을 자유화하는 경우를 생각해 보자. 자국이 소국이며 세계시장에서는 국제가격 p^W에서 완전경쟁이 이루어지고 있다고 가정하자. 그러면 자유무역 하에서 자국 독점기업은 더 이상 시장지배력을 발휘할 수 없으며, 외국 기업들과 경쟁상태에 놓이게 된다. 이때 자국 독점기업이 직면하는 가격은 국제가격 p^W이며, 자국 독점기업의 생산량−즉, 자국의 국내 공급량−은 <그림 1>에 나타난 것처럼 국제가격 p^W와 한계비용이 일치하는 생산량인 x^F이다. 여기서 유의할 점은 주어진 <그림 1−a>에서는 무역자유화로 인하여 국내기업의 생산량이 독점생산량보다 감소하지만($x^F < x^M$), <그림 1−b>에서는 무역자유화로 인하여 국내기업의 생산량이 독점생산량보다 증가($x^F > x^M$)한다는 점이다. 즉, 독점기업의 한계비용에 따라서 자유무역 생산량이 독점생산량보다 많을 수도 있고 적을 수도 있다. 무역자유화가 이루어지면 자국 소비자들은 국제가격 p^W에서 d^F만큼 소비하며 수입량은 초과수요인 $d^F - x^F$이다.

한편, 자급자족 하의 균형인 독점균형에서 사회 총후생이 완전경쟁균형인 자유무역균형에서의 사회 총후생보다 작다는 사실을 상기하자. 이는 무역자유화가 자국 내 독점시장의 폐해를 해결하고 후생을 개선하는 최선의 정책임을 보여준다.

2) 독점시장과 수입관세

앞에서 본 것처럼 자국정부는 무역자유화를 통해 자국 내 독과점 문제를 완전히 해결할 수 있다. 하지만 자국 내 유일한 생산자인 독점기업의 이윤 감소나 해당 기업에 의한 고용 감소 등의 여러 가지 이유로 인하여 때로는 자국 정부가 완전한 무역자유화 대신 시장개방의 수준을 조절하여 수입시장을 어느 정도는 보호하고자 하는 차선의 정책을 선택해야 하는 경우도 흔히 존재한다.

이제 자국 정부가 자국기업인 독점기업을 보호하기 위하여 시장개방과 함께 수입관세 또는 수입쿼터를 도입하는 경우[7]를 생각해 보고, 두 가지 무역정책의 차이를 살펴보도록 하자.

먼저 소국인 자국 정부가 수입상품 시장을 개방한 후, 수입품 1단위당 t만큼의 종량관세를 부과하는 경우를 생각해 보자. 수입상품 시장을 개방하면 자국의 독점기업은 시장지배력을 상실하며, 일반적인 소국 수입시장과 동일해짐은 이미 앞에서 살펴보았다. 따라서 시장개방과 함께 도입된 수입관세의 효과는 8장에서 살펴본 소국에서 수입관세의 효과와 동일하다.

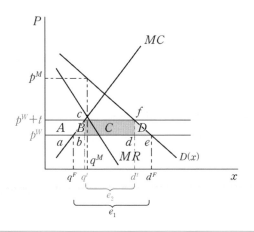

그림 2 시장개방과 수입관세

<그림 2>에서 살펴볼 수 있는 것처럼 시장개방 이후 수입관세로 인하여 자국 내 소비자 가격은 $p^W + t$가 될 것이다. 이는 자유무역균형의 국제가격 p^W보다는 높지만, 독점가격 p^M보다는 낮은 수준이다. 또한 수입관세로 인하여 자국소비자들의 소비량은 자유무역균형의 소비량 d^F보다 감소한 d^t가 되지

---

7 수입국은 시장개방으로 특정 품목의 수입이 과도하여 국내 기업에게 심각한 피해가 발생하거나 발생할 것으로 예상될 때 수입관세나 수입쿼터 등의 조치를 취할 수 있는데, 이를 세이프가드(safeguard)라고 한다. 정당한 이유에서 발동하는 세이프가드 조치는 WTO에서 허용하는 무역제한 조치이다.

만, 자급자족균형의 독점생산량보다는 더 많이 소비할 수 있다. 한편, 자국의 유일한 생산기업은 자유무역균형의 q^F보다 증가한 q^t를 생산할 수 있으며, 독점이윤에는 크게 미치지 못하지만 자유무역균형보다는 이윤이 증가한다. 관세의 도입으로 소비량이 감소하고 자국 생산량이 늘어나므로 수입량은 자유무역하에서 수입량 e_1보다 적은 e_2가 된다. 그리고 자국정부는 수입관세를 통해 관세수입을 획득할 수 있으며, 영역 C가 정부의 관세수입에 해당한다. 여기서 유의할 점은 수입관세 하에서의 자국 기업의 생산량 q^t는 자급자족 독점생산량 q^M보다 많을 수도 있고 적을 수도 있다는 점이다. 주어진 <그림 2>에서는 수입관세 하에서의 생산량 q^t가 독점생산량보다 적지만, 한계비용이 달라지면 생산량 q^t는 q^M보다 클 수도 있다.

이처럼 시장개방을 하되 세이프가드로서 수입관세를 도입하면 자국 정부는 관세수입을 얻는 한편, 자국기업을 어느 정도 보호하면서도 자급자족 독점균형과 비교하여 사회후생을 개선할 수 있다. 그러나 자유무역균형과 비교하면 수입관세는 B+D의 사중손실을 낳는다. 앞에서 이미 살펴본 것과 같이 사중손실 B와 D는 각각 생산왜곡손실과 소비왜곡손실에 해당한다.

3) 독점시장과 수입쿼터

이제 소국인 본국 정부는 국내 독점기업을 보호하기 위하여 수입관세 대신에 수입쿼터를 부과한다고 하자. 그리고 두 정책의 차이를 살펴보도록 하자. 두 정책의 비교를 위하여 수입관세를 부과하였을 때 수입량인 e_2만큼을 수입쿼터량으로 설정하는 경우를 생각해 보자.

수입쿼터 하에서 수입을 통한 공급은 수입쿼터량 e_2로 제한되며, e_2를 초과하는 공급은 모두 자국의 독점기업이 하게 된다. 따라서 자국의 독점기업은 수입쿼터량 만큼을 제외한 잔여 수요(residual demand)를 자신의 수요곡선으로 인식하게 되며, 잔여 수요에 대한 독점력을 가지게 된다[8]. 즉, <그림 3-a>에서 볼 수 있는 것처럼 자국의 독점기업은 원래의 수요곡선 $D(x)$에서 (관세 하에서 수입량과 동일한) 수입쿼터량 e_2만큼 좌측으로 평행이동한 잔여 수요곡선

---

[8] 잔여 수요함수에 대해서는 크루그만 모형에서 간략히 설명한 바 있다.

$D'(x)$를 자신의 새로운 수요곡선으로 간주한다. 그리고 자국 독점기업은 수입 쿼터량을 제외한 잔여 수요에 대해 시장지배력을 가지게 되어 관세가 부과될 때와 전혀 다른 상황에 놓이게 된다.

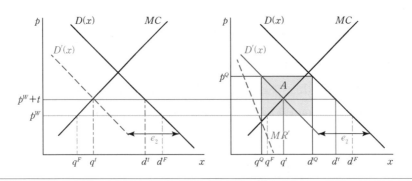

그림 3-a 수입쿼터 하에서 잔여수요   **그림 3-b** 시장개방과 수입쿼터

이제 자국 독점기업의 이윤극대화를 살펴보자. 자국 독점기업은 잔여 수요 함수에 대해 일반적인 독점기업과 같이 행동한다. 즉, 수입쿼터량을 제외한 잔 여 수요함수 하에서의 새로운 한계수입곡선 MR'과 한계비용곡선 MC가 일치하 는 수준에서 독점공급량 q^Q를 선택하며, 이때의 독점가격은 p^Q이다. 따라서 자국 독점기업은 잔여 수요에 대한 독점이윤을 얻을 수 있다.

한편 자국의 소비자들은 자국 독점기업의 공급량 q^Q와 수입쿼터량 e_2를 합 산한 공급량인 d^Q를 소비한다. 그리고 수입업자들은 독점기업의 독점가격 p^Q 이하로 공급할 이유가 없으므로 수입업자들은 수입가격인 국제가격 p^W와 자 국 내 가격 p^Q의 차이에 대해 쿼터지대 A를 획득할 수 있다.

4) 수입관세 vs 수입쿼터

마지막으로 소국인 본국에 독점기업만이 존재할 때 시장개방과 함께 도입 한 두 무역정책－관세와 수입쿼터－의 효과를 비교하여 보자. <그림 2>에서 살펴본 것처럼 시장개방과 함께 관세가 부과되면 자국 독점기업은 관세 후 가격 $p^W + t$하에서 외국기업과 완전경쟁에 노출된다. 따라서 관세 하에서 자국 독점기업은 가격수용자(price-taker)가 되며, 소비자는 자유무역균형보다 다소 높은 가격을 부담할 뿐 상품의 공급에는 제한이 없으므로 원하는 소비량을 소비할 수 있다.

이에 반해 수입쿼터가 부과되면, 자국 독점기업은 수입쿼터량을 제외한 잔여 수요에 대해 여전히 독점력을 가지는 가격설정자(price setter)이다. 따라서 자국 내 가격은 (잔여 수요에 대한) 독점가격이 되며, 공급량은 독점공급량과 수입쿼터량의 합으로 제한된다. <그림 3-b>에서 볼 수 있는 것처럼 수입쿼터 하의 가격 하에서 자국의 가격 p^Q는 수입관세 하에서의 가격 $p^W + t$보다 높으며, 공급량 q^Q는 수입관세 하의 공급량 q^t보다 적다. 수입쿼터 하에서 자국 소비자의 소비량 d^Q는 수입관세 하에서의 소비량 d^t보다 적다.

따라서 소비자 후생 및 (정부수입을 포함한) 사회후생은 수입쿼터보다 수입관세 하에서 더 높으며, 후생면에서는 수입관세가 더 바람직한 무역정책으로 판단할 수 있다. 그러나 자국기업의 보호가 더 큰 정부의 관심이라면, 수입쿼터가 수입관세보다 자국시장 보호 효과가 더 큰 무역정책이다.

나. 외국의 독점과 무역정책

지금까지는 독점기업이 존재하는 자국의 정부가 시장개방, 수입관세, 수입쿼터와 같은 무역정책들을 도입할 때 발생하는 효과에 대해 살펴보았다. 이제는 반대로 외국에 독점기업이 존재하는 경우를 생각해 보자. 그리고 자국에는 동일한 상품을 생산하는 경쟁기업이 존재하지 않는 경우를 가정하도록 하자.[9]

---

9 매우 비현실적인 가정으로 보이지만 국내에는 공급자가 전무하며 수입에만 의존하는 상품은 현실에서도 존재한다.

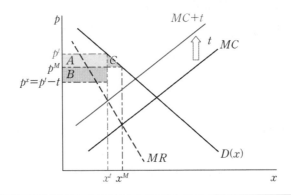

그림 4 외국 독점기업에 대한 관세

　자국에서 경쟁기업이 존재하지 않기 때문에 외국의 독점기업은 자국 내에
서도 여전히 독점적 지위를 가진다. 따라서 해당 외국 기업은 자국 내 이윤을
극대화하는 공급량－즉, 독점공급량을 공급할 것이다. 즉, 외국으로부터의 수
입량－또는 외국 독점기업의 독점 공급량－은 <그림 4>에서와 같이 자국 내
에서의 한계수입과 외국 독점기업의 한계비용이 일치하는 공급량인 x^M이며,
해당 상품의 자국 내 가격은 독점가격인 p^M이다. 이처럼 자유무역균형은 외국
독점기업의 독점균형이다.

　수입국인 자국의 입장에서 외국 독점기업의 독점행태는 자국 소비자 후생
의 큰 손실을 가져오기 때문에 자국의 후생을 개선하기 위한 정책을 고려할 수
있을 것이다. 미시경제학에서 언급하는 것처럼 일반적으로 독점기업에 대한 과
세는 적절한 정책은 아니다. 하지만 독점기업이 외국기업인 경우에는 수입관세
를 통해 외국기업으로부터 관세수입을 획득할 수 있기 때문에 자국의 후생을
개선할 수 있다. 이에 대해 조금 더 자세히 살펴보도록 하자.

　<그림 4>는 자국 정부가 외국 독점기업이 공급하는(또는 수출하는) 상품에
대해 t만큼의 종량관세를 부과하는 경우를 보여주고 있다. 자국 정부가 부과하
는 종량관세에 의해 외국 독점기업의 한계비용곡선은 t만큼 상방이동하여 새로
운 한계비용곡선인 MC＋t로 이동하게 된다. 한계비용곡선만 이동하였을 뿐 여
전히 외국기업은 자국 내에서 독점이므로 해당 기업의 이윤극대화 공급량(또는

수출량)은 새로운 한계비용곡선과 한계수입곡선 MR이 일치하는 공급량이다. 따라서 자국 내에서 외국 독점기업의 공급량은 관세부과 이전의 독점공급량 x^M에서 새로운 독점공급량인 x^t로 이동하게 되며, 자국 내 소비자가격은 p^M에서 p^t로 인상된다.

이처럼 수입관세의 부과로 자국 내 공급량이 감소하고 자국 내 가격이 인상되면서 소비자 후생이 악화되지만, 관세부과로 인하여 자국의 후생이 증가할 수 있는 이유는 외국 독점기업으로부터 걷어들이는 관세수입 때문이다. 이를 확인하기 위해 수입관세 하에서 자국 가격 p^t는 관세부과 후 가격임을 상기하자. 그리고 관세율이 t이므로 관세를 제외한 외국기업의 실제 수취액은 $p^x = p^t - t$일 것이다. 그런데 <그림 4>에서 볼 수 있는 것처럼 관세를 제외한 외국기업의 수취가격 p^x은 수입관세를 부과하기전 독점가격인 p^M보다는 낮은 가격이다. 즉, 자국 정부는 수입관세를 부과함으로써 관세부과 전 외국기업의 독점 공급가격을 낮추는 교역조건 개선효과를 얻을 수 있다.

이제 수입관세로 인한 자국의 후생 변화를 생각해 보자. 관세부과로 인한 공급량 감소와 소비자가격 인상으로 인하여 소비자 후생은 A+C만큼 감소할 것이다. 하지만, 자국 정부는 외국 독점기업으로부터 관세수입 A+B를 얻게 되므로 소비자 후생 감소분 중 A는 외국 독점기업으로부터 걷어들이는 관세수입으로 메워진다. 따라서 자국의 순 후생변화는 B-C이며, 관세부과로 인한 교역조건 효과 B와 소비자 후생의 감소분 C의 크기에 따라 자국 정부의 후생이 증가할 수도 있다는 것을 알 수 있다. 여기서 C는 소비왜곡손실에 해당된다.

지금까지 살펴본 것처럼 외국 독점기업에 대한 수입관세는 자국의 후생을 개선시킬 수 있는 무역정책이다. 하지만, 수입관세는 후생을 개선할 뿐 독점의 폐해를 바로 잡을 수 있는 방법은 아니다. 그렇다면 외국 독점기업의 독점 폐해를 확실하게 해결할 수 있는 방법은 없을까? 현실성은 떨어지지만 만일 외국 독점기업의 한계비용과 자국의 수요를 정확히 판단할 수 있다면, 가격상한제는 자국 정부가 외국 독점기업의 폐해를 해결하는 방법이 될 수 있다.

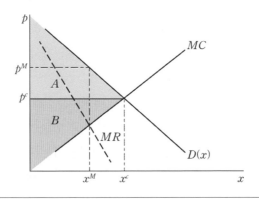

자국 정부가 외국 독점기업의 한계비용과 자국 수요함수가 일치하는 가격을 상한으로 하는 가격상한제를 도입한다고 생각해 보자. <그림 5>의 p^C가 자국 정부가 도입한 상한 가격이다. 가격상한제 하에서 외국 독점기업은 독점 공급량 x^C를 공급하더라도 가격은 p^C이상의 가격은 선택하지 못한다. 따라서 외국 독점기업이 최대의 이윤을 올릴 수 있는 공급량은 x^C가 될 것이며, 외국 기업이 얻을 수 있는 수출이윤은 B이다. 그리고 자국 소비자들의 소비자 잉여는 A이다.

이처럼 외국 독점기업에 대응하여 자국 정부가 선택할 수 있는 최선의 정책은 아마도 가격상한제일 것이다. 하지만, 현실적인 어려움 때문에 가격상한제를 도입하지 못한다면, 차선의 정책으로 수입관세의 도입을 생각할 수 있다.

다. 유치산업의 보호론

우리가 지금까지 공부한 무역이론들과 무역정책에 대한 분석은 대부분 자유무역이 가장 효율적이며 후생을 극대화한다는 것을 말하고 있다. 하지만 현실에서는 다양한 이유로 여전히 무역장벽은 존재한다. 자국 시장 보호에 대한 가장 대표적인 근거 중 하나가 바로 유치산업(infant industry) 보호론이다. 유치산업 보호론은 수입국의 신생 산업이나 기업이 현재에는 외국의 기업과 경쟁할 수 있는 능력이 부족하지만 향후 기술개발 등을 통해 충분한 경쟁력을 가질 것으로 예상되기 때문에 성장을 위한 단기적인 보호가 필요하다는 주장이다. 여기에서는 간단한 예를 통해 유치산업 보호론의 근거를 살펴보자.

수입국이자 소국인 자국의 국내 기업들은 외국의 생산자들에 비해 현재로서는 낮은 효율성을 가지고 있다고 하자. 따라서 자유무역 하에서는 외국기업과 경쟁할 수 있는 자국 기업은 존재하지 않으며, 전량 수입에 의존해야 한다고 가정하자. 그러나 단기간 자국 기업들이 성장할 시간을 벌어줄 수 있다면, 일부 기업들은 외국기업들과 경쟁할 수 있는 생산성을 확보할 수 있다고 하자. 이와 같은 상황을 분석해 보기 위해 1기와 2기로 이루어진 동태적인 상황을 생각하자. <그림 6>은 1기와 2기의 자국 상황을 보여준다.

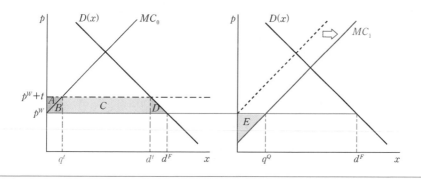

| 그림 6-a | 1기: 수입관세 | 그림 6-b | 2기: 무역자유화 |

<그림 6-a>는 1기에 있어서 수입국인 자국의 자유무역균형과 유치산업을 보호하기 위한 보호관세 하에서의 균형을 보여준다. 먼저 자유무역균형을 살펴보자. 국제가격이 p^W일 때, 자유무역균형에서 자국의 소비량은 d^F이며, 자국의 생산량은 0이다. 그림에서 볼 수 있는 것처럼 자국 기업들의 한계비용은 국제가격보다 높으나 일부 자국 기업의 한계비용은 국제가격에서 생산할 수 있는 수준에 근접하고 있다.

이제 자국 정부가 유치산업 보호론에 입각하여 1기에 수입관세로써 자국 기업을 보호하고 2기에는 완전한 무역자유화를 허용하는 정책을 도입했다고

하자. 수입량 1단위당 t만큼의 관세를 부과하는 종량관세 하에서 자국 내 가격은 $p^W + t$가 되며, 자국 기업은 q^t만큼 생산할 수 있게 된다. 또한 관세로 인해 자국 기업들이 획득하는 생산자 잉여는 A이다. 자국 소비자들은 국내가격 인상으로 후생의 손실을 입으며, 정부의 관세수입 C이다. 따라서 자유무역균형의 후생과 비교한 1기 수입관세 하의 후생 변화는 사중손실인 B+D이다.

　1기 동안 수입관세로 보호받은 후 자국 기업의 생산성이 개선되었다고 하자. <그림 6−b>에 나타난 것처럼 자국 기업의 2기 한계생산은 MC_1으로 하락할 것이다. 그리고 2기에는 자국 정부가 관세를 철폐하여 자유무역으로 회귀하기 때문에 새로운 자유무역균형에서 자국 기업의 생산량은 q^Q가 된다. 즉, 관세로 보호받기 전의 생산량이 0이었던 것과 비교하면 관세를 통한 보호기간을 거친 후 자국의 생산량은 증가한다. 또한 자국 기업들의 2기 생산자 잉여는 E이다. 한편, 자유무역균형에서 소비자들의 후생 손실은 사라진다. 따라서 보호관세가 도입되지 않은 자유무역균형과 비교한, 보호관세 이후 2기 자유무역균형의 후생 변화는 생산자 잉여의 증가인 E이다.

　마지막으로 1기와 2기를 종합한 후생변화를 생각해 보자. 만일 1기 보호관세가 도입되지 않았다면, 두 기간 동안 자국의 후생변화는 0일 것이다. 그런데 1기에 보호관세가 적용되면서, 자국은 1기에 −(B+D)의 후생손실을 겪지만 2기에 E의 후생이득을 얻는다. 따라서 두 기간 동안 자국의 후생변화는 E−(B+D)이다. 만일 일정기간−즉, 1기−동안 보호를 받은 자국 기술의 생산성 개선이 충분히 커서 2기 생산자 잉여가 1기 사중손실보다 크다면, 자국은 해당 산업이 성장할 때까지 보호하는 것이 후생을 증진하는 정책이다.

표 1 1기 보호관세를 통한 후생의 변화

	1기	2기
소비자 잉여 변화	-(A+B+C+D)	0
생산자 잉여 변화	+A	+E
정부 후생 변화	+C	0
순 후생 변화	-(B+D)	+E
1기+2기	+E-(B+D)	

주) 자유무역균형에서의 후생과 비교

위에서 살펴본 것처럼 보호관세를 통해 일정기간 자국의 유치산업을 보호하는 것이 장기적으로 후생을 증진시킬 수 있다. 그렇다면, 보호관세가 최선의 정책일까? 바그와티가 논증한 바와 같이 무역정책은 대부분 차선의 정책이고, 순수 국내정책이 더 바람직하며, 여기에서는 1기 보호관세보다는 1기 생산보조금이 더 나은 정책이다. <그림 7>은 <그림 6>의 1기 보호관세와 동일한 자국 기업 보호효과를 가지는 1기 생산보조금이 도입된 경우를 보여준다.

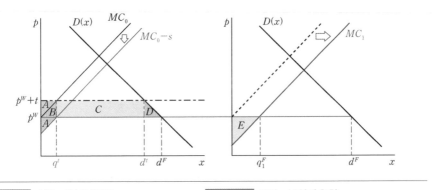

그림 7-a 1기: 생산보조금   그림 7-b 2기: 무역자유화

이제 자국 정부가 1기 보호관세 대신 1기 생산보조금을 통해 자국의 유치산업을 육성한다고 하자. 그리고 1기 수입관세 하에서의 자국 기업의 생산량 q^t와 동일한 수량을 생산할 수 있게 하는 생산보조금을 s라고 하자. <그림

7-a>에 나타난 것처럼 1기 생산보조금을 통해 자국 기업의 한계생산곡선은 s만큼 하향이동한다. 이러한 변화로 인해 자국 기업들의 1기 생산량은 0에서 q^t로 증가하며, 생산자 잉여는 A만큼 증가할 것이다. 한편, 생산보조금 하에서 자국 내 가격은 여전히 p^W로 자국 내 가격의 변화는 발생하지 않으므로, 소비자 후생은 자유무역균형과 동일하다. 따라서 수입국의 생산보조금에 대한 분석에서 이미 살펴본 바와 같이 자국 정부의 생산보조금 지급액이자 재정누출액이 A+B이므로 자국의 1기 후생 순 변화는 -B이다.

다음으로 2기를 생각해 보자. 자국 기업들은 1기에 생산자 잉여-즉, 이윤을 이용하여 생산성의 개선을 이루게 될 것이다. 그런데 1기 생산보조금 하에서 기업의 이윤이 1기 보호관세와 동일하므로 2기에 일어나는 생산성 개선의 크기도 동일하다. 따라서 <그림 7-b>에 기술된 2기는 1기 보호관세 하의 <그림 6-b>에 기술된 2기와 동일하며, 자국의 총 후생 변화는 +E이다. <표 2>는 생산보조금 하에서 2기간 동안의 후생변화를 정리해서 보여준다.

표 2 1기 생산보조금을 통한 후생의 변화

	1기	2기
소비자 잉여 변화	0	0
생산자 잉여 변화	+A	+E
정부 후생 변화	-(A+B)	0
순 후생 변화	-B	+E
1기+2기	+E-B	

주) 자유무역균형에서의 후생과 비교

<표 1>과 <표 2>가 보여주는 1기 보호관세와 1기 생산보조금의 후생 영향을 비교해 보자. 무역정책인 1기 보호관세를 통한 유치산업의 보호는 두 기간동안 E-(B+D)의 후생변화를 초래한다. 이에 반해 1기 보호관세를 국내 산업정책인 생산보조금으로 대체하면, 두 기간동안 E-B의 후생손실이 발생한다. 이처럼 국내 유치산업을 보호 육성하기 위해서는 국내 정책인 생산보조금이 최선의 정책이며, 무역정책인 관세도입은 차선의 정책이다.

라. 전략적 생산보조금

세계 시장이 충분히 크지 않아서 두 기업이 공존하기는 어려우나, 한 기업만 시장에 진입한다면 독점적 지위를 이용하여 충분한 이윤을 획득할 수 있는 시장을 생각해 보자. 크루그만(Krugman, 1987)은 한 기업이 성공적으로 시장에 진입하여 해당 시장을 선점함으로써 막대한 경제적 이득을 기대할 수 있는 경우 해당 기업이 속해 있는 국가의 정부는 적절한 보조금 정책을 통해 이 기업의 진입을 돕는 것이 전략적으로 합리적인 선택임을 간단한 게임을 통해 보였다. 여기에서는 크루그만이 언급한 두 기업(보잉과 에어버스)이 존재하는 항공기 산업의 예를 이용하여 전략적 생산보조금 정책을 살펴보도록 하자.

보잉과 에어버스의 두 기업이 중형 항공기 시장에 주목하고 있는 경우를 생각해 보자. 두 기업 중 어느 한 기업이 중형 항공기를 개발하여 이 시장에 먼저 진입할 수 있으면 1억 달러의 독점이윤을 올릴 수 있다. 그러나 두 기업이 모두 중형 항공기 시장에 진입할 수 있을 만큼 중형 항공기 시장이 큰 시장은 아니기 때문에, 보잉사와 에어버스사가 모두 중형 항공기 시장에 진입하여 경쟁하게 되면 두 기업 모두 5백만 달러의 손실을 보게 된다고 하자. 다음의 보수행렬은 두 기업간의 중형 항공기 시장진입 게임의 보수행렬이다. 두 기업의 진입게임의 내쉬균형은 (진입, 진입 않음)과 (진입 않음, 진입)임에 유의하자. 즉, 내쉬균형에서는 보잉 또는 에어버스 둘 중 한 기업만 중형 항공기 시장에 진입하게 된다.

표 3 보잉과 에어버스의 중형 항공기 시장 진입게임

		에어버스	
		진입	진입 않음
보잉	진입	(-5,-5)	(100,0)
	진입 않음	(0,100)	(0,0)

출처: Krugman(1987)

한편, 보잉의 모국인 미국과 에어버스의 모국인 유럽연합(EU)간의 산업정책에 대해 생각해 보자. 자유경쟁을 중시하고 정부개입을 꺼려하는 미국은 항공기 산업에 대한 보조금 지급을 고려하고 있지 않지만, EU는 자국 기업인 에어버스사에 대한 천만 달러 규모의 생산보조금 지급을 고려하고 있다고 하자. 만일, EU가 에어버스사에 보조금을 지급하기로 한다면, 보잉과 에어버스사간의 진입게임 보수행렬은 다음과 같이 변하게 될 것이다. 새로운 진입게임의 유일한 내쉬균형은 (진입 않음, 진입)이며, 에어버스만이 시장에 진입하는 균형이다.

표 4 EU의 생산보조금 하에서 중형 항공기 시장 진입게임

		에어버스	
		진입	진입 않음
보잉	진입	(-5,5)	(100,0)
	진입 않음	(0,110)	(0,0)

출처: Krugman(1987)

이제 EU가 천만 달러의 생산보조금을 지급해야할 지를 생각해 보자. EU가 개입하지 않는다면, 두 항공기 제작사들의 진입게임은 보잉이나 에어버스 중 한 기업만 시장에 진입하는 균형이 될 것이다. 그러나 EU는 두 기업 중 어느 기업이 시장에 진입할지를 판단할 수는 없을 것이다. 하지만 만일 EU가 자국 기업인 에어버스사에 생산보조금을 지급한다면, 진입게임을 통해 확실하게 에어버스사만 진입하여 1억 1천만 달러의 독점이윤을 얻을 것이다. 에어버스사의 이윤은 EU의 사회후생에 포함되므로 생산보조금을 통해 EU가 획득할 수 있는 보수는 생산보조금을 제외한 에어버스사의 이윤인 1억 달러이다. 이처럼 EU는 전략적으로 판단하여 에어버스사에 대한 생산보조금을 지급하게 된다.

간단한 게임이론을 통해 살펴본 것처럼 각국 정부는 전략적 판단에 의해 정책적 개입을 할 필요성이 존재한다. 그러나 이와 같은 전략적인 무역정책 이론을 현실에 접목하기에는 다양한 문제점과 한계점을 가진다. 먼저 정부가 전략적 판단을 하기 위해서는 무엇보다도 시장에 대한 정확한 정보를 가지고 있어야 한다. 만일 정부가 판단한 기업들의 보수행렬이 정확하지 않다면, 잘못된 정책적 개입으로 이어질 가능성이 존재한다. 그리고 한 산업에 대한 대규모 생

산보조금의 재원은 다른 산업이나 소비자들의 비용부담을 초래한다. 또한 전략적 무역정책은 자국의 후생을 극대화하기 위해 타국의 희생을 초래하는 이웃궁핍화의 성격을 가진다. 따라서 한 국가의 전략적 생산보조금 지급은 다른 국가의 보복으로 이어질 가능성이 있다.

마. 결론 및 요약

본 장에서 우리는 자국이나 외국이 불완전경쟁 시장인 경우 적절한 무역정책을 통해 후생을 개선할 수 있음을 살펴보았다. 하지만, 대부분의 경우 불완전경쟁시장에서 기인한 시장왜곡을 무역정책을 이용하여 바로 잡으려는 정책적 노력은 차선의 정책이며, 대부분의 경우에는 무역정책이 아니라 시장왜곡요인을 직접적으로 개선하는 국내 정책이 더 바람직한 최선의 정책임도 살펴보았다.

또한 본 장에서는 각국 정부들이 국제무역에 대한 개입을 하는 근거로 내세우는 유치산업 보호론과 전략적 무역정책론도 살펴보았다. 간단한 분석을 통해 우리는 유치산업 보호론이 내세우는 것처럼 단기간의 보호를 통해 자국의 유치산업을 보호하여 장기적인 후생 증대를 얻을 수 있음을 확인할 수 있었다. 그러나 이 경우에 있어서도 무역정책을 통한 유치산업 보호보다는 국내 정책인 생산보조금이 후생면에서 더 바람직한 정책임도 살펴보았다. 한편, 전략적 무역정책론은 게임이론적 관점에서 전략적인 판단에 따른 정부의 정책적 개입의 필요성을 보여주고 있으나, 이 역시 현실 상황에서 각 정부가 무역에 개입할 근거로서는 다소 한계를 가지고 있음도 논의해 보았다.

01 A국에 존재하는 기업 A는 A국에서 유일한 X재 공급자라고 하자. 이 기업은 수출을 하지 않는 내수기업이며, 다음과 같은 한계비용을 가지고 있다.

$$MC = Q_A$$

여기서 Q_A는 기업 A의 생산량이다. 한편 A가 생산하는 제품에 대한 국내 역수요함수는 다음과 같다고 하자.

$$P = 120 - Q_A$$

(1) X재 시장이 개방되지 않은 시장이어서 기업 A가 A국의 독점기업이라고 할 때, A국 내 X재 공급량과 공급가격을 구하라.

(2) A국 정부가 기업 A로 인한 독과점 폐해를 완화하기 위해 X재 시장을 전면개방한다고 하자. A국은 소국이며, X재 세계시장은 완전경쟁시장이며 국제가격이 40원이라고 할 때, 시장 개방을 통해 X국 소비자가 소비할 수 있는 수량을 구하라.

(3) 전면 시장개방 하에서 기업 A의 국내공급량을 구하라. 기업 A의 공급량은 시장개방으로 어떻게 변하는가?

02 문제 1의 A국 정부는 독과점 폐해를 줄이면서도 기업 A를 보호하기 위해 X재 시장을 개방하면서 세이프가드를 도입하기로 했다고 하자. 세이프가드로는 수입관세와 수입쿼터를 모두 고려하고 있다고 할 때, 다음의 질문에 답하라.

(1) 세이프가드로서 X재 1단위당 10원의 수입관세를 부과한다면, 국가 A 소비자의 소비량과 기업 A의 이윤(생산자잉여)은 각각 무엇인가?

(2) 수입관세를 통한 세이프가드와 수입관세와 동일한 수입량을 수입쿼터로 하는 세이프가드를 비교한다면, 두 방식의 세이프가드 중 기업 A에게 유리한 세이프가드와 국가 A의 후생 측면에서 유리한 세이프가드는 각각 무엇인지 답하고 그 이유를 간략히 설명하시오.

03 A국에 상품을 공급하는 독점기업이 외국의 기업이라고 가정하자. 이때 외국 기업의 한계비용은 문제1과 동일하며 본국(A국)의 수요함수도 문제1과 동일하다고 가정하자.

(1) A국 정부에서 외국 독점기업으로부터 본국 소비자를 보호하기 위하여 상품 1단위당 10원의 종량관세를 부과하였을 때 국내 소비자가격과 소비량을 산정하고 본국의 후생변화를 산정하시오.

(2) A국 정부가 수입관세 대신에 가격상한제를 시행하려고 한다. 이때 본국의 후생을 극대화하는 가격 상한과 본국의 소비량을 산정하시오.

04 보잉과 에어버스가 중형항공기를 생산하는 경우 다음과 같은 이윤을 얻게 된다고 하자.

단위: 백만 달러		에어버스	
		중형항공기 생산	중형항공기 생산않음
보잉	중형항공기 생산	(-5,-10)	(120,0)
	중형항공기 생산않음	(0,100)	(0,0)

즉, 두 기업 모두 생산을 하게 되면, 적자를 보게 되지만 한 기업만 생산하게 되면 막대한 독점이윤을 얻게 된다. 하지만 보잉사의 생산능력 및 브랜드 인지도가 에어버스보다는 높기 때문에 다소 보잉사의 이윤이 에어버스보다는 높다는데 유의하자.

(1) 주어진 중형항공기 생산 게임의 내쉬균형을 구하라.

(2) EU정부는 에어버스사가 중형항공기 시장의 유일한 생산자이기를 바란다고 가정하자. EU정부는 에어버스사에 최소 얼마 이상의 보조금을 지급하여야 원하는 균형을 얻을 수 있는가?

10 | 해외생산과 FDI

　　근래 국제경제에서 가장 특징적인 현상 중 하나는 기업의 생산활동이 매우 국제화되고 있다는 것이다. 이에 따라 다국적기업들의 해외생산활동을 반영하는 해외직접투자(foreign direct investment, 이하 FDI)의 규모도 크게 증가하였다. <그림 1>에서 볼 수 있는 것처럼 1990년 약 2.3천억 달러 수준이었던 전세계 FDI 유입액의 규모는 2019년 현재에는 약 1조 7.4천억 달러로 크게 증가하였다. 이 금액은 글로벌 금융위기 직전 다국적기업의 직접투자가 가장 왕성했을 때인 3조 1.3천억 달러보다 거의 절반 가까이 감소한 규모이지만, 1990년에 비해서는 약 7.6배 증가한 규모이다. 우리나라의 경우도 유사하게 1990년 10억 달러 수준인 직접투자 유입액이 2019년에는 96억 달러로 약 9.6배 증가하였다.

단위: 조 달러(세계), 억 달러(우리나라)

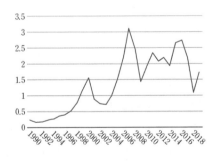

자료: World Bank

그림 1-a 세계 FDI 유입액　　　　**그림 1-b** 우리나라 FDI 유입액

이처럼 다국적기업의 중요성이 크게 증가함에 따라, 다국적기업의 발생요인, 다국적기업의 경제적 효과 등에 대한 경제학자들의 관심도 지속적으로 증가하여 왔다. 이러한 국제경제의 흐름을 반영하여, 여기에서는 다국적기업과 FDI에 대해서 간략히 살펴보도록 한다.

가. 기본 개념

1) 오프쇼어링, FDI, 아웃소싱

기업의 해외생산을 지칭하는 용어로는 오프쇼어링, FDI, 국제 아웃소싱기업 등이 있다. 이들 용어는 모두 기업이 자국의 경제적 영토가 아닌 다른 국가의 경제적 영토에서 생산활동의 일부를 수행하는 것을 지칭하지만 그 개념상에는 다소 차이가 있다.

먼저 오프쇼어링(offshoring)은 해외생산을 아우르는 개념이며, 모든 형태의 해외생산을 포함한다. 즉, 기업이 소유하거나 경영권을 가지고 있는 해외생산 설비를 통해 직접 생산하거나 해당 기업과 무관한 독자적인 외국기업을 통해 생산활동을 대신하는 경우를 모두 포함한다.

이에 반해 FDI는 국내기업이 해외의 경영권이나 소유권을 행사하기 위한 투자를 의미하며, 직접 소유 생산설비를 이용하여 해외생산을 하기 위한 투자이다. IMF/OECD(International Monetary Fund, 이하 IMF; The Organization for Economic Co-operation and Development, 이하 OECD)는 FDI를 '한 경제권의 거주자가 다른 경제권의 거주자 기업에 대해 영속적인 이익을 취득하기 위하여 행하는 대외투자'로 정의하고 있다. FDI는 해외직접생산을 하기 위한 투자이기 때문에 국내기업의 해외직접생산을 지칭하는 용어로써 흔히 사용되는 개념이기도 하다. FDI와 밀접하게 관련된 개념으로는 다국적기업(multinational enterprise)이 있는데, 여기서 다국적기업은 '적어도 둘 이상의 국가에 위치하고 있는 생산설비-예를 들어, 공장-를 통제하거나 경영하는 기업이며 여러 개의 생산설비를 보유하고 있는 기업의 일종'을 의미한다(Caves, 1996). 다국적기업이 되기 위해서는 본국 이외의 국가에 투자를 해야만 하는데, 이런 목적의 투자가 바로 FDI에 해당한다. 한편 해외생산설비의 소유권 및 경영권을 목적으로 하지 않는 기타 해외투자는 포트폴리오투자로 분류하며, 주식시장이나 채권시장에 대한 투자가 여기에 해당된다.

또 다른 유사한 개념으로는 국제 아웃소싱(international outsourcing 혹은 foreign outsourcing)이 있는데, 이는 자국의 기업이 소유권이나 경영권을 행사할 수 없는 독립적인 외국의 기업이 생산활동의 일부를 대신하는 것을 의미한다. 예를 들어 우리나라의 기업이 외국기업으로부터 중간재를 납품받는 것은 국제 아웃소싱에 해당된다. 국제 아웃소싱이나 FDI 모두 해외생산이라는 점은 동일하지만, FDI는 국내기업이 생산활동을 직접 수행한다는 점에서 차이가 있다. FDI는 개념상 투자를 하는 본국의 기업과 투자를 받아 해외에서 생산하는 외국의 생산설비가 존재하는데, 전자를 모기업(parent firm) 후자를 자회사(affiliate)라고 한다.

개념상 FDI와 국제아웃소싱에 대한 이해는 기업의 해외생산설비에 대한 소유권과 경영권에 대한 탐구를 필요로 하며, 이는 기업의 내부구조에 대한 이해를 필요로 한다. 최근에는 거래비용 기업경제학 또는 조직경제학의 개념을 활용한 FDI 이론들이 많이 존재하지만, 본 장의 범위를 넘어서기 때문에 이에 관해서는 다루지 않을 것이다. 따라서 본 장에서는 소유권과 경영권의 개념을 고려하지 않는 해외생산-즉, 오프쇼어링-의 분석에 초점을 맞추도록 한다. 그리고 오프쇼어링을 위한 해외직접투자를 FDI로 지칭하고, 해외생산(또는 오프쇼어링)을 하는 기업을 다국적기업으로 칭할 것이다. 하지만 본 장에서는 해외생산의 엄밀한 구분이 필요한 경우를 거의 다루지 않기 때문에 상황에 따라 오프쇼어링, 해외생산, FDI, 다국적기업을 혼용해서 사용할 것이다.

2) 오프쇼어링의 구분

오프쇼어링은 다양한 방식으로 구분된다. 본 소절에서는 이에 관해 간략히 살펴보도록 한다.

먼저 가장 흔한 분류는 모기업과 해외생산설비간의 생산품 및 생산관계에 관계에 따른 분류이며, 수평적 오프쇼어링(horizontal offshoring)과 수직적 오프쇼어링(vertical offfshoring)으로 구분한다. 수평적 오프쇼어링은 해외생산설비에서 본국의 모기업과 동일한 제품을 생산하는 경우를 지칭한다. 반면 수직적 오프쇼어링은 제품을 생산하기 위한 생산공정을 해외생산설비와 본국 모기업이 나누어 수행하는 형태의 해외생산 형태를 지칭한다. 예를 들어, 우리나라의 전자제품 생산기업이 동남아시아에서 부품을 생산하여 우리나라의 본사공장에서 최종 상품을 생산하는 것은 수직적 오프쇼어링에 해당한다.

또 다른 분류는 해외생산설비의 확보방식에 대한 분류인데, 보통 FDI에 적용되는 개념이다. 국내기업이 해외에 자회사를 보유하는 방법으로는 기존 외국기업의 소유권이나 경영권을 획득하는 방법과 신규생산설비를 설립하는 방법이 있는데, 전자를 인수합병(M&A) 후자를 신규투자(greenfield Investment)라고 한다.

한편, 기업은 여러 가지 목적을 가지고 해외생산을 하게 되는데, 목적에 따라 해외생산을 분류하기도 한다(Dunning, 1993). 목적에 따른 분류로는 자원추구형(resource seeking), 시장추구형(market seeking), 효율성 추구형(efficiency seeking), 전략적 자산추구형(strategic asset or capability seeking) 해외생산 등이 있다. 이 중 가장 보편적인 형태는 자원추구형과 시장추구형 해외생산이다. 자원추구형 해외생산은 특정 자원을 특정국가에서 더 저렴하게 구입할 수 있거나 특정국가가 더 풍부한 자원을 보유하고 있을 때 이루어진다. 시장추구형 해외생산은 특정 국가에 생산설비를 갖추고 해당 국가 또는 인근 국가에 생산품을 공급하기 위한 해외생산을 의미한다.

나. 수평적 오프쇼어링: 근접-집중 모형(proximity-concentration model)

본 절에서는 자회사의 현지생산을 통해 독자적으로 해외시장에 상품을 공급하는 오프쇼어링－즉, 수평적 오프쇼어링－을 살펴보도록 한다. 수평적 오프쇼어링의 가장 큰 특징은 외국에서 상품을 생산하여 직접 소비자에 공급한다는 점이다. 한편 외국시장의 소비자에게 상품을 공급하는 대표적인 방법으로는 수출이 있다. 그렇다면 기업은 왜 수출 대신 현지생산을 통하여 해외시장에 상품을 공급하는 것일까? 간단한 모형을 통해 이를 살펴보도록 하자.

1) 기본모형

본국(H)과 외국(F)의 두 국가만 존재하는 간단한 세계를 가정하자. 두 국가는 모든 면에서 동일하며 두 국가 내의 임금도 동일하다고 하자. 그리고 본국에 위치한 한 기업이 상품 x를 독점적으로 생산하고 있으며, 본국과 외국 모두에 상품 x를 판매할 수 있다고 하자[10]. 본국과 외국에서 상품 x에 대한 수요는 다음과 같은 형태를 가진다[11].

$$x_i = \frac{A_i}{p_i^2}, \ i = H, F \quad\cdots\cdots\cdots\cdots\cdots\cdots\cdots\cdots\cdots\cdots\cdots\cdots\cdots\cdots\cdots\cdots\cdots\cdots\cdots\cdots\cdots\cdots\cdots\cdots\cdots\cdots \text{(1)}$$

주어진 수요함수는 일반적인 우하향하는 수요함수의 특징을 가지며, A_i는 국가 i에서의 수요의 규모를 나타낸다. 즉, 주어진 가격 p_i에서 A_i가 클수록 해당 상품에 대한 국가 i의 수요가 큼을 의미한다. 수요의 규모를 결정하는 다양한 요인을 생각할 수 있겠지만, 여기에서는 A_i가 국가 i의 시장규모와 연관된다고 생각하자.

이제 기업의 생산기술(또는 비용구조)를 생각해 보자. 먼저 기업이 상품 x를 시장에 출시하려면 고정비용 f_e가 필요하다고 하자. 고정비용 f_e는 신규시장으로의 진입비용, 신제품 개발과 같은 비용, 브랜드 개발비용 등으로 해석할 수도 있으며 회계, 자금운용 등 기업 운영에 필요한 (가변 비용이 아닌) 고정 비용으로 해석할 수도 있다. 여기서 중요한 것은 f_e가 기업수준 규모의 경제(firm-level scale economy)를 측정하는 지표가 되며 제품 생산에 필요한 공장

---

10 대부분의 오프쇼어링 모형들은 독점적 경쟁 시장을 고려하고 있어, 독점적 특징과 경쟁적 특징을 모두 반영하고 있다. 하지만 본 장에서는 논의를 쉽게 하기 위해서 경쟁적 특징을 제외한 독점기업의 해외생산 선택만을 살펴본다.

11 주어진 수요함수는 다음과 같은 불변 대체탄력성 수요함수(CES 수요함수)의 간략화된 형태이다. 다음의 ϵ는 상품에 대한 가격탄력성이며, 본 절의 예는 가격탄력성이 2인 경우에 해당한다.

$$x_i = \frac{A_i}{p_i^\epsilon}$$

설비의 수나 위치에는 영향을 받지 않는다는 점이다[12]. 즉, f_e는 기업이 상품 x를 생산하는 이상 언제나 일정하게 수반되는 고정비용이며 생산공장의 추가 및 생산위치에 따라서 f_e에 대한 추가비용은 발생하지 않는다. f_e는 기업 전체에 대해 한 번만 발생하며 개별 공장에서는 발생하지 않는 비용이므로 기업의 입장에서는 생산설비의 수가 많을수록—즉, 기업 외적규모[13]가 클수록—, f_e를 분산시키는 효과가 발생한다. 따라서 f_e는 기업수준 규모의 경제(firm-level scale economy)를 측정하는 지표가 된다.

다음으로 기업이 공장설비를 설립할 때 고정비용으로 f_d가 필요하다고 하자. 편의상 f_d는 공장설비의 위치와 무관하다고 하자. 즉, f_d는 본국이든 외국이든 공장을 추가로 운영하게 되면 발생하는 고정비용이다. 이때 f_d는 생산설비수준 규모의 경제(plant-level scale economy)를 반영하고 있음에 유의하자. 다시 말해, f_d는 개별 생산설비에 대해 발생하는 고정비용이며 해당 생산설비의 입장에서는 생산량이 많아질수록 상대적으로 f_d의 부담이 적어지게 되므로 생산설비수준 규모의 경제를 반영하고 있다. 그리고 생산에 필요한 기업의 한계비용은 생산설비나 생산국가에 관계없이 항상 근로자 a명에 해당하는 비용이라고 가정하자. 따라서 한계비용은 wa이다.

마지막으로 본국의 수요는 본국에 위치한 생산설비에서 충당할 수 있는 반면 해외시장은 수출이나 오프쇼어링—즉, 현지에서 생산—을 통해서 공급할 수 있다고 가정하자. 그리고 현지생산과 비교할 때 수출은 운송비용($\tau > 1$)을 수반한다고 하자. 한계비용이 반영된 수출시 한계비용을 τwa로 나타내도록 하자. $\tau > 1$이므로 수출에 따른 한계비용은 본국 공급 한계비용보다 높다 ($\tau wa > wa$). 따라서 오프쇼어링은 수출에 비해 한계비용(즉, 운송비용) 면에서 유리하다. 하지만 오프쇼어링은 해외에 생산설비를 확보할 필요가 있으며, 이로 인하여 추가 고정비용 f_d가 요구된다.

---

12 Markusen(1984)
13 기업의 규모는 생산량의 크기로도 평가할 수 있지만, 생산설비의 수나 생산활동의 범위로도 평가할 있다. 보통 후자를 범위(scope)로 지칭하여 구분하지만, 여기에서는 외적규모로 지칭하도록 한다.

2) 기업의 선택: 수출 vs 오프쇼어링

위의 모형은 2단계 게임으로 분석해 볼 수 있다. 첫 번째 단계에서 기업은 외국시장에 상품을 공급하는 형태(수출 vs. 오프쇼어링)를 결정하고, 두 번째 단계에서는 이윤극대화를 위해 공급량이나 가격을 결정한다. 즉, 기업은 해외시장의 진입 형태에 따른 각각의 가능한 이윤을 고려하여 외국시장의 진입 형태를 결정한다. 따라서 기업의 최적 진입형태는 역진귀납법(backward induction)을 통해서 풀 수 있다. 다시 말해, 두 번째 단계인 기업의 이윤극대화 문제를 다양한 진입 형태에 대해 먼저 푼 뒤, 각 형태의 이윤을 비교하여 기업이 어떤 진입 형태를 선택하는 것이 최적선택인가를 살펴봄으로써 기업의 최적 진입 형태를 규명할 수 있다.

● 수출

먼저 독점기업이 수출하는 경우를 생각해 보자. 독점기업의 이윤은 다음과 같이 나타나며, 이를 극대화하고자 하는 독점기업의 선택을 알아보자.

$$\pi_X = (p_H - wa)x_H(p_H) - (p_F - \tau wa)x_F(p_F) - f_e - f_d \quad \cdots\cdots\cdots\cdots\cdots\cdots\cdots\cdots\cdots\cdots (2)$$

위 식(2)의 오른쪽 첫 항은 본국에서의 이윤이고, 두 번째 항은 외국에서의 이윤이며, 세 번째와 네 번째 항은 각각 기업 전체에서 발생하는 고정비용과 본국에 생산설비를 갖추기 위한 고정비용이다. 한편 외국에 수출하기 위한 상품의 한계비용은 운송비용을 포함하고 있기 때문에 τwa이다.

독점기업은 위에서 주어진 이윤을 극대화하기 위해 본국과 외국의 상품가격 $-p_H$와 p_F-를 선택한다고 하자. 그리고 위의 이윤식에 주어진 각국의 수요함수를 대입한 후, p_H와 p_F에 대한 1계 조건을 도출하여 연립방정식을 풀면 독점기업의 최적선택을 구할 수 있다. 그렇게 구한 수출시 독점기업의 총이윤은 다음과 같다.

$$\pi_X = \frac{A_H}{4wa} + \frac{A_F}{4\tau wa} - f_e - f_d \quad\text{...} (3)$$

● 오프쇼어링

수출과 유사한 방식으로 기업이 오프쇼어링을 선택한 경우를 살펴보자. 만일 기업이 오프쇼어링을 선택하게 되면, 기업의 이윤은 다음과 같다.

$$\pi_I = (p_H - wa)x_H(p_H) - (p_F - wa)x_F(p_F) - f_e - 2f_d \quad\text{.......................} (4)$$

이때 외국시장에 공급하는 물량은 현지에서 생산되므로 (상대적으로 본국 생산에 비하여) 운송비용이 절감되어 한계비용은 감소하지만, 해외생산설비를 확보하기 위한 고정비용 f_d가 추가로 필요하다는 점에서 위 식(2)의 직접 수출의 경우와 차이가 있다. 수출의 경우와 동일한 방법으로 기업이 선택하는 최적가격을 구하여 도출한 오프쇼어링시 총이윤은 다음과 같다.

$$\pi_I = \frac{A_H}{4wa} + \frac{A_F}{4wa} - f_e - 2f_d \quad\text{...} (5)$$

● 수출 vs 오프쇼어링

이제 기업이 어떠한 생산방식으로 본국과 외국에 공급할 것인가를 고려해보자. 우리가 고려하고 있는 기업은 이윤극대화 기업이므로 기업은 수출로 얻을 수 있는 이윤과 오프쇼어링으로 얻을 수 있는 이윤을 비교하여 보다 높은 이윤을 창출하는 생산방식으로 상품을 생산·공급할 것이다. 그런데 수출이윤과 오프쇼어링이윤 모두 본국에서의 내수이윤은 동일하다. 따라서 독점기업은 외국시장에서의 이윤을 비교하여 최선의 생산방법을 선택할 것이다. 수출과 오프쇼어링시 외국시장 이윤을 각각 π_X^F와 π_I^F 라고 하면, 외국시장 이윤은 다음과 같다.

$$\pi_X^F = \frac{A_F}{4\tau wa}; \ \pi_I^F = \frac{A^F}{4wa} - f_d \cdots\cdots\cdots\cdots\cdots\cdots\cdots\cdots\cdots\cdots\cdots\cdots\cdots\cdots\cdots\cdots\cdots\cdots\cdots\cdots (6)$$

위의 외국시장 이윤은 $\pi = \alpha A_F - \beta$의 형태이므로 외국시장 규모 A_F에 대한 선형함수의 형태이다. 그리고 운송비용이 $\tau \geq 1$이므로 π_I^F에 비해 π_X^F의 기울기가 더 작다. 따라서 위의 외국시장 이윤을 그림으로 그려보면 다음과 같다.

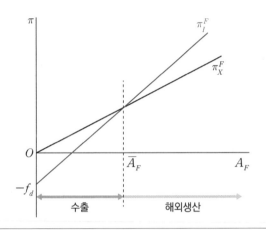

그림 2 시장규모와 외국시장 진입형태

독점기업은 수출과 오프쇼어링 중 외국시장 이윤이 높은 방법으로 외국시장에 진입할 것이다. 그림에서 알 수 있는 것처럼 외국시장의 규모가 일정규모 이상($A_F \geq \overline{A}_F$)이면, $\pi_I^F > \pi_X^F$이고 해당 기업은 수평적 오프쇼어링을 통해 외국에 진출하는 것을 선택한다. 이에 반해 외국시장의 규모가 일정규모 이하 ($A_F \leq \overline{A}_F$)이면, $\pi_I^F < \pi_X^F$ 해당 기업은 수출을 선택하여 외국시장에 진입하는 것이 합리적이다.

외국시장의 규모 외에 수평적 오프쇼어링 선택에 영향을 미치는 다른 요인들을 살펴보자. 먼저 독점기업이 오프쇼어링을 위해 지출해야하는 고정비용 f_d가 감소하는 경우를 생각해 보자. 앞에서 논의한 바와 같이 고정비용 f_d는 생산설비수준 규모의 경제를 반영하며, 고정비용 f_d의 감소는 기업이 해외생산설비를 확보하기 위한 고정비용의 감소를 의미한다. 위의 그림에서 f_d의 감소는 π_I^F를 위로 평행이동시키므로 독점기업이 오프쇼어링을 선택할 가능성이 증가한다. 한편, 운송비용 τ가 증가하면, π_X^F의 기울기가 감소한다. 따라서 π_X^F이 y 절편을 중심으로 오른쪽으로 회전 이동하여 독점기업이 수평적 오프쇼어링을 선택할 가능성이 커진다. 아래의 그림은 고정비용 f_d와 운송비용 τ의 변화에 따른 오프쇼어링 선택의 변화를 보여준다.

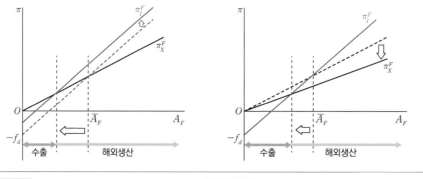

그림 3-a 고정비용 f_d의 감소   그림 3-b 운송비용 τ의 증가

한편, 6장의 기업상이성 무역모형에서 살펴본 것처럼 기업의 생산성은 수출여부에 영향을 미치는 요인이다. 유사하게 기업의 생산성은 오프쇼어링 선택에도 영향을 미친다. 이를 이해하기 위해 6장과 같이 1단위 상품을 생산하기 위한 독점기업의 요소필요량인 c를 고려해 보자. 6장에서 본 것처럼 생산성이 높은 기업은 더 적은 요소필요량으로 1단위 상품을 생산하고 있으므로 기업의 생산성과 c는 반비례한다. 그리고 $1/c$를 생산성으로 간주하고 A_F 대신 $1/c$를 x축에 대응시키자. 그러면 π_X^F와 π_I^F의 기울기는 각각 $A_F/(4\tau w)$와 $A_F/(4w)$이다. 외국시장 규모 A_F가 일정하다면, 운송비용이 $\tau \geq 1$이므로 π_I^F에 비해 π_X^F의 기울기가 더 작다. 따라서 위의 외국시장 이윤을 그림으로 그려보면 다음과 같다.

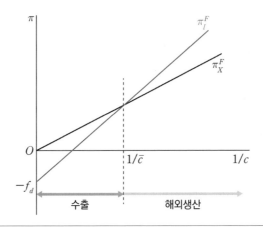

그림 4 생산성과 외국시장 진입형태

<그림 4>에서 알 수 있는 것처럼 독점기업의 생산성이 높다면($1/c \geq 1/\bar{c}$), 이므로 해당 기업은 수평적 오프쇼어링을 통해 외국에 진출하는 것을 선택한다. 이에 반해 독점기업의 생산성이 낮다면($1/c \leq 1/\bar{c}$), 해당 기업은 수출을 선택하여 외국시장에 진입하는 것이 합리적이다.

본 절에서 살펴본 간단한 수평적 오프쇼어링 모형은 흔히 근접－집중 모형이라고도 불리는 모형의 간략한 형태이며, 수평적 오프쇼어링은 수출을 대체하는 특징을 가진다. 본 절에서 살펴본 수평적 오프쇼어링 모형의 주요 결과를 정리하면 다음과 같다.

(1) 제품의 국제 운송비용이 높거나 해외생산을 위한 고정비용이 낮은 경우에는 수평적 오프쇼어링이 수출보다 우월할 가능성이 높다.
(2) 외국의 시장규모가 클수록 기업은 수평적 오프쇼어링을 선택할 가능성이 높다.
(3) 생산성이 높은 기업일수록 수출보다 수평적 오프쇼어링을 선택할 가능성이 높다.

다. 수직적 오프쇼어링 모형

앞 소절에서 살펴본 간단한 수평적 오프쇼어링 모형은 기업들이 수출과 해외생산을 비교하여 더 높은 이윤을 획득할 수 있는 생산방법을 선택하는 상황을 살펴보았다. 따라서 수평적 오프쇼어링은 근본적으로 수출을 대체하는 특징을 가지는 생산방법이다. 하지만, 현실 경제에서는 기업 내에서 다른 부문간에 발생하는 중간재 무역이 국제무역의 매우 중요한 부분을 형성한다. 이러한 형태의 해외생산은 수직적 오프쇼어링으로써 수평적 오프쇼어링과 달리 국가간 중간재 무역을 촉진시켜 국제무역을 증대시키는 특성을 가진다.

이와 같은 수직적 오프쇼어링은 서로 다른 요소집약도를 가지는 생산공정을 가장 저렴하게 생산할 수 있는 장소에 배치하여 국가간 생산요소의 가격차이를 활용할 수 있는 기업의 능력 때문에 발생한다. 예를 들어, 기업이 자본집약적인 공정을 노동집약적인 공정으로부터 분리하여 타 지역에 배치하고자 하는 유인을 가지고 있다고 하자. 이때 실제로 국가간 요소가격의 차이가 존재한다면 해당 기업은 생산공정을 분리하여 다른 지역에 배치하는 수직적 오프쇼어링을 시도할 수 있다.

1) 기본모형

자본풍부국인 본국과 노동풍부국인 외국의 두 국가만 존재하는 간단한 세계를 고려해 보자. 두 국가는 두 종류의 생산요소(자본과 노동)만을 사용하여 여러 다른 산업에서 제품을 생산하고 있다. 그리고 특정 상품(예를 들어 휴대폰)의 생산방법을 분석해 보자. 분석의 편의를 위해 휴대폰을 생산하는데 필요한 생산요소의 가격은 외생적으로 주어져 있다고 생각하자. 본국은 자본풍부국이므로 자본임대료가 저렴하며, 외국은 노동풍부국이므로 임금이 저렴하다.

휴대폰의 생산은 연구개발(R&D)과 단순 조립공정이라는 두 단계 생산공정이 결합되어 이루어진다고 하자. R&D의 총량을 R, 조립공정의 총량을 A라 할 때 휴대폰의 생산량은 다음과 같은 레온티에프 생산함수로 결정된다고 가정하자.

$$f(R, A) = \min\left[\frac{R}{\alpha}, A\right] \quad \cdots\cdots\cdots\cdots\cdots\cdots\cdots\cdots\cdots\cdots\cdots\cdots\cdots\cdots\cdots\cdots\cdots\cdots\cdots\cdots\cdots (7)$$

최종재 생산에 투입되는 중간재인 R&D와 조립공정은 각각 자본과 노동을 투입하여 생산된다. 한편 R&D와 조립공정의 생산함수는 서로 다르며, 다음과 같이 주어져 있다고 하자.

$$R(K, L) = \min\left[\frac{K}{\beta_R}, L\right] \quad \cdots\cdots\cdots\cdots\cdots\cdots\cdots\cdots\cdots\cdots\cdots\cdots\cdots\cdots\cdots\cdots\cdots (8)$$

$$A(K, L) = \min\left[\frac{K}{\beta_A}, L\right] \quad \cdots\cdots\cdots\cdots\cdots\cdots\cdots\cdots\cdots\cdots\cdots\cdots\cdots\cdots\cdots\cdots\cdots (9)$$

최종재 생산과정과 마찬가지로 각 중간재의 생산함수는 레온티에프 함수로 가정하자. 한편 주어진 레온티에프 생산함수에서 중간재 $i(i = R, A)$ 1단위를 생산하기 위해 필요한 자본과 노동은 각각 $K_i = \beta_i$와 $L_i = 1$이다. 따라서 중간재 i 생산의 요소집약도는 $K_i/L_i = \beta_i$가 된다. 그리고 $\beta_R \geq \beta_A$라고 하자. 즉, R&D는 조립공정에 비해 보다 자본집약적인 공정이라고 가정하자. 편의상 고정비용은 없다고 생각하자.

2) 비용최소화 생산입지 선택

기업은 비용을 최소화하기 위해 R&D와 조립공정의 입지를 선택한다. 먼저 R&D를 본국에서 수행하려는 기업을 고려해 보자. 1단위 R&D 중간재를 생산하기 위해 필요한 자본과 노동투입량은 각각 β_R과 1 단위이므로 해당 기업의 R&D 중간재 단위생산비용(즉, 한계비용)은 다음과 같다.

$$mc_R^H = r^H \beta_R + w^H \quad \cdots\cdots\cdots\cdots\cdots\cdots\cdots\cdots\cdots\cdots\cdots\cdots\cdots\cdots\cdots\cdots (10)$$

여기서 r^H와 w^H는 각각 본국의 자본임대료와 임금이다. 한편 해당 기업이

R&D를 외국에서 수행한다면, 외국의 자본임대료와 임금을 부담해야 하므로 R&D의 단위생산비용은 다음과 같다.

$$mc_R^F = r^F \beta_R + w^F \quad\text{..} \quad (11)$$

비용을 최소화하려는 해당기업은 본국과 외국의 R&D 생산비용을 비교하여 R&D의 생산입지를 선택할 것이다. 따라서 해당 기업이 R&D를 본국에서 수행할 조건은 다음과 같다.

$$mc_R^H \leq mc_R^F \Leftrightarrow (w^H - w^F) \leq \beta_R(r^F - r^H) \quad\text{...........................} \quad (12)$$

본국은 자본풍부국이고 외국은 노동풍부국이므로 $w^H > w^F$이며 $r^F > r^H$이다. 따라서 $\Delta w = w^H - w^F$을 y축, $\Delta r = r^F - r^H$을 x축에 대응시키면, 해당 기업의 R&D 생산입지 선택을 다음의 그림과 같이 나타낼 수 있다.

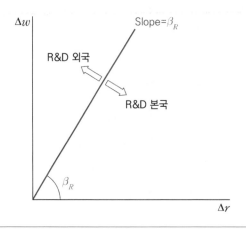

그림 5 R&D 공정의 입지 선택

유사한 방법으로 조립공정 중간재의 생산입지 선택을 살펴보자. 1단위 조립공정 중간재를 생산하기 위해 필요한 자본과 노동투입량은 각각 β_A와 1 단위이므로 해당 기업의 조립공정 중간재 단위생산비용(즉, 한계비용)은 다음과 같다.

$$mc_A^H = r^H \beta_A + w^H \text{ 만일 본국에서 생산할 경우} \quad \cdots\cdots\cdots\cdots\cdots\cdots\cdots\cdots\cdots\cdots \text{ (13)}$$

$$mc_A^F = r^F \beta_A + w^F \text{ 만일 외국에서 생산할 경우}$$

따라서 해당 기업이 조립공정을 본국에서 수행할 조건은 다음과 같다.

$$mc_A^H \leq mc_A^F \Leftrightarrow \left(w^H - w^F\right) \leq \beta_A \left(r^F - r^H\right) \quad \cdots\cdots\cdots\cdots\cdots\cdots\cdots\cdots \text{ (14)}$$

그리고 R&D 중간재의 경우와 마찬가지로 $w^H - w^F$를 y축에, $r^F - r^H$를 x축에 각각 대응시키면, 해당 기업의 조립공정 중간재의 생산입지 선택을 다음의 그림과 같이 나타낼 수 있다.

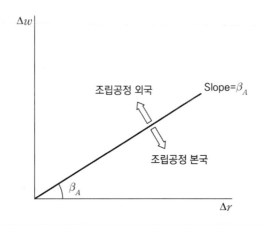

그림 6 조립공정의 입지 선택

이제 두 중간재 생산의 입지선택 문제를 함께 고려해 보자. 이는 위의 두 그림을 하나로 결합해보면 쉽게 알 수 있다. R&D가 조립공정보다 자본집약적이라고 가정하고 있으므로 $\beta_R \geq \beta_A$을 만족한다. 따라서 해당 기업의 중간재 생산지 선택은 다음과 같이 나타낼 수 있다.

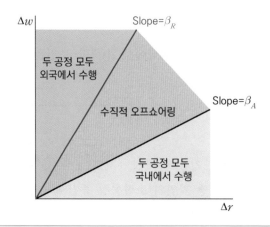

그림 7 수직적 오프쇼어링의 선택

<그림 7>에서 살펴볼 수 있는 것처럼 기업이 자본집약적 중간재 공정을 자본풍부국인 본국에, 노동집약적 중간재 공정을 노동풍부국인 외국에 배치하는 것이 항상 최적의 선택은 아님에 유의하자. 만일 본국이 상당한 자본풍부국이라서 자본임대료가 매우 저렴한 반면, 외국의 임금은 그에 비해 저렴하지 않다면, 기업은 두 중간재를 모두 국내에서 생산하는 편이 비용면에서 유리하다. 이는 노동집약적 중간재 생산이라고 하더라도 일부 자본을 이용하는데, 국내의 매우 저렴한 자본가격 때문에 노동집약적 중간재의 생산가격이 외국보다 저렴해질 수 있기 때문이다. 유사하게 외국의 임금이 매우 저렴함에 비해 국내의 자본임대료가 그에 비해 많이 저렴한 것은 아니라면, 자본집약적 중간재도 외국에서 생산하는 것이 생산비용면에서 유리할 수 있다. 따라서 수직적 오프쇼어링은 자본풍부국과 노동풍부국이 모두 상대국과 비교할 때 풍부하게 보유한 생산요소의 가격상 이점을 가지고 있는 경우에 발생하게 된다. 즉, 자본풍부국

은 노동풍부국의 저렴한 임금에 대응할 수 있는 저렴한 자본임대료를 가져야 하며, 노동풍부국도 마찬가지로 저렴한 임금을 가져야만 기업은 중간재 생산공정을 두 국가로 분리 배치할 유인이 존재한다.

한편, R&D가 보다 자본집약적이고 조립공정이 보다 노동집약적이라면, 위의 그림에서 수직적 오프쇼어링을 선택하는 영역이 확대된다. 따라서 기업의 두 중간재의 요소집약도의 차이가 큰 경우에는 수직적 오프쇼어링을 선택할 가능성이 높아진다. 또한 두 국가의 요소가격 차이(즉, $w^H - w^F$과 $r^F - r^H$)가 클수록 수직적 오프쇼어링을 선택할 수 있는 영역이 커진다. 이처럼 수직적 오프쇼어링은 국가간 요소가격의 차이가 큰 경우에 더 활발히 발생하게 된다.

(1) 자국과 외국이 모두 풍부하게 보유한 생산요소에 대한 적절한 가격 이점을 보유하고 있을 때, 기업은 자본집약적 공정을 자본풍부국에 노동집약적 공정을 노동풍부국에 배치한다.
(2) 두 공정의 요소집약도 차이가 확대되면, 수직적 오프쇼어링의 범위도 확대된다.

라. 해외생산과 노동시장: 핀스트라-한슨(Feenstra-Hanson) 모형

지금까지 우리는 수평 및 수직적 해외생산이 발생하는 요인을 살펴보았다. 그런데 기업의 해외생산은 해당 기업의 본국 및 투자대상국(또는 현지생산국)에 다양한 영향을 미칠 수 있다. 기업이 해외에 생산설비를 구축하기 위해서는 본국으로부터의 자본이동인 FDI가 발생하므로, 기업의 해외생산은 양국의 자본시장 및 노동시장에 영향을 미치게 될 것이다. 한 국가로부터 다른 국가로의 FDI의 영향에 대해서는 이미 6장에서 살펴본 바가 있지만, 여기에서는 FDI로 인한 노동시장에의 영향을 더 자세히 살펴보기로 한다. FDI가 노동시장에 미치는 영향은 최근 국제경제학에서 활발한 논의가 되고 있는 주제 중 하나이기도 하다.

FDI가 투자대상국 및 투자발원국의 노동시장에 미치는 영향은 FDI가 임금 ─즉, 요소가격─에 미치는 영향과 고용수준─즉, 요소 투입량─에 미치는 영향으로 구분해서 생각해 볼 수 있다. 그러나 본 절에서는 FDI가 임금에 미치는 영향을 중심으로 논의를 전개하기로 하자. 이는 무역이론에서 각국의 생산요소 투입량보다는 생산요소의 가격에 더 많은 관심을 가지는 것과 맥락을 같이한다. 또한 노동시장이 원활하게 작동하고 있다면, 생산요소의 가격에 맞추어 생산요소의 투입량은 그에 맞추어 조정될 것이기 때문이다.

기업의 해외생산과 노동시장은 두 가지 상이한 시각으로 살펴볼 수 있다. 하나는 해외생산을 하기 위해 기업들이 행하는 투자-즉, FDI-를 국가간 생산자본의 이동으로 간주하는 시각이다. 이러한 시각에서 FDI는 투자발원국에서 투자대상국으로 이동하는 부존 생산자본의 이동으로 간주할 수 있으며, 이로 인한 노동시장의 변화는 4장에서 이미 살펴본 바가 있다. 다른 시각은 FDI를 단순한 국가간 생산자본의 이동이 아닌 투자대상국에서 노동을 고용하는 기업의 이동으로 보는 시각이다. 본 절에서는 후자의 시각에서 기업의 해외생산과 노동시장간의 관계를 살펴보도록 한다. 그리고 노동은 균질적이지 않고, 숙련노동과 저숙련노동으로 구분되어 있는 경우를 생각해 보도록 하자.

1) 기본 모형

자국과 외국으로 이루어진 세계를 생각하자. 그리고 자국은 선진국이며, 외국은 개발도상국이라고 하자. 따라서 숙련노동자의 임금 w_S과 저숙련노동자의 임금 w_L은 모두 자국보다 외국이 저렴하다. 그러나 (일반적으로) 선진국인 자국은 숙련노동 풍부국이며, 개발도상국인 외국은 저숙련노동 풍부국이기 때문에 숙련노동의 상대임금은 외국에 비해 자국이 더 저렴하다고 하자. 즉, $w_S^H > w_S^F$ 이며 $w_L^H > w_L^F$이지만, $w_S^H/w_L^H < w_S^F/w_L^F$이다. 여기서 위첨자 H와 F는 각각 자국과 외국을 지칭한다.

선진국인 자국에 위치한 기업은 $\bar{n}$개의 중간재를 1단위씩 결합하여 최종재 1단위를 생산하고 있으며, 편의상 최종재 생산시 중간재의 결합비용은 없다고 하자. 그리고 각 중간재는 숙련 노동자와 저숙련 노동자를 일정 비율로 투입하여 생산한다고 생각하자. 구체적으로 중간재 n을 1단위 생산하기 위해서는 $a_L(n)$ 단위의 저숙련 노동력과 $a_S(n)$ 단위의 숙련 노동력이 필요하다고 하자.

따라서 중간재 n를 생산하기 위한 숙련과 저숙련 노동력의 투입비율은
$\alpha(n) = a_S(n)/a_L(n)$이다. 편의상 n은 숙련노동 집약적인 중간재일수록 더 큰
값을 가지도록 배열되어 있다고 하자. 즉, $\alpha(n)' > 0$이다. <그림 8>은 중간
재 n과 중간재의 숙련노동 집약도(즉, 숙련과 저숙련 노동의 투입비율)간의 관계
를 보여준다[14].

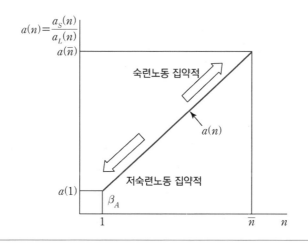

그림 8 중간재와 요소집약도

기업은 자국과 외국 중 단위생산비용－즉, 한계비용이 저렴한 국가에서 중
간재 n을 생산한다고 하자. 그런데 외국이 국내보다 임금은 저렴한 대신, 외국
에서의 해외생산은 자국 내 국내생산에 비해 추가적인 생산비용이 발생한다.
구체적으로 해당 기업이 자국과 외국에서 중간재 n을 생산할 때 단위생산비용
은 다음과 같다고 하자.

자국생산: $c_n^H = w_L^H a_L(n) + w_S^H a_S(n)$ ··· (15)

외국생산: $c_n^F = \beta \left[w_L^F a_L(n) + w_S^F a_S(n) \right],\ \beta > 1$ ································· (16)

---

14 그림에서는 편의상 선형으로 나타냈으나 반드시 선형일 필요는 없으며, $\alpha(n)$이 n에 대한
단조증가 함수이면 충분하다: $\alpha(n)' > 0$.

여기서 β는 해외생산의 비용을 반영한다. 즉, 임금이 동일한 경우 해외생산은 자국 내 생산보다 β배만큼 한계비용이 크다. 그러나 외국의 임금이 자국보다 저렴하므로 외국생산의 한계비용이 국내보다 저렴할 가능성이 있다. 따라서 해당 기업이 중간재 n을 외국에서 생산할 조건은 $c_n^F < c_n^H$이다. 나아가 자국생산과 외국생산의 한계비용이 동일한 컷오프 중간재 n^*를 생각할 수 있으며, 컷오프 중간재 n^*는 다음의 조건을 만족하는 중간재이다.

$$\frac{c_n^H}{c_n^F} = \frac{w_L^H a_L(n^*) + w_S^H a_S(n^*)}{w_L^F a_L(n^*) + w_S^F a_S(n^*)} \frac{1}{\beta} = 1 \Leftrightarrow \Omega(n^*) \equiv \frac{w_L^H + w_S^H a_S(n^*)/a_L(n^*)}{w_L^F + w_S^F a_S(n^*)/a_L(n^*)} = \beta$$

·· (17)

식(17)의 좌변 $\Omega(n)$은 n에 대해 감소하는 형태의 함수임을 쉽게 확인할 수 있으며[15], 조건(17)은 다음의 <그림 9-a>로 표현할 수 있다. 그림에서 확인할 수 있는 것처럼 $n \leq n^*$인 중간재는 외국생산의 한계비용이 더 저렴하고 $n \geq n^*$인 중간재는 자국생산의 비용이 더 저렴하다. 따라서 해당 기업은 $n \leq n^*$의 중간재는 외국에서 생산하며, $n \geq n^*$인 중간재는 국내에서 생산한다. <그림 9-b>에서 볼 수 있는 것처럼 자국에서 생산되는 중간재는 숙련노동 집약적인 중간재이며, 외국에서 생산되는 중간재는 저숙련노동 집약적인 중간재이다.

---

15 $w_S^H/w_L^H < w_S^F/w_L^F$과 $\alpha'(n) = (a_S(n)/a_L(n))' > 0$를 이용하면 아래와 같이 이를 확인할 수 있다.

$$\frac{d}{dz}\left[\frac{w_L^H + w_S^H a_S(n)/a_L(n)}{w_L^F + w_S^F a_S(n)/a_L(n)}\right] = \frac{w_L^H w_L^F}{\left(w_L^F + w_S^F a_S(n)/a_L(n)\right)^2}\left(\frac{w_S^H}{w_L^H} - \frac{w_S^F}{w_L^F}\right)\left(\frac{a_S(n)}{a_L(n)}\right)' < 0$$

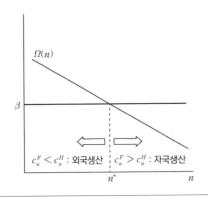

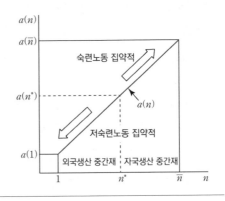

그림 9-a 컷오프 중간재   그림 9-b 컷오프 중간재와 요소집약도

각국에서의 노동수요를 도출해 보자. 앞에서 가정한 것처럼 각 중간재 n을 1단위 생산하기 위해서는 저숙련 노동과 숙련 노동이 각각 $a_L(n)$ 단위와 $a_S(n)$ 단위가 필요하므로 이 기업이 1단위 최종재를 생산한다고 할 때, 외국에서의 저숙련과 숙련 노동 수요는 외국에서 생산하는 모든 중간재의 저숙련과 숙련노동 필요량의 합인 $d_L^F(n) = \Sigma_{n=1}^{n^*} a_L(n)$ 과 $d_S^F(n) = \Sigma_{n=1}^{n^*} a_S(n)$ 이다. 유사하게 자국에서 저숙련과 숙련 노동의 수요는 각각 $d_L^H(n) = \Sigma_{n=n^*}^{\bar{n}} a_L(n)$ 과 $d_S^H(n) = \Sigma_{n=n^*}^{\bar{n}} a_S(n)$ 이다.

자국에는 위의 기업과 동일한 기업이 m개 존재한다고 하자. 모든 기업이 동일하기 때문에 m개 기업은 모두 $n \leq n^*$ 인 중간재를 외국에서 생산하며, $n \geq n^*$ 인 중간재를 자국에서 생산할 것이다. 만일 이들 동일한 기업이 모두 x단위의 최종재를 생산하고 있다면, 외국에서의 저숙련과 숙련 노동수요는 각각 $xmd_L^F(n)$ 과 $xmd_S^F(n)$ 이며, 자국에서 숙련과 저숙련 노동수요는 각각 $xmd_L^H(n)$ 과 $xmd_S^H(n)$ 이다. 외국과 자국에서의 숙련노동의 총상대수요는 xm 이 소거되므로 각각 $DS^F = d_S^F(n)/d_L^F(n)$ 과 $DS^H = d_S^H(n)/d_L^H(n)$ 이다. 외국과 자국의 숙련노동의 총상대공급이 일반적인 형태인 우상향하는 상대공급곡선 SS^F 와 SS^H 를 가정한다고 할 때, 양국에서 상대숙련임금 (w_S/w_L) 은 <그림 10>과 같이 결정될 것이다. 여기서 유의할 점은 주어진 모형에서 숙련노동의 총상대수요는 상대숙련임금과 무관하게 일정하다는 점이다. 이는 우리가 일정한 비율의 숙련과 저숙련노동을 투입하는 생산함수를 고려하고 있기 때문이며, 만일 다른 형태의 생산함수를 고려한다면 우하향하는 (일반적인 형태의) 숙련노동의 상대수요를 도출할 수도 있다. <그림 10>에서 볼 수 있는 것처럼 자국은 숙련노동풍부국이므로 숙련노동의 상대공급이 외국보다 많고, 외국보다 더 숙련노동 집약적 중간재를 생산하므로 숙련노동에 대한 상대수요도 많다. 그리고 <그림 10>은 앞에서 가정한 바와 같이 자국의 숙련상대임금이 외국보다 낮은 상황을 나타내고 있다.

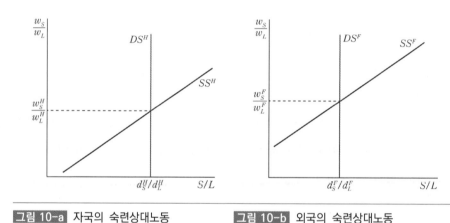

그림 10-a 자국의 숙련상대노동   **그림 10-b** 외국의 숙련상대노동

2) 기업의 해외생산 확대와 숙련프리미엄

이제 자국의 기업들이 외국생산 중간재 생산공정을 늘릴 때 양국의 숙련상대임금이 어떻게 변하는지 살펴보도록 하자. 외국생산 중간재가 늘어나는 경우는 자국의 임금이 상승하거나, 외국의 임금이 하락하거나, 해외생산의 비용이 감소하는 경우에 발생할 수 있다. 이를 살펴보기 위해 먼저 자국의 임금이 상승하거나 외국의 임금이 하락하는 경우를 생각해 보자. 이와 같은 임금변화는 식 (17)의 좌변을 증가시키기 때문에 기업들은 <그림 11-a>와 같이 외국에서 생산하는 중간재를 늘린다. 다음으로 해외생산에서 발생하는 추가비용이 β에서 $\beta'(<\beta)$로 감소하는 경우를 고려해 보자. 해외생산비용의 감소는 식 (17)

의 우변을 감소시키므로 기업들은 <그림 11-b>와 같이 외국생산 중간재를 늘리게 된다.

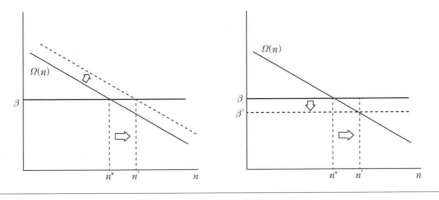

그림 11-a 자국 또는 외국의 임금변화   **그림 11-b** 해외생산 비용 감소

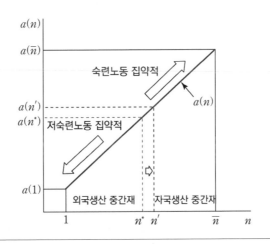

그림 12 해외생산 확대와 요소집약도

여기에서는 외국생산을 확대하는 이유까지는 고려하지 않고, (어떤 이유이든 간에) 외국생산과 자국생산의 중간재가 한 종류 더 증가한 경우를 고려해 보자. 그리고 새로운 컷오프 중간재를 n'라고 나타내도록 한다. 즉, <그림 12>에서

볼 수 있는 것처럼 컷오프 중간재가 n^*에서 n'으로 변하게 되며, 기업들은 새로이 n'을 외국에서 생산하게 된다. 그런데 <그림 12>에서 확인할 수 있는 것처럼 새로이 외국으로 이전하는 중간재 n'은 기존의 외국생산 중간재들보다는 더 숙련노동 집약적인 중간재인 동시에 기존의 자국생산 중간재 중에서는 가장 저숙련노동 집약적인 중간재이다. 따라서 외국의 새로운 중간재 n' 생산공정의 외국이전으로 인하여 외국의 숙련노동 상대수요는 증가하며, 자국의 저숙련노동 상대수요는 감소하게 될 것이다[16]. 즉, 자국기업들의 해외생산 확대로 인하여 양국 모두에서 숙련노동 상대수요가 증가하게 된다. 이로 인하여 외국의 숙련노동 상대임금은 w_S^F/w_L^F에서 $(w_S^F/w_L^F)'$으로 상승하게 되며, 자국의 숙련노동 상대임금도 w_S^H/w_L^H에서 $(w_S^H/w_L^H)'$으로 상승하게 된다(<그림 13>).

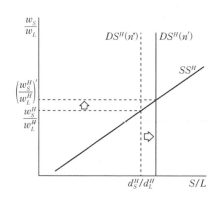 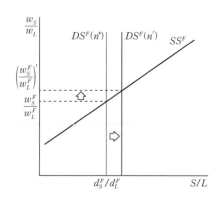

그림 13-a 자국 숙련프리미엄 변화   **그림 13-b** 외국 숙련프리미엄 변화

핀스트라-한슨 모형을 통해서 살펴본 것처럼 기업의 해외생산 확대는 선진국인 자국뿐만 아니라 개발도상국인 자국의 숙련노동의 상대임금을 증가시킴을 보여준다. 숙련노동의 상대임금이 증가한다는 의미는 양국 모두에서 숙련노동과 저숙련노동 임금의 격차가 확대된다는 의미이므로 기업의 해외생산확

---

16 중간재 생산공정의 신규이전으로 인한 양국의 숙련노동 상대수요 증가는 간단한 대수를 통해 확인할 수 있다. 자세한 증명과정은 부록을 참고하라.

대는 양국의 숙련과 저숙련노동간 임금격차 또는 숙련노동 프리미엄의 확대를 초래하게 된다.

이러한 결과는 우리가 알고 있던 헥셔-오린 타입 국제무역 모형을 통해 직관적으로 예상할 수 있는 것과 매우 다름에 주의하자. 즉, 일반적인 헥셔-오린 모형을 통해 생각해보면, 선진국기업이 외국으로 해외이전하는 생산공정들은 저숙련노동 집약적이므로 숙련노동 풍부국인 선진국의 숙련노동 상대수요는 증가하지만, 저숙련노동 풍부국인 개발도상국은 저숙련노동 집약적인 공정의 추가로 인하여 저숙련노동 상대수요가 증가할 것으로 예상할 수 있다. 따라서 헥셔-오린 모형을 통해서는 기업들의 해외생산확대는 선진국의 숙련프리미엄 증가와 개발도상국의 숙련프리미엄 감소를 예상할 수 있다.

하지만, 핀스트라-한슨 모형은 선진국에서 개발도상국으로 이전하는 생산공정들은 단순히 저숙련노동 집약적인 생산공정이 아니라, 선진국의 입장에서는 저숙련노동 집약적이지만 개발도상국 입장에서는 숙련노동 집약적임을 보여준다. 즉, 동일한 생산공정도 국가마다 상대적인 요소집약도는 다를 수 있으며, 이로 인하여 기업들의 생산국제화는 선진국과 개발도상국 모두에게 숙련노동과 저숙련노동간의 임금격차 확대를 가져올 수 있다는 것이다. 그리고 Feenstra-Hanson 모형과 연구결과는 다양한 국가들을 대상으로 한 연구를 통해 실증적으로 검증되어 왔다.

> 기업의 해외생산 확대로 인하여 선진국과 개발도상국 모두에서 숙련노동자의 숙련 프리미엄이 증가할 수 있다.

마. FDI와 파급효과

일반적으로 해외생산을 하는 기업들은 기술 수준이 높거나 생산성이 높은 기업들로 알려져 있다[17]. 따라서 FDI를 유치하는 국가들은 다국적기업 유치로

---

[17] Helpman, Yeaple, Melitz(2004)

인한 자국의 생산성 향상 및 기술력 증대를 기대하고는 한다. 이와 같이 다국적기업의 FDI로 인한 투자대상국의 생산성 증대 효과를 FDI의 파급효과(spillover effect)라고 하며, 다국적기업 및 FDI에 대한 중요한 연구주제이기도 하다. 본 절에서는 파급효과의 경로와 파급효과의 결정요인에 대해 크레스포와 폰투라(Crespo and Fontoura, 2008)를 참고하여 간략히 살펴보도록 한다.

1) 파급효과의 경로

● 시범 및 모방에 의한 파급효과

파급효과의 다양한 경로 중 가장 쉽게 접할 수 있고, 가장 먼저 떠오르는 것은 선도적인 다국적기업을 모방하면서 현지기업이 획득하는 파급효과일 것이다. 이는 기술적으로 우위에 있는 다국적기업이 신기술/신제품을 개발하여 적용한다면, 현지기업이 이를 모방함으로써 신기술/신제품을 도입하는 형태이다. 이러한 방법은 현지기업이 신기술을 도입하는 비용을 절감시키는 동시에 검증된 기술을 모방함으로써 신기술 적용의 위험부담도 낮출 수 있게 한다. 이와 같은 파급효과는 다국적기업과 현지기업의 상품과 기술에 있어서 유사성을 증가시키는 특징을 가진다[18].

● 노동자의 이직에 의한 파급효과

한편 다국적기업의 기술을 체득한 노동자들이 현지기업으로 이직하면서 파급효과가 발생할 가능성이 있다[19]. 그런데, 이와 같은 채널을 통한 파급효과는 효과를 정확히 파악하기 어려운 문제가 있다. 즉, 개별 노동자들이 어떠한 기술을 체득하였으며, 이직 후 파급효과에 어느 정도 기여했는지를 평가하기 쉽지 않다[20]. 또한, 노동의 이동에 의한 파급효과에서 간과하면 안될 점은 다국적기업이 높은 임금을 제시하면서 현지기업으로부터 유능한 노동자를 빼돌릴 가능성도 있다는 점이다. 이런 경우 다국적기업에 의하여 오히려 현지기업의 생산성이 하락할 가능성도 있다[21].

---

18 Barrios and Stroble(2009)
19 Fosfuri et al.,(2001), Glass and Saggi(2002)
20 Saggi(2002)

● 수출에 의한 파급효과

일반적으로 수출은 배급 네트워크, 운송 설비, 외국소비자의 취향에 대한 정보 등에 연관된 비용을 수반한다. 따라서 현지기업은 이러한 비용부담으로 인하여 수출에 어려움을 겪게 된다. 이에 반해, 규모가 크고 이미 여러 국가에 상품을 공급하는 다국적기업은 이러한 비용을 부담할 능력을 가지고 있으며, 실제로 수출을 하고 있는 기업이다. 따라서, 현지기업은 다국적기업을 모방하거나 협력을 통해 수출의 가능성을 높일 수 있다.

● 경쟁에 의한 파급효과

다국적기업과 현지기업간의 경쟁이 심화되면, 현지기업은 시장점유율을 잠식당하는 한편, 보다 효율적인 기술을 채택하거나 신기술을 도입할 필요성이 증가한다. 만일 생산방법의 효율성 증대가 신기술 도입의 효과가 크다면, 다국적기업으로 인한 경쟁강화가 현지기업의 생산성을 향상시키는 파급효과로 이어질 가능성이 존재한다. 한편, 다국적기업과의 경쟁으로 인하여 현지기업이 시장점유율을 많이 상실하게 된다면, 해당 현지기업이 규모의 경제를 상실하게 됨으로써 과거보다 더 비효율적인 생산을 할 가능성도 동일하게 존재한다. 이런 상황이 발생한다면, 다국적기업과의 경쟁심화는 오히려 부정적인 파급효과를 초래할 가능성이 있다.

● 전방 또는 후방연관효과에 의한 파급효과

다국적기업의 자회사는 자신에게 중간재를 공급하는 현지기업 또는 자신이 생산한 중간재를 사용하는 현지기업을 통해 파급효과를 유발할 수 있다[22]. 먼저 후방효과를 생각해 보자. 다국적기업이 현지기업으로부터 중간재를 구매하는 경우, 현지 중간재 공급자는 수요증가로 인한 규모의 경제를 활용할 수 있다. 그리고 중간재를 구매할 때 다국적기업이 현지 중간재기업에게 기술적 지원이나 경영 기법을 전수한다던지, 원자재 구매시 도움을 주거나, 기술혁신을 위한 지원을 통해서 파급효과를 유발할 수 있다. 또한 현지 중간재 기업간의

---

21 Sinani and Meyer(2004)
22 Lall(1980), Rodriguez–Clare(1996), Markusen and Venables(1999), Lin and Saggi(2002)

납품경쟁을 통하여 생산의 효율성이 증가할 수도 있을 것이다. 나아가 후방연관효과를 통한 파급효과는 중간재를 이용하는 다른 현지 최종재 기업의 생산성도 개선할 수 있다.

한편, 중간재를 생산하는 다국적기업의 중간재를 사용함으로써 현지 최종재 생산기업의 품질이 개선되거나 중간재의 가격하락이 발생할 수도 있다[23]. 즉, 다국적기업이 생산하는 더 나은 품질의 중간재를 사용하거나, 다국적기업이 효율적으로 생산한 더 저렴한 중간재를 사용함으로써 전방연관효과를 통한 파급효과를 기대할 수도 있다. 그러나 만일 다국적기업의 중간재를 이용할 때 현지 최종재 기업의 생산비용이 발생한다면, 전방연관효과로 인한 파급효과는 오히려 현지기업에 해가 될 수도 있다[24].

2) 파급효과의 존재

위에서 논의한 것처럼 FDI의 파급효과는 다양한 경로를 통해 발생할 수 있으며, 파급효과를 통해 FDI는 투자대상국에게 도움이 되는 영향을 만들어 낼 수 있다. 그런데 모든 투자대상국이 이 같은 파급효과를 누릴 수 있을까? 투자대상국에서의 파급효과를 찾기 위한 많은 연구들이 이루어져 왔지만, 파급효과의 존재에 대한 일관성 있는 명확한 결론을 내고 있지는 못하다. 즉, 일부 연구에서는 파급효과의 존재가 파악이 되지만, 다른 연구에서는 파급효과의 존재가 명확히 나타나지 않는 등 명쾌한 결론을 얻지 못하는 형편이다. 이는 직접적인 효과가 아니라 간접적인 효과인 파급효과를 정확히 파악하지 못하는 어려움에도 기인한다.

하지만, 많은 연구들에서 공통적으로 나타나는 결론 중 하나는 파급효과가 명확하게 나타나는 국가는 개발도상국이 아니라, 선진국 또는 교육수준이 높고 숙련노동자가 많은 국가라는 점이다. 이러한 사실은 파급되는 기술을 습득하고 활용할 능력을 가지고 있는 국가에서 파급효과가 더 큰 영향을 가질 가능성이 높음을 보여주고 있으며, 앞에서 우리가 살펴본 파급효과의 전달 경로를 고려해보면 충분히 납득할 수 있는 결론이라고 할 수 있을 것이다.

---

23 Markusen and Venables(1999)
24 Javorcik(2004)

바. FDI와 정부정책

지금까지 우리는 다국적기업이 왜 존재하는지에 대한 다양한 이론과 다국적기업이 생산요소 시장 및 투자대상국의 생산성에 미치는 영향에 대한 실증적 증거와 이론적 배경을 살펴보았다. 이에 더하여 본 장에서는 다국적기업에 대한 정부 정책을 논의해 보도록 하자. FDI에 대한 다양한 정책이 존재하겠지만, 여기에서는 크게 FDI에 대한 과세 정책, FDI 유치 정책, 그리고 무역정책에 대해 살펴보도록 한다.

1) 과세 정책

● 다국적기업에 대한 과세의 성격

재정학(pubic finance)의 과세정책 설계에 대한 표준적인 연구들은 폐쇄경제의 틀 안에서 이루어진 것이 많다. 이러한 연구의 대표적인 결론 중 하나는 효율성으로 인하여 특정 요소(factor)에 부과된 세율과 그 요소의 공급탄력성간에는 부의 상관관계가 존재한다는 것이다. 직관적으로 볼 때, 어떤 요소에 세금이 부과되는 경우 그 요소의 공급탄력성이 낮을수록 총 생산량 감소의 폭이 작게 된다. 따라서 효율성의 왜곡(effective distortion)이 작아진다.

만일 이와 동일한 원칙을 생산요소가 (적어도 부분적으로) 국제간 이동이 가능한 상황에 적용한다면, 우리는 과세로 인한 경제적 순손실(초과부담)을 줄이기 위하여 정부가 상대적으로 이동성이 낮은 생산요소에 더 높은 세금을 부과해야 한다는 결론을 얻을 수 있다. 최근 세계경제에서 자본과 노동 중 자본이 상대적으로 보다 이동성이 높은 특성을 가지고 있는데, 위의 시각에서 본다면 최근 자본에 대한 세금부담이 지속적으로 완화되고 있는 현상이 놀라운 일은 아닐 것이다. 직관적으로 볼 때, 만일 한 국가가 상대적으로 높은 자본소득세(capital income tax)를 부과한다면, 그 국가의 자본 소유자들은 보다 세금부담이 낮은 국가로 그들의 유휴 자본을 이동시킬 것이다.

원칙적으로는 근로자도 역시 재정적 이유로 인하여 이주를 선택할 수는 있다. 하지만 정부규제와 기타 (비경제적) 이주비용으로 인하여 흔한 현상은 아니다.

● 과세회피와 이전가격 선택

여러 국가에 자회사를 보유하고 있는 다국적기업은 한 국가에서 다른 국가로 중간재를 옮겨가며 생산을 하는 경우가 많다. 이때 국가간에 이동하는 중간재는 기업 내 거래여서 시장가격이 없기 때문에 기업들은 해당 중간재에 대한 적절한 가격을 선택하여 기업 회계에 활용하는데, 이러한 가격을 이전가격 (transfer price)이라고 한다. <그림 14>는 다국적기업의 이전가격을 개념적으로 보여주고 있다.

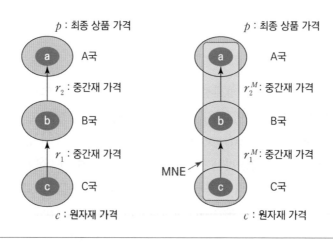

그림 14 이전가격과 이전가격의 선택

<그림 14>의 왼쪽 그림은 각 국에 위치한 기업 a, b, c가 독립적인 기업이어서 해당 기업들간의 거래가 중간재 가격이 명기된 무역거래인 경우를 보여준다. 반면 오른쪽의 그림은 기업 a, b, c가 하나의 다국적기업의 자회사로 속해있는 경우이다. 후자의 경우에 자회사간 중간재 거래는 기업간 거래이므로 외부적으로 드러난 명확한 중간재 가격이 없다. 따라서 다국적기업은 중간재 가격을 적절히 선택해서 회계에 반영하는데, 이 가격이 앞에서 언급한 이전가격이다.

그런데 이러한 이전가격이 문제가 되는 경우는 탈세의 방법이 될 수 있기 때문이다. 예를 들어 A, B, C국 중 B국의 법인세율이 아주 낮다면, 다국적기업은 C국에서 B국으로 이전되는 중간재의 이전가격 r_1^M을 가능한 낮게 선택하고, B국에서 A국으로 이전되는 중간재의 이전가격 r_2^M을 가능한 높게 선택하여 세금을 탈루할 수 있다. 이를 통하여 세율이 높은 A국과 C국의 장부상 이윤이 줄어들고 세율이 낮은 B국의 장부상 이윤이 늘어나게 될 것이다. 따라서 다국적기업은 세율이 아주 낮은 국가에 장부상 이윤을 몰아넣고, 세율이 높은 국가에서는 장부상 이윤을 낮춰 세금을 적게 내는 방식으로 전체 세금부담을 줄일 수 있다. 이러한 방법은 기업 입장에서는 세금을 줄이는 절세로 생각될 수 있지만, 과세수입으로 국가재정을 꾸리는 A국과 C국 입장에서는 정당한 과세를 불가능하게 하는 명백한 탈세이다.

따라서 각국은 이전가격의 문제를 방지하기 위해 기업이 임의로 이전가격을 선택하지 못하게 하고 있다. 원칙적으로 기업은 자회사간에 이전하는 상품에 대한 가격을 해당 상품에 상응하는 실거래 가격을 기준으로 선택하도록 하고 있다. 그러나 모든 중간재의 가격을 정확히 판단하기 어려운 관계로 여전히 이전가격 선택으로 인한 탈세를 완전히 방지하기는 어렵다.

현실에서 다국적기업의 과세회피 사례: 디지털세와 구글세

국가간 세율의 차이를 이용하여 조세를 회피하는 다국적기업의 탈세행위 중 잘 알려진 것은 다국적 IT기업의 조세회피일 것이다. 다국적 IT기업은 서버를 세율이 낮은 국가에 두고 실제로 매출을 올리는 국가 내의 과세가능한 이윤을 낮추고 조세피난처[25]에 위치한 페이퍼 컴퍼니[26]를 통한 지적재산권 사용료 거래를 활용하는 등의 방법으로 세금을 회피할 수 있는데, 가장 잘 알려진 방법은 '더블 아이리시 (double Irish with a Dutch sandwich)'로 알려진 조세회피 기법이다.

아래의 그림은 애플에 의해 고안되었고, 구글 등 다양한 IT기업이 채택한 더블 아이리시 기법을 개념적으로 보여준다. 조세회피 기업은 조세피난처에 페이퍼 컴퍼니(D)를 설립하여 과세를 피하는데, 미국은 조세피난처에 위치한 기업에 대응하는 세법이 있기 때문에 법인세율이 낮고 조세피난처 대응 세법이 존재하지 않는 아일랜드에 D가 소유한 A기업을 설립하여 모든 지적재산권을 A로 이전한다. 이를 통해 세율이 낮은 아일랜드에 이윤을 몰아줌으로써 조세를 회피하는 것이다.

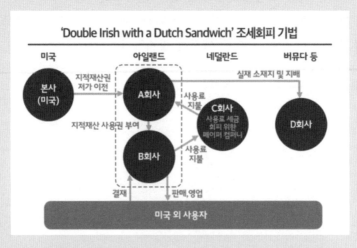

자료: 기획재정부 블로그

그림 15 이전가격과 이전가격의 선택

---

[25] 기업의 발생소득 전부 또는 상당 부분에 대해 과세하지 않는 국가
[26] 물리적인 실체가 없이 서류상으로만 존재하는 기업

그런데, 아일랜드는 지적재산권에 대한 로열티에 과세하는 국가이기 때문에 이를 회피하기 위해 아일랜드와 로열티 거래 면세 협정이 맺어진 네덜란드에 역시 페이퍼 컴퍼니를 설립하여 로열티 거래를 중계하도록 하면서 로열티에 대해서도 조세를 회피한다. 이처럼 세금을 회피하도록 잘 고안된 더블 아이리시는 IT기업들이 즐겨 사용하는 조세회피 방법이다.

다국적 IT기업의 조세회피행위가 점점 규모가 커지고 문제가 되자, 각국은 다국적 IT기업에 대한 추가과세를 도입하게 되었는데, 이러한 종류의 세금을 '디지털세'라고 한다. 또는 대표적인 IT기업인 구글의 이름을 따서 '구글세'라고 하기도 한다. 이처럼 각국들이 나서면서, 구글 등 IT기업들은 2020년 이후 더블 아이리시 기법의 활용을 포기하기로 하였다.

2) 다국적기업 유치 정책

각국의 정부는 다국적기업을 유치하기 위해 상당한 수준의 지출을 하고 있다. 왜 각국정부는 다국적기업을 유치하기 위해 막대한 지원을 하는 것일까? 앞에서 우리는 다국적기업에 의한 파급효과에 대해 논의해 보았다. 만일 이와 같은 파급효과가 존재하는 경우, 시장은 외부효과인 파급효과의 편익을 완전히 반영하지 못하므로 시장실패가 발생할 수 있다. 즉, FDI로 인한 파급효과가 존재하지만, 투자대상국의 소비자와 생산자는 FDI를 유치할 유인을 적절히 제공하지 못할 가능성이 있다. 이러한 경우 정부의 적절한 FDI 유치 정책이 도움이 될 것이다. 다음의 간단한 모형을 통해 이를 살펴보도록 하자.

● 간단한 모형

국가 A가 다국적기업의 자회사를 자국에 유치하기 위해 FDI 유인 수준을 결정하는 간단한 모형을 고려해 보자. 다국적기업은 국가 A에 자회사를 설립함으로써 이윤 π를 얻을 수 있다고 하자. 그러나 해당 국가에 자회사를 설립하는 고정비용 f가 너무 높아서 다국적기업은 국가 A에 자회사를 설립할 유인은 없다고 하자: $\pi < f$.

그런데 해당 다국적기업이 국가 A에 자회사를 설립한다면, 투자유치국인 A

국은 상당한 편익을 획득한다고 하자. 다국적기업의 자회사에서 발생하는 파급효과의 규모는 B이며, 편익이 크기 때문에 다국적기업의 이윤과 발생편익을 모두 고려하면 다국적기업의 자회사 설립은 투자유치국인 A국에 사회적 편익을 창출한다고 하자. 즉, $\pi + B > f$이다. 한편, 편익 B은 불특정 다수의 경제주체들에게 골고루 나누어 퍼지게 된다고 하자. 따라서 투자국 정부의 개입이 없으면 개별 경제주체가 다국적기업의 유치에 나설 유인이 없으며, 다국적기업도 이윤이 충분하지 않기 때문에 스스로는 A국에 투자하지 않을 것이다. 이와 같은 시장은 다국적기업의 투자를 유인하지 못하는 시장실패가 발생하므로 A국 정부는 다국적기업에 대해 적절한 유인(또는 보조금)을 제공하여 해당 기업의 자회사를 유치할 필요가 있다. 마지막으로 논의를 간단하게 하기 위해 투자국 정부의 보조금 지원에 대한 정부와 기업간의 협상은 고려하지 말자. 달리 말하자면, 다국적기업은 A국 정부가 제공하는 보조금 제의를 받아들이거나 거절할 수만 있으며 협상은 하지 않는다고 가정하자.

A국 정부의 최적 보조금을 S_A라고 하고, A국 정부의 사회후생은 다국적기업 유치로 발생하는 편익 B에서 다국적기업 자회사 유치를 위해 다국적기업에게 제공하는 보조금을 제외한 것으로 정의하자. 그런데, 다국적기업이 A국에 자회사를 설립하기 위해서는 해당 기업의 수입인 시장이윤과 보조금의 합이 투자비용인 f보다 커야 할 것이다: $\pi + S_A \geq f$. 그리고 보조금의 최대규모는 편익 B는 넘지 않아야 할 것이다. 이러한 조건 하에서 A국 정부는 자국 후생 $B - S_A$를 극대화하는 보조금을 선택한다. 그런데 A국 정부의 사회후생은 보조금 규모가 커짐에 따라 하락하므로, A국 정부는 다국적기업을 유치할 수 있는 최소한의 보조금을 지급하는 것이 최적선택이다. 따라서 A국 정부의 최적 유치보조금은 $\pi + S_A = f$를 만족하는 보조금이며, $S_A = f - \pi$이다.

최적 보조금 하에서 다국적기업의 순수입은 $\pi + S_A - f = 0$이므로 다국적기업은 보조금을 통해 자회사 설립을 위한 최소 수입인 정상이윤을 보장받는다. 그리고 A국 정부는 보조금 지급으로 다국적기업 자회사를 유치함으로써 사회후생을 얻을 수 있다: $B - S_A = B - (f - \pi) > 0$. 즉, 최적 보조금 하에서 A국 정부는 다국적기업에게 최소한의 투자유인을 제공하고 남은 모든 편익을 사회후생으로 확보할 수 있다.

위의 간단한 예를 통해서 살펴본 것처럼 A국 정부는 최소한의 보조금을 통해 다국적기업으로부터 발생하는 편익을 사회후생으로 얻을 수 있기 때문에 당연히 유치보조금을 지급하더라도 다국적기업을 유치하려 한다.

> 투자유치 희망국은 적절한 보조금을 제공함으로써 다국적기업을 유치하고, 다국적기업으로부터 발생하는 편익을 누릴 수 있다.

● 유치경쟁

앞에서 살펴본 것처럼 다국적기업의 유치국은 적절한 보조금을 제공하더라도 기업을 유치하여 편익을 창출하는 것이 최적의 선택이 될 수 있다. 그런데 다국적기업을 유치하여 사회후생의 개선을 얻고자 하는 국가(또는 지방자치단체)가 여럿이라면 각 국가의 최적 유치정책은 어떻게 될까? 이를 살펴보기 위해 본 절에서는 A국 외에 B국이라는 투자유치 희망국이 존재하는 경우로 앞의 모형을 확대해 본다.

앞의 투자유치 모형에서 A국과 동일한 특성을 가지는 B국이 존재하는 경우를 생각해 보자. 즉, 다국적기업 자회사 유치로 인하여 B국이 얻을 수 있는 편익은 B이며, 다국적기업의 자회사가 B국에서 얻을 수 있는 이윤과 투자비용은 각각 π와 f라고 하자. 따라서 A국이 없이 B국만 존재한다면, B국 정부의 유치정책은 위에서 살펴본 A국의 경우와 완전히 동일한 형태가 될 것이다.

하지만 A국과 B국이 다국적기업의 자회사를 유치하기 위해 경쟁하는 경우라면 다국적기업과 투자유치국간의 후생배분은 한 국가만 존재하는 경우와 크게 달라지게 된다. 이제 두 국가가 다국적기업의 자회사를 유치하기 위한 보조금 경쟁을 하고 있다고 생각해 보자. 만일 두 국가가 제시하는 보조금이 서로 상이하다면, 다국적기업은 더 많은 유치보조금을 제시하는 국가에 투자할 것이다. 하지만, 두 국가가 같은 규모의 보조금을 제시한다면, 다국적기업은 두 국가 중 하나를 임의로 선택하여 투자한다고 가정하자.

이처럼 각국은 경쟁국가의 보조금보다 높은 보조금을 제시한다면 유치경쟁에서 승리하는 동시에 다국적기업으로부터의 후생을 획득할 수 있다. 따라서 국가 i의 최적선택은 경쟁국 j보다 높은 보조금을 제시하는 것이며, $S_i > S_j$이다. 그런데 두 국가의 지급가능한 최대 보조금은 다국적기업 유치의 편익 B를 초과하지는 못하므로, 양국의 최적선택은 <그림 16>과 같이 나타낼 수 있다.

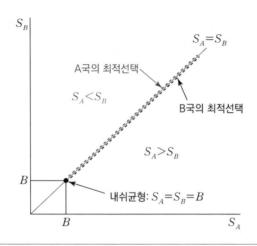

그림 16 유치보조금 게임의 균형

<그림 16>에서 볼 수 있는 것처럼 두 국가 유치보조금 게임에서 유일한 내쉬균형은 두 국가가 경쟁적으로 보조금을 인상하여 결국은 발생한 편익을 모두 유치보조금으로 지급하는 균형이다. 즉, 내쉬균형에서 두 국가의 보조금의 규모는 $S_A = S_B = B$이며, 동일한 유치보조금을 제시받은 다국적기업은 두 국가 중에서 임의로 투자지역을 선택하게 된다[27].

내쉬균형에서 다국적기업을 유치한 국가의 순 이득은 $B - S = 0$이므로 유치로 발생하는 모든 편익을 다국적기업에게 보조금으로 지급하는 셈이다. 한편 다국적기업을 유치하지 못한 국가는 편익 자체가 발생하지 않으므로 해당 국가의 이득은 역시 0이다. 이처럼 내쉬균형에서 두 국가는 아무런 이득을 얻지 못한다. 반면, 다국적기업은 투자유치국으로부터 보조금 $S = B$을 제공받기 때문에 기업의 이득은 $\pi + B - f$이며, 투자로 발생하는 모든 이익과 편익을 이득

---

27 유사한 형태의 게임인 과점시장의 베르트랑 과점 게임에서 가격인상 경쟁을 떠올려보라.

으로 가져갈 수 있다.

> 보조금을 통해 다국적기업을 유치하려는 국가간 경쟁은 다국적기업 유치로 인한 편익을 투자유치국에서 다국적기업으로 이전시킨다.

여기서 $S_A = S_B = B$가 유일한 내쉬균형이라는 점에 유의할 필요가 있다. 따라서 만일 두 국가가 유치경쟁을 자제하거나 정책공조를 통해 동일한 보조금을 제시한다면, 양국 모두 더 나은 후생을 얻을 수 있겠지만, 그와 같은 정책공조는 게임의 균형이 될 수 없다[28].

3) 다국적기업이 무역 정책에 미치는 영향

세계시장에서 활동하는 다국적기업이 늘어났다는 사실은 각국이 최적의 무역정책을 입안하는데 중요한 영향을 미친다. 그러나 무역정책을 어떻게 최적화하는가에 관한 내용은 여기에서는 다루지 않기로 한다. 대신 FDI가 무역정책에 미치는 영향을 살펴볼 수 있는 두 간단한 예만 언급하기로 한다.

어떤 경우 무역정책은 국내 생산자의 시장점유율 보호를 목표로 할 수 있다. 하지만 수평적 FDI에 대한 규제가 없다면, 수입관세는 외국 생산자가 수출이 아닌 FDI를 선택하게 만들어 결과적으로는 국내 생산자의 시장점유율을 더욱 낮추는 불리한 결과를 만들어 낼 수 있다.

반면 수직적 FDI가 많이 일어난 경우에는 정부가 수입관세로 인한 중간재 가격 상승을 고려해야 한다. 즉, 수입관세를 부과하게 되면 중간재 구입비용이 상승하게 되어 국내에 기반한 다국적기업의 이윤이 감소하게 되고 다국적기업이 생산하는 최종재의 가격상승으로 이어진다. 나아가 이로 인하여 소비자의 피해가 발생할 수도 있다.

---

[28] 주어진 보조금 게임은 정태적 게임이며, 유치경쟁이 반복되는 동태적 게임에서는 협조가 이루어질 수도 있다.

사. 결론 및 요약

본 장에서는 현대 국제경제에서 갈수록 중요성이 높아지고 있는 다국적기업에 대해 간략히 살펴보았다. 먼저 수평적 수직적 해외생산모형을 이용하여 기업이 국내생산 대신 해외생산을 선택하거나, 비용을 최소화하기 위해 여러 국가에서 나누어 생산하는 유인을 살펴보았다. 그리고 기업생산이 국제화되면서 선진국과 개발도상국에서 숙련노동자와 저숙련노동자간 임금격차가 확대될 수 있음도 살펴보았다. 또한 다국적기업의 FDI로 인하여 발생할 수 있는 간접적인 효과인 파급효과도 기존의 연구결과들을 정리하여 보았으며, 다국적기업과 FDI에 대한 정부의 정책도 과세정책과 유치정책을 중심으로 검토해 보았다.

EXERCISE | 연습문제

01 한 기업이 차별화된 제품 x를 생산하고 있으며, 본국과 외국에 제품을 공급하고 있다고 하자. 본국과 외국에서 해당 상품의 시장수요는 다음과 같다.

본국: $x_H = \dfrac{A^H}{p^2}$

외국: $x_F = \dfrac{A^F}{p^2}$

이 기업은 유일한 생산요소인 노동력만을 이용하여 제품을 생산하며, 1단위 최종재를 생산하기 위해 b단위의 노동력이 필요로 한다고 하자. 즉, b는 노동의 요소필요량이며, 1단위 최종재를 생산하기 위한 한계비용은 bw이다. 나아가 $1/b$는 노동생산성에 해당한다. 그리고 이 기업은 수출과 해외생산의 두 가지 방법을 통하여 외국에 제품을 공급할 수 있다고 하자.

만일 해당 기업이 수출을 통하여 외국에 상품을 공급한다면 빙산형 운송비용 τ이 발생한다. 한편, 해당 기업은 생산방법에 무관하게 기업 전체를 운영하는 고정비용이 발생하며, 이를 E라고 하자. 그리고 해당 기업은 본국의 본사 또는 해외사업장을 설립/운영하기 위한 고정비용 F도 부담해야 한다고 하자. 사업장을 두 개 가지고 있으면, 2F의 고정비용이 발생함에 유의하라. 본국과 외국의 임금이 각각 w^H와 w^F이고, 편의상 $A^H = 200$, $A^F = 400$, $w^H = w^F = 1$, $\tau = 2$, $E = 0$이라고 하자.

(1) $b = 5$일 때, 해당 기업이 수평적 해외생산을 선택하기 위한 고정비용 F의 조건을 구하라. 그리고 해당 조건이 의미하는 바를 간략히 설명하라.

(2) 만일 $F = 5$라면, 해당 기업이 수평적 해외생산을 선택하기 위한 요소필요량 b의 조건을 구하라. 그리고 해당 조건의 의미하는 바를 생산성과 연계하여 설명하라.

02 한 카메라 업체가 카메라 본체(BD) 1개, 렌즈(LS) 3개, CCD(CCD) 1개를 결합하여 디지털 카메라를 만든다고 하자. 그리고 편의상 카메라를 조립하는 과정은 아무런 비용을 들이지 않고 단순히 세 파트를 조립하기만 하면 된다고 하자. 즉, 최종재 생산과정에는 아무런 가변/고정 비용이 발생하지 않는다.

한편 1개의 카메라 본체를 제작하기 위해서는 1 단위의 자본과 4 단위의 노동력을 투입해야 한다고 하자. 그러나 렌즈 1개를 제작하기 위해서는 2 단위의 자본과 3 단위의 노동력이, CCD 1개를 제작하기 위해서는 4단위의 자본과 1 단위의 노동력이 필요하다고 하자.

주어진 생산기술 하에서 카메라 업체는 본체, 렌즈, CCD의 세 공정을 본국이나 외국에 배치하려 한다고 하자. 본국의 자본임대료는 한단위 자본당 7\$이며, 임금은 한 단위당 12\$라고 하자. 반면 외국의 자본임대료는 한단위 당 9\$이며, 임금은 10\$라고 가정하자.

(1) 본국과 외국에서 카메라 본체를 1개 생산하기 위한 단위 생산비용은 얼마인가?

(2) 본국과 외국에서 렌즈 1개 생산하기 위한 단위 생산비용은 얼마인가?

(3) 본국과 외국에서 CCD를 1개 생산하기 위한 단위 생산비용은 얼마인가?

(4) 해당 카메라 업체는 본체, 렌즈, CCD를 어느 국가에서 생산하겠는가?

03 FDI가 투자대상국 및 투자발원국의 노동시장에 미치는 영향을, FDI를 단순한 국가간 생산자본의 이동이 아닌 투자대상국에서 노동을 고용하는 기업의 이동으로 보는 시각에서 설명하시오(핀스트라—한슨 모형).

(1) 균질적이지 않고, 숙련노동과 저숙련노동으로 구분되어 있는 경우를 고려하여 본장에서 소개한 간단한 모형을 통하여 설명하시오.

(2) (1)에서 여러분이 설명한 모형에서 자국의 기업들이 외국생산 중간재 생산공정을 늘릴 때 양국의 숙련상대임금이 어떻게 변하는지 설명하시오.

04 다국적기업 K는 첨단기술 및 우수한 경영능력을 보유하고 있다고 하자. A국 정부는 다국적기업 K가 자국에 자회사를 설립한다면 다국적기업으로부터의 기술습득 및 국내 기업의 경영능력 개선을 통해 약 2억 원의 간접적인 혜택을 얻을 수 있을 것으로 판단하여 이 기업의 자회사를 유치하려 한다고 하자. 만일 자회사가 A국에 설립된다면 K의 자회사는 5억 원의 수익을 올릴 수 있을 것으로 예측된다.

한편 K의 자회사는 현지생산을 위해 10,000제곱 미터의 토지와 100명의 노동자를 필요로 하며, 이에 필요한 비용은 토지이용료 2억 원과 노동자 1명당 인건비 400만원이라고 하자. 마지막으로 A국 정부는 직접적인 보조금의 지급이 아닌 자국 노동자의 임금에 대한 인건비 보조를 통해 다국적기업을 유치하려 한다고 하자.

(1) A국 정부는 자국 노동자 1인당 얼마만큼의 보조금을 지급할 것인가?

(2) 이때 A국 정부가 얻을 수 있는 이득의 규모는 얼마인가?

05 문제 4의 다국적기업 유치 문제를 계속 생각해 보자. 이제 A국과 모든 면에서 동일한 특징을 가진 이웃국가 B도 다국적기업 K의 유치에 뛰어든다고 하자. 하지만, B국은 A국과는 달리 토지이용료에 대한 보조금을 제시하며 다국적기업을 유치하려 한다고 하자. 그리고 두 국가의 유치 정책은 경쟁적이며, 정책공조는 이루어지지 않는다.

(1) 내쉬균형에서 A국 정부는 자국 노동자 1인당 얼마만큼의 보조금을 제시할 것으로 생각되는가? 이때 A국의 전체 이득은 얼마인가?

(2) 내쉬균형에서 B국 정부가 제시하는 토지이용료에 대한 보조금의 규모는 얼마인가? 이때 B국의 전체 이득은 얼마인가?

APPENDIX | 해외생산 확대에 의한 투자국과 투자유치국의 숙련 상대수요의 변화

본 부록에서는 핀스트라−한슨 모형에서 중간재 n'의 생산공정이 추가로 자국에서 외국으로 이전할 때, 자국과 외국의 숙련노동 상대수요의 변화를 자세히 살펴보도록 한다.

본문의 핀스트라−한슨 모형에서 중간재 n'을 생산하기 위해 필요한 저숙련노동력과 숙련노동력이 각각 $a_L(n')$과 $a_S(n')$이었음을 기억하자. 그리고 먼저 외국의 숙련노동 상대수요의 변화를 살펴보자. 중간재 n'의 생산공정의 추가로 인하여 외국에서 숙련노동의 총상대수요는 다음과 같이 나타낼 수 있다.

$$DS^F(n') = \frac{d_S^F(n^*) + a_S(n')}{d_L^F(n^*) + a_L(n')}$$

여기서 유의할 것은 $d_S^F(n^*)/d_L^F(n^*)$는 기존에 외국에서 생산되던 모든 중간재의 숙련노동 상대수요라는 것이다. 즉, n^*보다 더 저숙련노동 집약적인 공정들의 숙련과 저숙련노동수요를 합한 숙련노동 상대수요이므로 외국에서 생산하는 중간재들의 숙련노동 총상대수요들의 가중 평균에 해당한다. 따라서 $d_S^F(n^*)/d_L^F(n^*)$는 기존의 컷오프 중간재 n^*의 숙련상대 노동수요보다 작으며, 당연히 신규이전해온 중간재 n' 생산공정의 숙련상대 노동수요보다 작다 $(d_S^F(n^*)/d_L^F(n^*) < a_S(n^*)/a_L(n^*) < a_S(n')/a_L(n'))$. 다시 말하면, 새로이 외국으로 이전한 중간재 n'은 기존에 외국에서 생산되던 중간재보다 더 숙련노동 집

약적이므로 $a_S(n')/a_L(n') > d_S^F(n^*)/d_L^F(n^*)$이다.

그리고 다음과 같은 과정을 통해 외국의 새로운 숙련노동 상대수요 $DS^F(n')$이 기존의 숙련노동 상대수요 $DS^F(n^*)$보다 큼을 확인할 수 있다.

$$
\begin{aligned}
\frac{d_S^F(n^*)+a_S(n')}{d_L^F(n^*)+a_L(n')} &= \frac{DS^F(n^*)d_L^F(n^*)+a_S(n')}{d_L^F(n^*)+a_L(n')} \\
&= \frac{DS^F(n^*)d_L^F(n^*)+DS^F(n^*)a_L(n')-DS^F(n^*)a_L(n')+a_S(n')}{d_L^F(n^*)+a_L(n')} \\
&= DS^F(n^*)+a_L(n')\frac{a_S(n')/a_L(n')-DS^F(n^*)}{d_L^F(n^*)+a_L(n')} > DS^F(n^*)
\end{aligned}
$$

유사하게 중간재 n' 생산공정의 외국이전으로 인한 자국의 숙련노동 상대수요 변화도 살펴볼 수 있다. 중간재 n'의 이전으로 인한 자국의 숙련노동 상대수요는 다음과 같다.

$$
DS^H(n')= \frac{d_S^H(n^*)-a_S(n')}{d_L^H(n^*)-a_L(n')}
$$

그런데 새로이 외국으로 이전한 중간재 n'는 기존 자국에서 생산하던 중간재 중에서 가장 저숙련노동 집약적인 중간재이므로, 중간재 n' 생산공정의 상대노동수요는 자국에서 생산하던 중간재들의 숙련노동 총상대수요—즉, 자국생산 중간재의 상대노동수요의 가중평균—보다 작을 것이다($a_S(n')/a_L(n') < d_S^H(n^*)/d_L^H(n^*)$). 이를 이용하면, 다음과 같이 중간재 n'의 외국이전으로 인하여 자국의 숙련노동 총상대수요가 증가함을 확인할 수 있다.

$$\frac{d_S^H(n^*) - a_S(n')}{d_L^H(n^*) - a_L(n')} = \frac{DS^H(n^*)d_L^H(n^*) - a_S(n')}{d_L^H(n^*) - a_L(n')}$$

$$= \frac{DS^H(n^*)d_L^H(n^*) - DS^H(n^*)a_L(n') + DS^H(n^*)a_L(n') - a_S(n')}{d_L^H(n^*) - a_L(n')}$$

$$= DS^H(n^*) + a_L(n')\frac{DS^H(n^*) - a_S(n')/a_L(n')}{d_L^H(n^*) + a_L(n')} > DS^H(n^*)$$

참고문헌

남종현·이흥식, 「국제무역론」, 경문사.

윤기관·박상길(2015) "한중일 3국의 무역구조 및 국제분업구조에 관한 연구" 『무역연구』
제11권 4호, 283−302.

Anderson, J. and E. Van Wincoop, 2003. "Gravity with Gravitas: A Solution to the
Border Puzzle," *American Economic Review* 93 (1), 170−192.

Baldwin, R., 1989. "The Political Economy of Trade Policy." *Journal of Economic
Perspectives* 3 (4), 119−35.

Baldwin, R., 2019. "If this is Globalization 4.0, what were the other three?" World
Economic Forum 2019.

Barba−Navaretti, G. and A. J. Venables, 2004, *Multinational Firms in the World
Economy*, Princeton University Press.

Barrios, S. and E. Strobl, 2002, "Foreign Direct Investment and Productivity Spillovers:
Evidence from Spanish Experience," *Weltwirtschaftliches Archiv* 138 (3)
459−481.

Bhagwati, J. 1965. "On the Equivalnence of Tariff and Quotas, in *Trade Grwoth and
Balance of Payments: Essay in Honor of Gottfried Haberler*," edited by R.
Baldwin et al,, Rand McNally and Companay, Chicago.

Bhagwati, J., 1971. "The Generalized Theory of Distortions and Welfare," in *Trade,
Balance of Payments and Growth*, edited by J. Bhagwati, R. Jones, R. Mundell,
and J. Vanek Amsterdam: North−Holland.

Bhagwati J. Panagariya, and T, Srinivasan, 1998. *Lectures on International Trade*, 2nd
editon, MIT Press.

Brainard, S. L., 1997, "An Empirical Assessment of the Proximity−concentration
Trade−off between Multinational Sales and Trade," *American Economic Review*
87 (4), 520−544.

Brander J. and P. Krugman, 1983. "A 'Reciprocal Dumping' Model of International
Trade," *Journal of International Economics* 15 (3−4), 313−321.

Caves, R. E., 1996, *Multinational Enterprise and Economic Analysis*, Second Edition,
Cambridge University Press.

Chipman, J., 1965. "A Survey of the Theory of International Trade: Part 1, The Classical Theory," *Econometrica* 33 (3), 477−519

Chipman, J., 1965. "A Survey of the Theory of International Trade: Part 3, The Modern Theory," *Econometrica* 34 (1), 18−76.

Crespo, N. and M. P. Fontoura, 2007, "Determinant Factors of FDI Spillovers − What Do We Really Know?" *World Development* 35 (3), 410−425.

Deardorff, A. "How Robust is Comparative Advantage?" *Review of International Economics* 13 (5), 1004−16.

Donbush, R., S. Fischer, and P. Samuelson, 1977. "Comparative Advantage, Trade and Payments in Ricardian Model with a Continum of Goods," *Americal Economic Review* 67, 823−839.

Dornbusch, R., Fischer, S., and P. Samuelson, 1980. "Heckscher−Ohlin Trade Theory with a Continuum of Goods," *Quarterly Journal of Economics* 95 (2), 203−224.

Dunning, J., 1993. *Multinational Enterprises and the Global Economy.* Addison Wesley, New York.

Eaton, J. and S. Kortum, 2002. "Technology, Geography, and Trade," Econometrica 70, 1741−1779.

Edgeworth, F. 1894. "The Theory of International Values," *Economic Journal* 4, 35−50.

El−Agraa, A., 1984. *Trade Theory and Policy: Some Topical Issues,* Macmillan, London.

Elmslie B. 2018. "Retrospectives: Adam Smith's Discovery of Trade Gravity," *Journal of Economic Perspectives* 32 (2), 209−222.

Ethier, W. 1982. "National and International Returns to Scale in the Modern Theory of International Trade," *American Economic Review* 72 (3), 389−405.

Ethier, W., 1985. "International Trade and Labor Migration," *American Economic Review* 75 (4), 691−707.

Feenstra, R., 1992. "How Costly is Protectionism?" *Journal of Economic Perspectives* 6 (3), 159−78.

Feenstra, R. 2004. *Advanced Internatinal Trade,* MIT Press.

Feenstra, R. C. and G. H. Hanson, 1996, "Globalization, Outsourcing, and Wage

Inequality," *American Economic Review 86* (2), 240−245.

Feenstra, R. and A. Taylor, 2016, International Trade, 4th edition, Worth.

Friedman, T., 2005. *The World Is Flat: a Brief History of the Twenty−first Centry*, Farrar, Straus and Giroux.

Fosfuri, A., Motta, M., and T. Røndo, 2001, "Foreign Direct Investment and Spillover through Worker's Mobility," *Journal of international Economics* 53, 205−222.

Friedburg, R. and J. Hunt, 1995. "The Impact of Immigrants on Host Country Wages, Employment and Growth," *Journal of Economic Perspectives* 9 (2), 23−44.

Gandolfo, G., 2014, *International Trade Theory and Policy*, 2nd edition, Springer.

Glass, A. and K. Saggi, 2002. "Multinational Firms and Technology Transfer," *Scandinavian Journal of Economics* 104 (4), 495−513.

Heckscher, E. 1919. "The Effect of Foreign Trade on the Distribution of Income," *Ekonomisk Tidskriff* 21, 497−512.

Helpman, E. 1981. "International Trade in the Presence of Product Differentiation, Economies of Scale and Monopolistic Competition: A Chamberlin−Heckscher −Ohlin Approach," *Journal of International Economics* 11, 305−340.

Helpman, E., 1984, "A Simple Theory of International Trade with Multinational Corporation," *Journal of Political Economy 92* (2), 451−471.

Helpman, E., 2011. *Understanding Global Trade*, Belknap Press.

Helpman, E. and P. Krugman, 1985. *Market Structure and Foreign Trade*, MIT Press.

Helpman, E., M. J. Melitz, and S. R. Yeaple, 2004, "Exports versus FDI with Heterogeneous Firms," *American Economic Review* 94 (1), 300−316.

Irwin, D., 2017. *Peddling Protectionism: Smoot−Hawley and the Great Depression.* Princeton University Press.

Javorcik, B. S., 2004. Does Foreign Direct Investment Increase the Productivity of Domestic Firms? In Search of Spillovers through Backward Linkages," *American Economic Review* 94 (3), 605−627.

Johnson, H., 1965. "Optimal Intervention in the Presence of Domestic Distortion," in *Trade Grwoth and Balance of Payments: Essay in Honor of Gottfried Haberler*, edited by R. Baldwin et al,, Rand McNally and Companay, Chicago.

Krugman, P., 1979. "Increasing returns, monopolistic competition, and international trade," *Journal of International Economics* 9 (4), 469–479.

Krugman, P. 1980. "Scale Economies, Product Differentiation, and the Pattern of Trade," *American Economic Review* 70 (5), 950–959.

Krugman, P., 1987. "Is Free Trade Passe?" *Journal of Economic Perspectives* 1 (2) 131–44.

Krugman, P., Obstfeld, M., and M. Melitz, 2015. *International Economics. Theory and policy.* Pearson Education.

Krugman, P. and R. Wells, 2005. *Microeconomics*, Worth.

Lall S., 1980. "Vertical Interfirm linkages in LDCs: an empirical study," *Oxford Bulletin of Economics and Statistics* 42, 203–226.

Lancaster, K. 1980. "Intra–industry Trade under Perfect Monopoistic Competition," *Journal of International Economics* 10 (2), 151–175.

Leamer, E. and J. Levinsohn, 1995. "International Trade Theory: The Evidence," in *Handbook of International Trade vol 3*, edited by R. W. Jones, P. B. Kenen, G. M. Grossman and K. Rogoff, North Holland: Netherlands. 1339–1394.

Leontief, W., 1953. "Domestic Production and Foreign Trade; The American Capital Position Re–Examined". *Proceedings of the American Philosophical Society* 97 (4), 332–349.

Lin, P. and K. Saggi, 2007. "Multinational firms, exclusivity, and backward linkages," *Journal of International Economics* 71 (1), 206–220.

Markusen, J., 1984, "Multinationals, Multi–Plant Economics, and the Gains from Trade," *Journal of International Economics* 16 (3–4), 205–226.

Markusen, J. and A. Venables, 1999. "Foreign direct investment as a catalyst for industrial development," *European Economic Review* 43 (2), 335–356.

McLaren, J. 2012. *International Trade*, Ist edition. Wiley.

Melitz, M. 2003. "The Impact of Trade on Intra–Industry Reallocations and Aggregate Industry Productivity," *Econometrica* 71 (6), 1695–1725.

Mill, J. S., 1909. *Principals of Political Economy*, edited by W. J. Ashely. London: Longman.

Mundell (June 1957). "International Trade and Factor Mobility". *American Economic Review* 47 (3): 321–335.

Neary, P. 1978. "Short–Run Capital Specificity and the Pure Theory of International

Trade," *Economic Journal* 88 (351), 488−510.

Ohlin, B. 1933. *Interregional and International Trade*, Harvard University Press: Cambridge, Mass.

Ricardo, D., 1817. *The Principles of Political Economy and Taxation*, J. Marry, London.

Rodriquez−Clare, A. 1996. "Multinationals, Linkages, and Economic Development," *American Economic Review* 86 (4), 852−873.

Rybezynski, T, 1955. "Factor Eondowment and Relative Commodity Prices," *Economia* 22, 336−341.

Saggi, K., 2002. *Trade, Foreign Direct Investment, and International Technology Transfer: a Survey*, Washington, D.C: World Bank Group.

Samuelson, P., 1948. "International Trade and the Equalization of Factor Prices," *Economic Journal* 58, 165−184.

Samuelson, P., 1949. "International Trade and the Equalization Once Again," *Economic Journal* 59, 181−197.

Samuelson, P., 1950, "The Gains from International Trade," In *Reading in the Theory of International Trade*, edited by H. S. Ellis and L. A. Melzler, Homewood: Irwin.

Samuelson, P., 1953. "Prices of Factors and Goods in General Equilibrium," *Review of Ecoomic Studies* 21, 1−20.

Samuelson, P. 1956. "Social Indifference Curve," *Quarterly Journal of Economics* 70, 1−22.

Sinani, E. and K. Meyer, 2004. "Spillovers of technology transfer from FDI: the case of Estonia," *Journal of Comparative Economics* 32 (3), 445−466.

Stolper W. and P. Samuelson, 1941. "Protection and Real Wages," *Review of Economic Studies* 9, 58−73.

Tinbergen, J. 1962. *Shaping the World Economy*, The Twentieth Centry Fund, New York.

Watson, P., 2005. *Ideas: A History of Thought and Invention from Fire to Freud.* HarperCollins, New York.

Witada, A., 2015 "The Gravity Models for Trade Research," ARTNeT−CDRI Capacity Building Workshop "Gravity Modelling".

Wong, K. 1995. *International Trade in Goods and Factor Mobility*, MIT Press.

색인

색인

ㅇ

색인

저자소개

권철우
- (현) 경북대학교 경제통상학부 교수
- 국제경제학 및 미시경제학 전공
- 연세대학교 물리학 학사
- 미국 아이오와 주립대학교(Iowa State University) 경제학 석사 및 박사

이재민
- (현) 경북대학교 경제통상학부 교수
- 국제경제학 및 교통경제학 전공
- 고려대학교 경제학 학사 및 석사
- 미국 미시간 주립대학교(Michigan State University) 경제학 박사

황석준
- (현) 경북대학교 경제통상학부 교수
- 공간·도시경제학 및 국제경제학 전공
- 연세대학교 경제학 학사 및 석사
- 미국 펜실베이니아 주립대학교(Pennsylvania State University) 경제학 박사

황욱
- (현) 경북대학교 경제통상학부 교수
- 공공경제학 및 국제경제학 전공
- 경기대학교 경제학 학사
- 영국 케임브리지 대학교(Cambridge University) 경제학 박사

국제무역론

초판발행	2023년 8월 30일
지은이	권철우·이재민·황석준·황욱
펴낸이	안종만·안상준
편 집	탁종민
기획/마케팅	장규식
표지디자인	이소연
제 작	고철민·조영환
펴낸곳	(주) **박영사**
	서울특별시 금천구 가산디지털2로 53, 210호(가산동, 한라시그마밸리)
	등록 1959. 3. 11. 제300-1959-1호(倫)
전 화	02)733-6771
f a x	02)736-4818
e-mail	pys@pybook.co.kr
homepage	www.pybook.co.kr
ISBN	979-11-303-1749-6 93320

정 가   23,000원